Coursework section by Neil Jones
Reading and Writing section and
Speaking sections by Audrey Butler
Including original material by Michael Calvert

Heinemann is an imprint of Pearson Education Limited,
a company incorporated in England and Wales, having
its registered office at Edinburgh Gate, Harlow, Essex, CM20 2JE.
Registered company number: 872828

Heinemann is a registered trademark of Pearson Education Limited

First published 2002
09
11

A catalogue record is available from the British library on request.

ISBN: 978 0 435430 31 3

Produced by Ken Vail Graphic Design, Cambridge

Illustrations by Graham-Cameron Illustration (Harriet Buckley, Sarah Wimperis), Celia Hart, Sylvie Poggio Artists Agency (James Arnold, Tim Davies, Nick Duffy, Tony Forbes, Roger Haigh, Simon Jacob, Nigel Kitching, Roger Langridge, Simon Martin, Melanie Sharp), Chris Smedley, Judy Stevens.

Cover design by Hicksdesign

Cover photograph by Travel Ink/Simon Reddy (Kio Towers, Madrid)

Printed and bound in China (CTPS/11)

Acknowledgements

The author would like to thank Clive Bell, Christine Haylett, Deborah Manning, María Luisa Pendrous, Carmen Suárez Pérez, Johanna Riesz, Kathryn Tate, Sally Wood, Colette at Footstep Productions and all the speakers, Soledad Moreno and the pupils at the Instituto de Bachillerato Alfonso X el Sabio, Murcía for their help in the making of this course.

Teacher Consultant: Tess Large of West Redcar School, Cleveland

Photographs were provided by: **Travel Ink/Stephen Andrews** p.22 (Roman aquaduct, Sergovia), **Chris Honeywell** p.38 (tourist information material), **Rex Features** p.41 (Spanish music and dancing), p.51 (Enrique Iglesias), p.101 (pop concert), p.117 (Antonio Banderas), p.118 (Jennifer López), **Travel Ink/David Forman** p.38 (Havana), **Empics** p.105 (fire-eaters), **South American Pictures** p.124 (Quito traffic), **Corbis/Pacha** p.142 (Pedro Almodóvar), **Corbis/Mitchell Gerber** p.146 (Brad Pitt), **Associated Press** p.157 (Shakira)

All other photos are provided by **Keith Gibson** and Heinemann Educational Publishers.

Tel: 01865 888058 www.heinemann.co.uk

Tabla de materias

Módulo 1 Me presento

Módulo 2 En el cole

Módulo 3 De vacaciones

Módulo 4 En ruta

Módulo 5 ¿Qué te ha pasado?

Módulo 6 En casa y en el trabajo

Módulo 7 De compras

Módulo 8 De juerga

Me presento

Repaso 1

Revising introducing yourself

Leer 1a **Lee y rellena los espacios.** *Read and fill in the blanks.*

1 María vive en …
2 Carlos es de …
3 María tiene dos …
4 El cumpleaños de Carlos es el veintidós de …
5 El perro de María se llama …
6 Carlos vive con sus …

Anota el nombre, la edad y el cumpleaños. (1–6) *Note the name, age and birthday.*

Nombre	Edad	Cumpleaños
Juan		

Susana Nuria Manolo Juan Pablo Anita

Mi cumpleaños es el	1 (primero)/2 (dos)/3 (tres) …	de	enero febrero marzo abril	mayo junio julio agosto	septiembre octubre noviembre diciembre

Escribe las letras correctas. (1–5) *Write the correct letters.*

Ejemplo: *1 – A.*

Túrnate con tu compañero/a. *Work with your partner*

- Hola, ¿cómo estás?
- Fenomenal./Muy bien./Bien./Regular./Fatal.
- ¿Cómo te llamas?
- Me llamo …
- ¿Dónde vives?
- Vivo en …
- ¿Cuántos años tienes?
- Tengo … años.
- ¿Cuándo es tu cumpleaños?
- Es el … de …
- ¿Tienes animales en casa?
- Sí, tengo … / No, no tengo …

¡OJO!

If someone is asking for information about you, the verbs in the questions will end in 's' (est**ás**, llam**as**, viv**es**, *etc.*) *Remember that your answers will usually end in 'o'* (me llam**o**, viv**o**, *etc.*).

The following are exceptions: estoy/soy – *I am;* voy – *I go.*

¡Preséntate! *Introduce yourself!*

¡Hola! Me presento. Me llamo … Vivo … Tengo … (etc.).

El alfabeto	G = heh	N = eneh	T = teh
A = ah	H = acheh	Ñ = enyeh	U = uuh
B = beh	I = ee	O = oh	V = uuveh
C = theh	J = hota	P = peh	W = uuveh dobleh
CH= cheh	K = kah	Q = cuh	X = ekis
D = deh	L = eleh	R = ere	Y = ee griegah
E = eh	LL = elyeh	RR = erre	Z = theta
F = efeh	M = emeh	S = eseh	

¿Cómo se escriben los nombres de estas ciudades? (1–5) *How do you write the names of these cities?*

En secreto escoge tres equipos de fútbol y deletrea cada uno. Tu compañero/a escribe el equipo correcto. *In secret, choose three football teams and spell each one. Your partner writes down the correct team.*

Villarreal

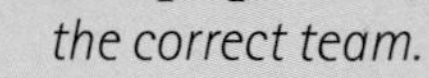

Málaga

BETIS

Español

Valencia

Real Sociedad

Rellena los espacios de los apellidos. *Fill in the blanks in the surnames.*

1 R _ m _ e _ **2** M _ _ t _ n **3** A _ _ i _ e _ a **4** _ a _ a _ e r _

Escribe la letra correcta.
Write the correct letter.

Ejemplo: *1 – C.*

1 Mi madre
2 Mi padre
3 Mi padrastro
4 Mi hermano
5 Mi hermanastro
6 Mi tío
7 Mi tía
8 Mi primo
9 Mi abuelo
10 Mi abuela

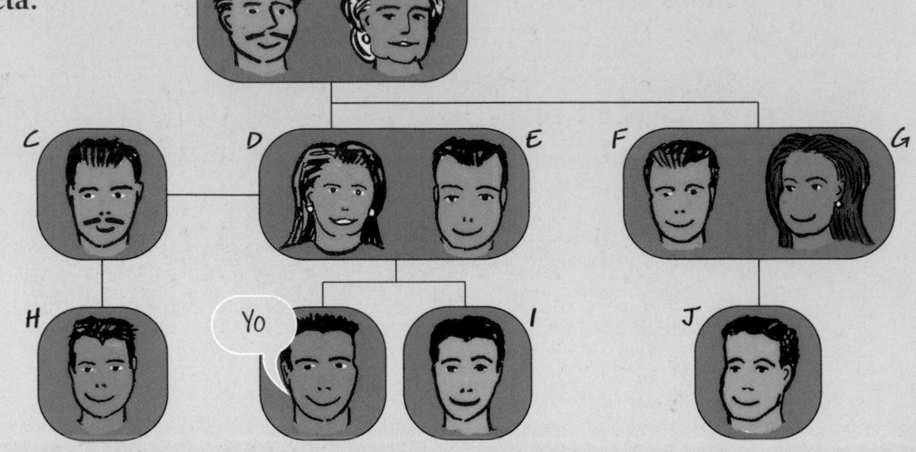

Escucha a Antonio y escribe los nombres de cinco miembros de su familia.
Listen to Antonio and write the names of five members of his family.

Ejemplo: *madre – Juanita.*

Lee y contesta a las preguntas. *Read and answer the questions.*

Fichero Edición Inserción Formato Instrumentos Mensaje

¡Hola! Me llamo Pedro. Tengo dieciséis años y vivo en Barcelona. Somos seis en mi familia: mi padrastro, mi madre, mis dos hermanos, mi hermana y yo. Mis padres están divorciados y mi padre biológico vive en Francia. Mi hermana tiene veintisiete años y está casada. Vive con su marido y sus dos hijos en Sitges. Tenemos dos gatos y un perro en casa.

1 ¿Cómo se llama el chico? Se llama …
2 ¿Dónde vive? Vive en …
3 ¿Cuántos son en su familia? Son …
4 ¿Dónde vive su hermana? Vive en …
5 ¿Con quién vive? Vive con su …, y sus …
6 ¿Tienen animales en casa? Sí, tienen …

Túrnate con tu compañero/a. Escribe las respuestas.
Work with your partner. Write the answers.

- ¿Cuántas personas hay en tu familia?
- Hay … personas.
- ¿Tienes hermanos?
- Sí, tengo …/No, soy hijo/a único/a.
- ¿Cómo se llama tu …(madre/padre/madrastra/hermano)?
- Mi … se llama …

2a Empareja las descripciones con las personas

Match up the descriptions with the people.

1 Tengo los ojos azules y el pelo corto. Llevo gafas.
2 Tengo los ojos verdes y el pelo largo y rizado.
3 Tengo los ojos grises y el pelo negro, corto y liso. Tengo bigote.
4 Tengo los ojos marrones y el pelo moreno y largo.

Gramática

Adjectives

In Spanish, describing words (adjectives) that end in 'o' change their endings depending on the gender of the noun they refer to. You need to know if the noun is masculine or feminine, and if it is singular or plural.

Masculine singular* (el = *the,* un = *a)
negro/largo/verde
Ejemplo: el pelo negro

Feminine singular* (la = *the,* una = *a)
negra/larga/verde
Ejemplo: una serpiente larga

Masculine plural* (los = *the,* unos = *some)
negros/largos/verdes
Ejemplo: los ojos verdes

Feminine plural* (las = *the,* unas = *some)
negras/largas/verdes
Ejemplo: las gafas negras

Para saber más → página 167, 3

2b ¿Qué significan estos adjetivos? Escucha y rellena el cuadro.

What do these adjectives mean? Listen and fill in the grid.

alto/a bajo/a delgado/a gordo/a guapo/a feo/a rubio/a moreno/a viejo/a joven

Who?	Tall	Short	Fat	Thin	Blond	Dark	Old	Young
madre	✓			✓		✓	✓	

2c Escoge tres personas famosas y pregunta a tu compañero/a '¿Cómo es ...?'

Choose three famous people and ask your partner what they look like.

Ejemplo: ¿Cómo es Jennifer López?

Es bastante baja, rubia y tiene el pelo largo y liso.

2d Descríbete a ti mismo y a otro miembro de tu familia. ¿Cómo eres? ¿Cómo es otro miembro de tu familia?

Describe yourself and another member of your family. What do you look like? What does the other member of your family look like?

1 Te presento a mi familia

Introducing other people

Empareja las imágenes con las frases correctas.

a Ésta es la bebé.
b Aquí soy yo Bart.
c Ésta es mi madre.
d Éste es mi padre.
e Ésta es mi hermana.
f Éste es el perro.
g Éste es el gato.

Gramática

'This' and 'these'

In Spanish if you are introducing other people, you need to change the ending of the word for 'this' or 'these' according to whether the noun is masculine or feminine and singular or plural.

Masculine singular	***Feminine singular***	***Masculine plural***	***Feminine plural***
Éste es …	**Ésta** es …	**Éstos** son …	**Éstas** son …
… mi hermano.	… mi hermana.	… mis hermanos.	… mis hermanas.

Para saber más → página 167, 3

Empareja las banderas con las frases correctas.

A

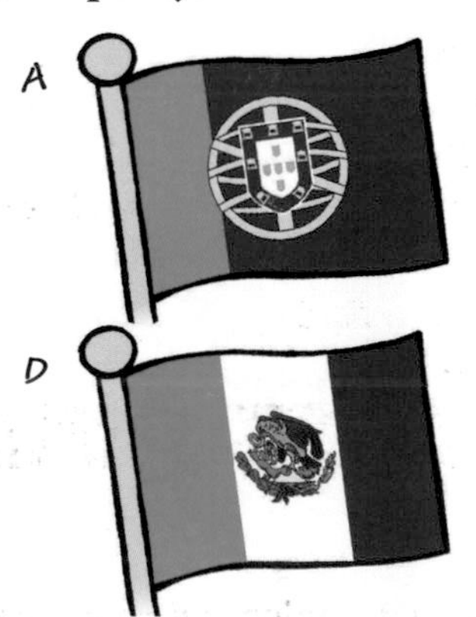

B

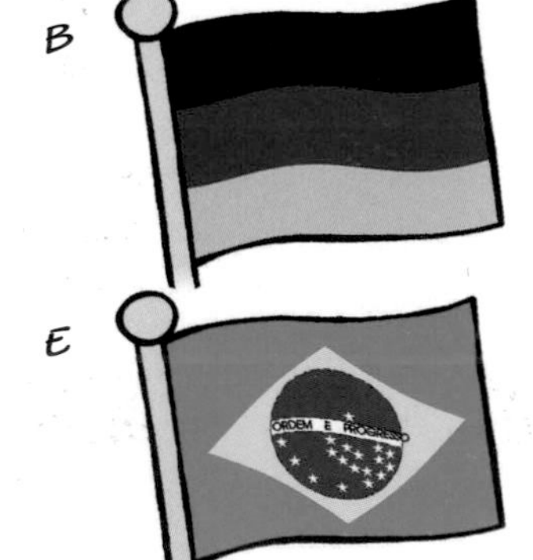

C

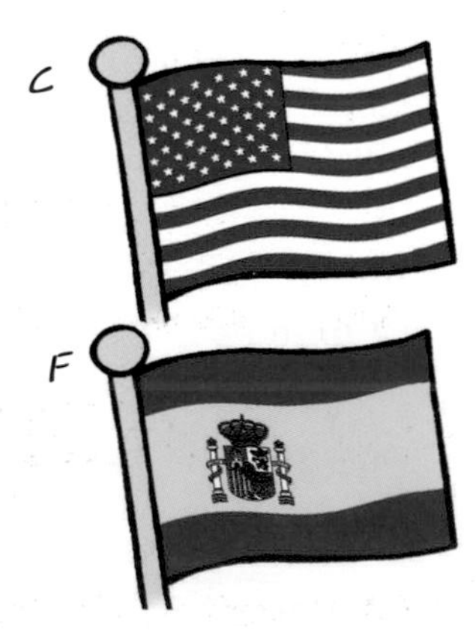

D

E

F

1 Mi amigo es brasileño.
2 Mi hermanastro es de los Estados Unidos.
3 Mis abuelos son españoles.
4 Mi prima es portuguesa.
5 Mis tíos son de México.
6 Somos alemanes.

Escucha estas nacionalidades y escribe la letra de la bandera correcta. (1–6)

Gramática

Nationality

There are two ways of describing your nationality:

1 Soy de España. *I am from Spain.* **2** Soy español. *I am Spanish. (masc.)* Soy española. *I am Spanish. (fem.)*

Remember that when using adjectives of nationality, their endings will change in the same way as other describing words, such as alto, guapo, *etc.*

Para saber más → página 167, 3

2c Copia el cuadro e incluye las otras nacionalidades.

1 galés
2 australiano
3 inglés
4 irlandés

Es chileno/ italiano/ escocés/ español	Es chilena/ italiana/ escocesa/ española	Son chilenos/ italianos/ escoceses/ españoles	Son chilenas/ italianas/ escocesas/ españolas

2d Túrnate con tu compañero/a.

- ¿Cómo te llamas?
- ¿De dónde eres?
- ¿Dónde vives?

Gramática

Ser *and* tener

The verbs 'ser' and 'tener' are very important for describing yourself and others:

Ser	***to be***	**Tener**	***to have***
soy	*I am*	tengo	*I have*
eres	*you are*	tienes	*you have*
es	*he/she is, it is, you (formal) are*	tiene	*he/she has, it has, you (formal) have*
somos	*we are*	tenemos	*we have*
sois	*you (plural) are*	tenéis	*you (plural) have*
son	*they are*	tienen	*they have*

Para saber más → página 163, 3

2e (a) Describe a alguien de tu clase (nombre, nacionalidad, aspecto físico y dónde vive).

(b) Encuentra una foto de un miembro de tu familia y escribe una descripción.

Ejemplo: *Éste es mi hermanastro. Se llama Luke y es escocés. Es delgado, bajo y tiene el pelo bastante largo y los ojos verdes. Vive en Manchester con su familia y dos perros pequeños.*

Describing your house or flat

¿Dónde viven estas personas? Toma notas breves. (1–5)

Ejemplo: *1 – casa/pueblo.*

una casa | un piso | un chalet
el campo | un pueblo | la costa | una ciudad

Túrnate con tu compañero/a.

- ¿Dónde vives?
- *Say where you live (name of town or village).*
- ¿Vives en una casa o en un piso?
- *Say if you live in a house or a flat.*
- ¿Es grande o pequeño/a?
- *Say if it is big or small.*
- ¿Te gusta?
- *Say if you like it or not and why.*

¿Dónde vives?				
Vivo Vivimos Mi amigo/Mi hermana vive Mis abuelos viven	en	un piso una casa	muy bastante	grande. pequeño/a y moderno/a. antiguo/a.

Está en	el centro de la ciudad. el campo. un pueblo. las afueras. un barrio residencial. la costa.

Me gusta (mucho) Me encanta No me gusta	mi piso/casa	porque es (demasiado)	pequeño/a. moderno/a.

Tiene una cocina, cuatro dormitorios ...

Lee y rellena los espacios.

1. Conchita vive en …
2. Su familia vive en un …
3. Hay … dormitorios.
4. No hay …
5. Le gusta el piso porque es …
6. En su dormitorio hay …

If you say you like or dislike something, remember to include a reason, e.g. porque es grande; pequeño/a; bonito/a; feo/a.

Fichero Edición Inserción Formato Instrumentos Mensaje

¡Hola! Me llamo Conchita y vivo en Santander con mi familia. Vivimos en un piso que es bastante grande. Vivimos en el séptimo piso y tenemos una vista muy bonita de la ciudad. En el piso hay cuatro dormitorios y dos cuartos de baño. Tiene una cocina, un comedor y un balcón pequeño. No tiene garaje pero hay aparcamiento para coches y motos. Me gusta el piso porque es grande y porque no comparto mi dormitorio. En mi dormitorio tengo un equipo de música, y muchos pósters de mis cantantes favoritos.

Gramática

'To like' and 'to love'

The verbs to like (gustar) *and to love* (encantar) *always start with 'me'. If you want to say 'I like' or 'I love' you say:* me gusta *or* me encanta *in Spanish. Remember to add an 'n' to the end of* gusta *or* encanta *if you are describing something plural (more than one thing):*

Me gusta la casa. /Me gusta**n** mis pósters.
Me encanta el piso. /Me encanta**n** los animales.
No me gusta mi dormitorio. /No me gusta**n** los cantantes de rap.

Para saber más → página 178, 7.13

Describe tu casa: cambia el mensaje de Conchita.

¿Qué cosa falta en cada habitación? (1–3)

Ejemplo: *1 – la nevera.*

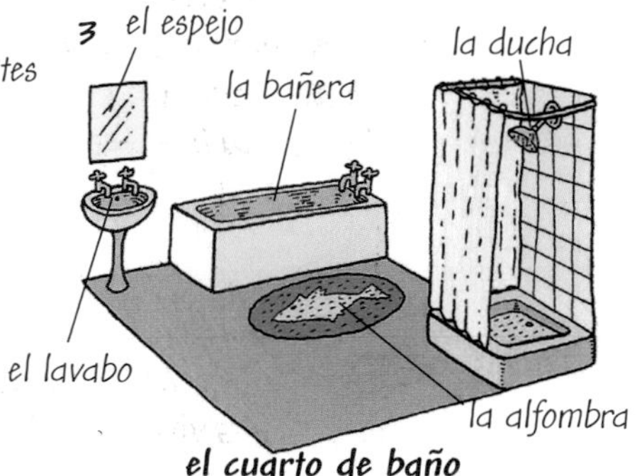

Haz el juego. Describe lo que hay en …

1 Una casa
2 Tu dormitorio
3 Un cuarto de baño

Ejemplo: **1** *Una casa*
- En mi casa hay dos dormitorios.
- En mi casa hay dos dormitorios y una cocina.
- En mi casa hay dos dormitorios, una cocina y un comedor … (etc.).

Describe tu dormitorio.

- ¿Cómo es tu dormitorio?
- ¿Qué hay en tu dormitorio?
- ¿Te gusta tu dormitorio?
- ¿Por qué (no)?

¡OJO!

When you are describing what you have in your bedroom, try to use words like **'y'** *and* **'pero'** *and use adjectives to describe things; e.g.* Hay una cama grande **y** una mesa **pero** no tiene ordenador.

Mi dormitorio es	muy bastante	grande. pequeño. bonito.	Me gusta Me encanta No me gusta	mi dormitorio	porque ...
				Comparto mi dormitorio con mi hermano/hermana.	

En mi dormitorio	hay/no hay	un espejo. un radiador. un ordenador. un vídeo. una cama.	una alfombra. una lámpara. una televisión. una moqueta. una silla.	una mesa. una ventana. muchos libros/ pósters de ...
Mi dormitorio	tiene no tiene			

3 ¿Cómo es tu barrio?

Describing the place where you live

1a Empareja las descripciones con las imágenes correctas.

1 Vivo en un barrio industrial en el norte de una ciudad grande. Es sucio y ruidoso y hay mucha contaminación. Los bloques de pisos son muy feos. También hay mucho desempleo.

2 Vivo en el campo cerca de la costa en el sur del país. Es muy tranquilo y rural y todas las casas son muy bonitas. Hay mucho turismo en la región porque hay unas playas preciosas.

3 Vivo en las afueras de la ciudad. Me gusta mi barrio porque hay mucho que hacer. Cerca de mi casa hay un polideportivo, un parque, un cine y una discoteca. Las casas son muy modernas.

A

B

C

sucio/a – *dirty*
ruidoso/a – *noisy*
la contaminación – *pollution*
el desempleo – *unemployment*
tranquilo/a – *quiet*
precioso/a – *pretty*
moderno/a – *modern*

turístico/a – *tourist (adjective)*
antiguo/a – *old*

1b Escucha y decide si a la persona le gusta o no le gusta. (1–5)

Ejemplo: *1 –* ❤

1c Túrnate con tu compañero/a.

- ¿Dónde vives?
- *Say where you live.*
- ¿Cómo es tu barrio/pueblo/ciudad?
- *Describe where you live (quiet? modern? industrial? etc.).*
- ¿Te gusta?
- *Say if you like it or not.*
- ¿Por qué? ¿Por qué no?
- *Give a reason why/why not.*

Vivo en	Londres/Cardiff/Chester.			
Mi barrio es	moderno/antiguo/turístico/precioso/sucio/tranquilo.			
Sí, me gusta	porque	hay mucho que hacer.		
No me gusta		hay	mucho/a	contaminación. desempleo.

2a ¿Qué hay en cada lugar? Escucha y escribe la letra correcta. (1–6)

2b Escribe sobre el lugar donde vives.

Ejemplo: *Vivo en un pueblo pequeño y tranquilo. Hay una biblioteca, un supermercado …*
Me gusta porque …

¡OJO!

Using the following words can help you to gain extra marks: también *(also)*, afortunadamente *(fortunately)*, desafortunadamente *(unfortunately)*, sin embargo *(however)*. *Avoid just writing lists and try to give your opinion instead:* me gusta mucho/porque es muy grande, *etc.*

3a Copia y rellena el cuadro con la información necesaria. (1–5)

	Lugar	Distancia (¿lejos/cerca?)	Transporte
1	playa	lejos – 9 km	tren/coche

3b Túrnate con tu compañero/a.

- ¿Dónde está el colegio/el centro de la ciudad/la estación de trenes?
- Está (cerca/lejos) a unos …(kiló)metros.
- ¿Cómo se va allí?
- En tren/coche/autobús/metro/bicicleta/a pie.

Vocabulario

Detalles personales	**Personal details**
¿Qué tal?	*How are you?*
Estoy (muy bien).	*I am (very well).*
fenomenal	*great*
regular	*okay*
fatal	*awful*
¿Cómo te llamas/se llama?	*What's your name/ his/her name?*
Me llamo .../Se llama ...	*My name is .../ His/Her name is ...*
¿Cuántos años tienes?	*How old are you?*
Tengo ... años.	*I am ... years old.*
¿Cuándo es tu cumpleaños?	*When is your birthday?*
Mi cumpleaños es el ... de ...	*My birthday is the ... of ...*
¿Dónde vives?	*Where do you live?*
Vivo en ...	*I live in ...*
Soy (español/a).	*I am (Spanish).*
¿Cómo se escribe ...?	*How do you spell ...?*

Familia	**Family**
¿Cuántas personas hay en tu familia?	*How many people are there in your family?*
Somos (seis) en mi familia.	*There are (six) of us in my family.*
Hay (seis) personas.	*There are (six) people.*
Vivo con mis padres.	*I live with my parents.*
Soy hijo/a único/a.	*I am an only child.*
el padre/el padrastro	*father/stepfather*
la madre/la madrastra	*mother/stepmother*
el hermano	*brother*
el hermanastro	*stepbrother*
la hermana	*sister*
la hermanastra	*stepsister*
el abuelo/la abuela	*grandfather/grandmother*
el tío/la tía	*uncle/aunt*
el primo/la prima	*cousin*
el novio/la novia	*boyfriend/girlfriend*
divorciado/a	*divorced*

Animales	**Animals**
¿Tienes animales en casa?	*Do you have any pets at home?*
Tengo ...	*I have ...*
un caballo/un conejo	*a horse/a rabbit*
un gato/un periquito	*a cat/a budgie*
un perro/un pez/ unos peces	*a dog/a fish/fish*
un ratón	*a mouse*
No tengo animales en casa.	*I don't have any pets at home.*

Meses	**Months**
enero/febrero	*January/February*
marzo/abril	*March/April*
mayo/junio	*May/June*
julio/agosto	*July/August*
septiembre/octubre	*September/October*
noviembre/deciembre	*November/December*

Descripción personal	**Personal description**
¿Cómo eres/es?	*What do you look like?/ What does he/she look like?*
Soy/Es ...	*I am/He/She is ...*
alto/a.	*tall.*
bajo/a.	*short.*
delgado/a	*slim.*
gordo/a	*fat.*
feo/a.	*ugly.*
guapo/a.	*good-looking.*
joven.	*young.*
viejo/a.	*old.*
moreno/a.	*dark.*
rubio/a.	*fair.*
Tengo los ojos azules/ verdes/grises/negros/ marrones.	*I have blue/ green/grey/dark brown/ brown eyes.*
Tengo el pelo largo/corto/ liso/rizado.	*I have long/short/ straight/curly hair.*
Tengo el pelo rubio/moreno/ castaño/pelirrojo.	*I have blond(e)/dark/ chestnut/ginger hair.*
Llevo gafas.	*I wear glasses.*
Tengo bigote.	*I have a moustache.*
Tiene ...	*He/She has ...*
Vive en ...	*He/She lives in ...*
bastante	*quite*
muy	*very*
también	*also*

Presentaciones	**Introductions**
Éste es mi hermano.	*This is my brother.*
Ésta es mi hermana.	*This is my sister.*
Éstos son mis hermanos.	*These are my brothers.*
Éstas son mis hermanas.	*These are my sisters.*
Te presento a ...	*Let me introduce you to ...*
Mucho gusto.	*Pleased to meet you.*

Nacionalidades	**Nationalities**
español/española/ españoles/españolas	*Spanish*
inglés/inglesa/ingleses/ inglesas	*English*
alemán/alemana	*German*
australiano/a	*Australian*
brasileño/a	*Brazilian*
chileno/a	*Chilean*
italiano/a	*Italian*
mexicano/a	*Mexican*
escocés/escocesa	*Scottish*
estadounidense	*American (US)*
francés/francesa	*French*
galés/galesa	*Welsh*
irlandés/irlandesa	*Irish*
portugués/portuguesa	*Portuguese*

Domicilio	Home
una casa	*a house*
un chalet	*a cottage*
una granja	*a farm*
un piso	*a flat*
las afueras	*suburbs/outskirts*
un barrio (residencial)	*a (residential) area*
el campo	*the countryside*
el centro	*town centre*
una ciudad	*a city/town*
la costa	*the coast*
un pueblo	*a village*
Me encanta ...	*I love ...*
Me gusta/No me gusta porque es ...	*I like it/I don't like it because it is ...*
... (demasiado) pequeño/a	*(too) small*
... moderno/a	*... modern*
... antiguo/a	*... old*
... bonito/a	*... pretty*
... feo/a	*... ugly*

Habitaciones	Rooms
el aparcamiento	*parking space*
el balcón	*balcony*
la cocina	*kitchen*
el comedor	*dining-room*
el cuarto de baño	*bathroom*
el dormitorio	*bedroom*
el patio	*patio*
el salón	*sitting room*

Los muebles	Furniture
En mi dormitorio hay ...	*In my bedroom there is ...*
Mi dormitorio tiene/ no tiene ...	*My bedroom has/ doesn't have ...*
Comparto mi domitorio con ...	*I share my bedroom with ...*
una cama	*a bed*
un equipo de música	*a music system*
un espejo	*a mirror*
una librería	*a bookcase*
una manta	*a blanket*
un ordenador	*a computer*
una silla	*a chair*
un tocador	*a dressing table*
una cocina	*a cooker*
un congelador	*a freezer*
una lavadora	*a washing-machine*
un lavaplatos	*a dishwasher*
una nevera	*a fridge*
una bañera	*a bath*
una ducha	*a shower*
un lavabo	*a washbasin*
una alfombra	*a rug*
una chimenea	*a fireplace*
un estante	*a shelf*
una lámpara	*a lamp*
una mesa	*a table*
una moqueta	*a carpet*
un radiador	*a radiator*
una ventana	*a window*

La ciudad	The town
el país	*country (England, etc.)*
norte/sur	*north/south*
este/oeste	*east/west*
Vivo en un barrio ...	*I live in a/an ... area.*
limpio/a/ sucio/a	*clean/dirty*
tranquilo/a/ ruidoso/a	*quiet/noisy*
moderno/a/ antiguo/a	*modern/old*
precioso/a	*pretty*
Hay mucho/a ...	*There is a lot of ...*
... contaminación.	*... pollution.*
... turismo.	*... tourism.*
... desempleo.	*... unemployment.*
Hay mucho que hacer.	*There is a lot to do.*
Me gusta/No me gusta porque ...	*I like it/don't like it because ...*

Sitios en la ciudad	Places in town
el aeropuerto	*airport*
el ayuntamiento	*town hall*
la biblioteca	*library*
el castillo	*castle*
la catedral	*cathedral*
el centro comercial	*shopping centre*
el cine	*cinema*
la discoteca	*nightclub*
la estación de trenes	*train station*
el estadio	*stadium*
la iglesia	*church*
el jardín	*garden*
el museo	*museum*
el palacio	*palace*
el parque de atracciones	*amusement park*
la plaza de toros	*bullring*
el polideportivo	*sports centre*
el río	*river*
el supermercado	*supermarket*
la tienda	*shop*
el zoo	*zoo*

Transporte	Transport
Voy a pie.	*I walk.*
Voy en ...	*I go by ...*
autobús/autocar.	*bus/coach.*
bicicleta/coche.	*bicycle/car.*
metro/tren.	*tube/train.*
¿Dónde está(n) ...?	*Where is/are ...?*
Las tiendas están a unos quinientos metros.	*The shops are 500 metres away.*
Está cerca/lejos.	*It is nearby/far away.*

En el cole

Repaso 1

Revising subjects and times

Empareja las frases con las imágenes correctas.
Match up the sentences with the correct pictures.

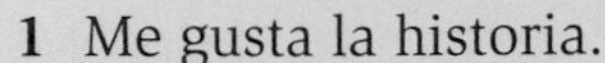

1 Me gusta la historia.
2 No me gusta la biología.
3 Me encanta el español.
4 Me gusta mucho la música.
5 Detesto la informática.
6 No me gustan nada las matemáticas.
7 Odio la educación física.
8 Mi asignatura preferida es la geografía.

A
c1794

B

C

D
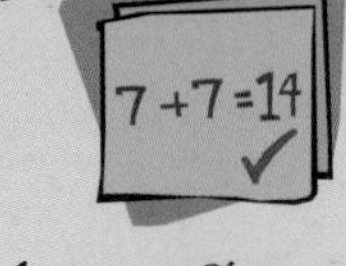

E

F

G

H

❤❤❤❤ Mi asignatura preferida es ❤❤❤ Me encanta(n) ❤❤ Me gusta(n) mucho ❤ Me gusta(n) ✗ No me gusta(n) ... ✗✗ No me gusta(n) nada ... ✗✗✗ Odio/Detesto ...	el alemán/comercio/deporte/dibujo/diseño/español/francés/inglés/teatro. la biología/cocina/educación física/geografía/historia/informática/música/religión. las ciencias/matemáticas. los trabajos manuales.

Gramática

Remember that 'gustar' and 'encantar' change according to the words that follow them:
Me gusta la historia. *But:* Me gusta**n** las matemáticas. *See page 21.*

Para saber más → página 178,7.13

Escucha e identifica las asignaturas y las opiniones. (1–6)
Listen and identify the school subjects and opinions.

	Asignatura	☺	☹	¡Extra!
1	los trabajos manuales	✓		profesor – simpático

las ciencias · la religión · el alemán · el inglés · el dibujo · los trabajos manuales

¡OJO!

You need to include el, la, los *or* las *before school subjects when saying if you like or dislike them.*
Ejemplo: Me gusta **el** francés.
I like French.

Haz preguntas a tu compañero/a.
Ask your partner questions.

- ¿Te gusta (la informática)?
- Sí, me encanta (la informática).
  No, odio (la informática).

Ahora escribe tus opiniones.
Now write your opinions.

Ejemplo: *Me encanta el español.*
Me gusta mucho el inglés.

Escucha y escribe la hora. (1–9)
Listen and write the time.

Ejemplo: *9.00.*

Es la una.

Son las dos. 

Son las dos y cuarto.

Son las dos y media. 

Son las tres menos cuarto.

Empareja las frases con las imágenes correctas.
Match up the sentences with the correct pictures.

A

B

C

D

E

F

G

H

1 Son las tres y diez.
2 Son las ocho menos cinco.
3 Son las tres y veinte.
4 Son las cinco y veinticinco.
5 Son las diez menos diez.
6 Son las dos menos veinte.
7 Son las tres y media.
8 Es la una y diez.

¿Qué hora es? Pregunta a tu compañero/a.
What time is it ? Ask your partner.

- ¿Qué hora es? (×3)
- 1.30/11.10/9.45.

- ¿Qué hora es? (×3)
- 2.20/3.45/12.05.

Gramática

Telling the time

When telling the time, you use 'Son las …' *in all cases apart from times that involve one o'clock. For times surrounding one o'clock, use* 'Es la …'.

Ejemplo: **Son las** dos y cuarto. **Es la** una y cuarto.

Para saber más → página 181, 11.3

Revising classroom language

1a *Escuchar* **¿Qué necesitan estos alumnos? (1–6) Escribe la letra correcta.**
What do these pupils need? Write the correct letter.

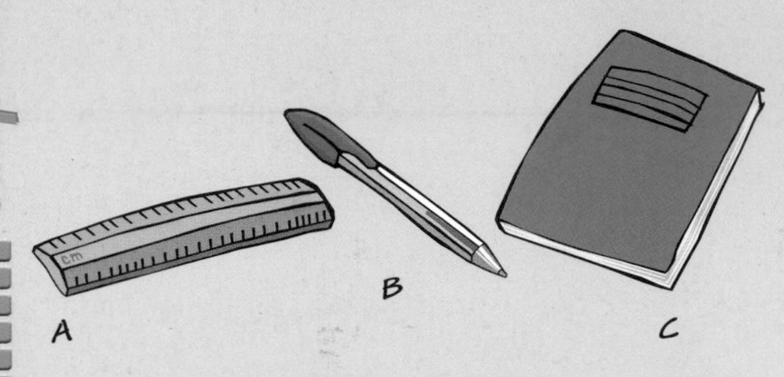

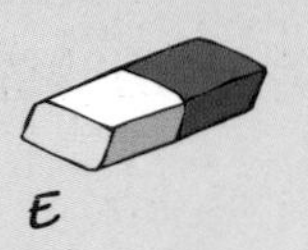

A B C D E F

1b *Leer* **Empareja las frases con las imágenes correctas.**
Match up the sentences with the correct pictures.

No tengo	un bolígrafo/lápiz.
Necesito	una regla/goma.
He olvidado	el libro/cuaderno.

1 ¿Cómo se dice 'help' en español?

2 ¿Cómo se dice 'tiburón' en inglés?

3 No entiendo.

4 Más despacio, por favor.

5 Lo siento, no lo sé.

A

B

C

D

E

1c *Hablar* **Túrnate con tu compañero/a.** *Work with your partner.*

- *Say you need a* 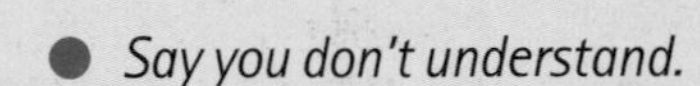 .
- *Say you don't understand.*
- *Say you don't have a* 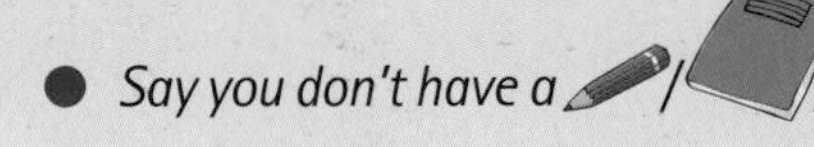 .
- *Ask your partner to speak more slowly.*
- *Repeat slowly that you do not have a* pencil/exercise book/ruler.
- *Ask how you say 'lápiz'/'cuaderno'/'regla' in English.*
- *Say the English word 'pencil'/'exercise book'/'ruler'.*
- *Say you are sorry but you do not have a pencil/exercise book/ruler.*

1d *Escribir* **¿Eres organizado/a? Escribe seis frases.**
Are you organised? Write six sentences.

Tengo (una regla) … No tengo … Necesito … He olvidado …

Lee las opiniones. ¿Son positivas o negativas?
Read the opinions. Are they positive or negative?

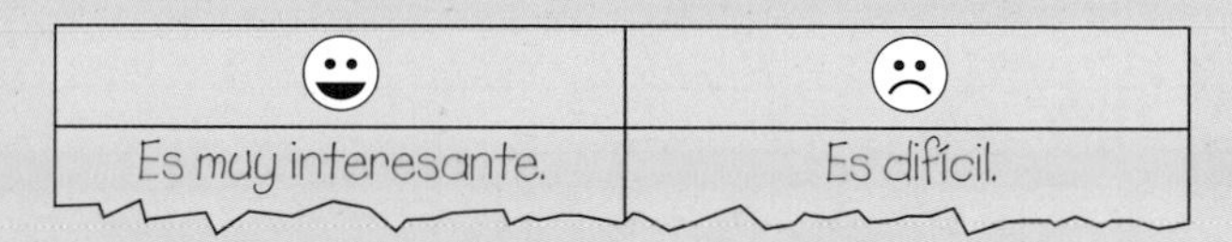

Nos mandan demasiados deberes.

El profesor es estricto.

Es fácil.

Es bastante divertido.

¡Mi profe es genial!

Es útil.

Es muy aburrido.

La profesora es muy simpática.

Escucha y toma notas breves. (1–5)
Listen and take brief notes.

Ejemplo: *1 – inglés, interesante.*

Túrnate con tu compañero/a.
Work with your partner.

- ¿Cuál asignatura te gusta más?
- ¿Cuál asignatura te gusta menos?

más – *more* menos – *less*

Completa las frases con tus opiniones.
Complete the sentences with your opinions.

Ejemplo: *Me encanta el español porque es fácil.*

1 Me encanta … porque es …
2 No me gusta … porque es …
3 Odio … porque es …

las matemáticas / las ciencias / los trabajos manuales o más de una asignatura

Me gusta**n** … porque **son** …
No me gusta**n** nada … porque …

Gustar

Make sure that, when giving reasons why you like or dislike something, you change the ending of the adjective so that it 'agrees' with the noun.

No me gusta **el inglés** porque es aburrid**o**.
No me gusta **la historia** porque es aburrid**a**.

Also, if you are describing something plural (los/las) *or if you are describing more than one thing at a time, you must change the verb* ***and*** *the endings of the adjectives.*

No me gusta**n** **las matemáticas** porque **son** aburrid**as**.
Me gustan **el español y el francés** porque **son** interesante**s**.

Adjectives

Masc. sing.	***Masc. plural***	***Fem. sing.***	***Fem. plural***
divertido	divertidos	divertida	divertidas
interesante	interesantes	interesante	interesantes
difícil	difíciles	difícil	difíciles

Para saber más → página 178, 7.13

1 Mi colegio

Talking about your school

	lunes	martes	miércoles
8.30–9.30	lengua española	gimnasia	trabajos manuales
9.30–10.30	matemáticas	biología	lengua española
10.30–10.50	RECREO	RECREO	RECREO
10.50–11.50	física	música	matemáticas
11.50–12.50	religión	francés	inglés
12.50–15.00	COMIDA	COMIDA	COMIDA
15.00–16.00	inglés	lengua española	informática
16.00–17.00	geografía	química	dibujo

¿Verdad (✓) o mentira(✗)?

1 El lunes tengo física a las once menos diez.
2 El martes tengo francés a las tres.
3 El miércoles tengo lengua española a las nueve.
4 No tengo matemáticas el martes.
5 Tengo recreo a las diez y media.
6 Tengo comida a las doce.

¿De qué día hablan? (1–7)

Túrnate con tu compañero/a.

- ¿Qué tienes el miércoles/jueves/viernes?
- El miércoles/jueves/viernes tengo…

Mira los dibujos de Alfredo y Alicia. Adivina quién habla.

Ejemplo: *1 – Alfredo.*

1 Voy a un colegio privado y hay uniforme.
2 No tengo que llevar uniforme.
3 Normalmente llevo vaqueros azules y una camisa de rayas.
4 Llevo pantalones negros, una camisa blanca, una corbata azul y una chaqueta negra.
5 No me gusta el uniforme porque es feo y odio las corbatas.
6 Siempre llevo zapatillas deportivas.

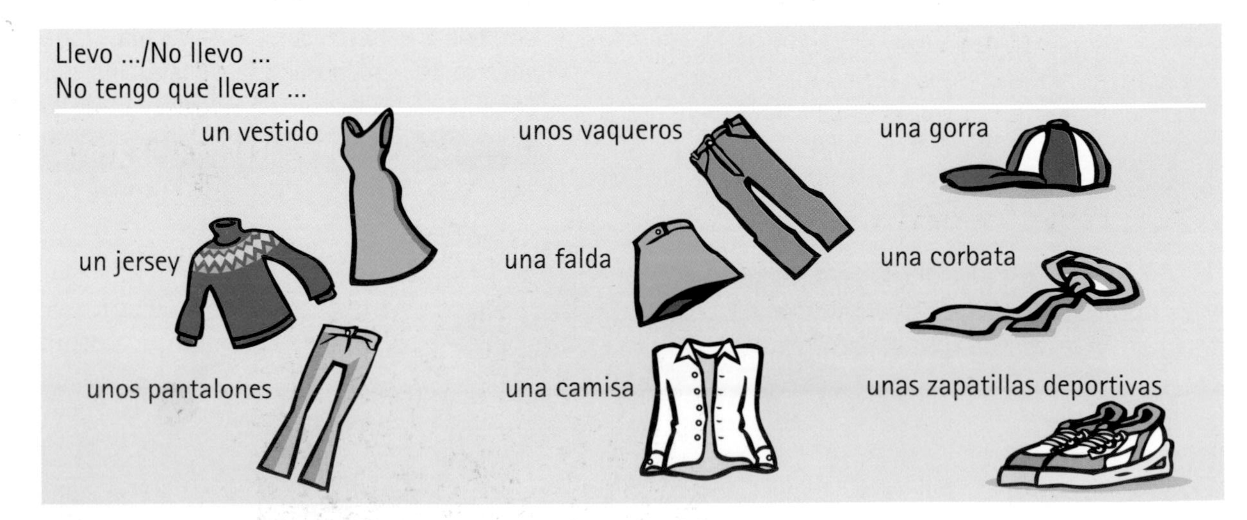

Gramática

Tener que

You have already come across the verb 'tener' in Unit 1 (e.g. Tengo un gato.*) but if you want to say that you have to do something you use* tengo **que** + ***infinitive***.

Ejemplo: Tengo **que llevar** una corbata. *I must wear a tie.*

¡OJO!

Always remember that to gain a C grade you must include your opinion and a reason – even if the question does not specifically ask for one.

Me gusta mucho mi uniforme porque es cómodo/moderno.
No tengo que llevar uniforme – es genial porque prefiero llevar vaqueros.

3a Lee y completa las frases.

Fichero Edición Inserción Formato Instrumentos Mensaj

Me llamo Isabel y asisto al instituto San José en Valencia. Es un colegio público y mixto. Es muy moderno y grande con mil alumnos y ochenta profesores. Normalmente el colegio empieza a las ocho y media y termina a las cuatro. Tenemos seis clases por día y cada clase dura cincuenta minutos. Hay veinte minutos de recreo. Durante el recreo me gusta jugar al fútbol y hablar con mis amigos. Hay ciento ochenta aulas, muchos laboratorios, una biblioteca bastante grande y un gimnasio.

la biblioteca – *library*
el aula – *classroom*
el comedor – *canteen*
el gimnasio – *gym/sports hall*
el laboratorio – *laboratory*
el patio – *playground*
la sala – *school hall*
la sala de informática – *IT room*
la sala de profesores – *staffroom*
la sala de teatro – *drama studio*

1 Es un colegio … femenino/mixto.
2 Es muy … pequeño/grande.
3 Tiene … 1.000/80 alumnos.
4 Empieza a las … 7.30/8.30.
5 Termina a las … cinco/cuatro.
6 Tienen … 5/6 clases por día.
7 Cada clase dura … 50/55 minutos.
8 Durante el recreo … juega al fútbol/juega al baloncesto.
9 Hay … 170 aulas/180 aulas.

3b Escucha y contesta a las preguntas.

1 ¿Qué tipo de colegio es?
2 ¿Es grande o pequeño?
3 ¿Cuántos alumnos hay?
4 ¿Cómo es el edificio?
5 ¿Cuántas aulas hay?

¡OJO!

It is very important to learn question words.

¿Qué …? – *What …?*
¿Es … o …? – *Is it … or …?*
¿Cuántos …? – *How many …?*
¿Cómo es …? – *What is … like? (Describe.)*

Make a list of other question words you know and add any new ones you find.

3c Contesta a estas preguntas.

- ¿Cómo se llama tu colegio?
- ¿Qué tipo de colegio es?
- ¿Es grande o pequeño?

2 ¿Qué se puede hacer en el colegio?

What you can do at school

1a Lee estos anuncios escolares. Empareja los alumnos con los clubs.

A

B

C

1 Toco el piano y me encanta escuchar jazz y rap.
2 Me gusta estar en forma y estoy fuerte en los deportes.
3 Quiero aprender a hablar otra lengua extranjera.
4 Me gusta la música clásica.
5 Estoy fuerte en los idiomas.

1b Identifica la imagen correcta. Escribe el día (en inglés) y la hora también.

Ejemplo: *1 – D, Friday, 4pm.*

A

B

C
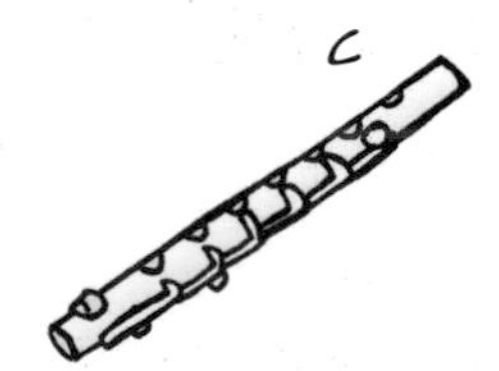

D

E

1 Soy miembro del club de fútbol. Nos reunimos los viernes a las cuatro.
2 Voy al club de natación los lunes a las seis.
3 Toco la flauta en la orquesta una vez a la semana: los martes a la una – a la hora de comer.
4 Hay un club de lectura muy bueno en nuestro colegio. Tiene lugar en la biblioteca a las cuatro y media todos los martes.
5 Se puede jugar a las cartas o ajedrez los jueves a las doce y media.

Contesta a las preguntas.

- ¿Qué haces durante el recreo?
- ¿Qué haces en la hora de comer?
- ¿Eres miembro de algún club?

Durante el recreo En la hora de comer Después del colegio A las (tres)	voy al club de .../al taller de ... como en el comedor. estudio en la biblioteca. toco el piano. practico deporte. juego en el patio/en un equipo de (fútbol).
Soy miembro del club de ... /del taller de ...	

¡OJO!

Make your spoken answers more interesting and gain more marks by adding these time indicators:

siempre – *always*
a veces/de vez en cuando – *sometimes*
nunca – *never*

Durante el recreo **siempre** juego en el patio; **a veces** estudio en la biblioteca pero **nunca** voy al club de ajedrez porque en mi opinión es aburrido.

Escucha y rellena los espacios. Identifica los verbos. ¿Cuáles están en el presente y cuáles en el pasado? ¿Qué significan?

- Hola, Gustavo, ¿cómo estás?
- Muy bien. ¿Vas al ___ de ___ mañana?
- No, porque normalmente ___ al club de ___ los ___.
- ¡Qué lástima! ¿Fuiste al ___ de baloncesto ___?
- Sí, ___ al club de ___ y después fui a la ___ de teatro. Toqué el ___ en la ___ y también canté en el coro.
- ¡Qué bien!

¿Verdad (✓) o mentira (✗)?

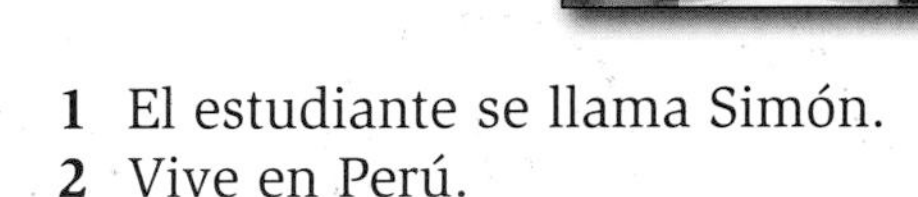

Me llamo Pili y asisto al instituto Simón Bolívar en Perú. Tenemos muchas actividades extraescolares. Hay el club de idiomas los jueves, un club de deportes los lunes y miércoles y también tenemos clubs de ajedrez, informática y teatro. Normalmente voy al club de informática en la hora de comer porque es interesante y muy útil, pero ayer canté en un concierto especial.

1. El estudiante se llama Simón.
2. Vive en Perú.
3. Hay muchos clubs en su colegio.
4. Los jueves se pueden hablar otros idiomas.
5. Los martes hay el club de deportes.
6. No hay ni un coro ni una orquesta.
7. Ayer no fue al club de informática.

Escribe un texto parecido. Cambia la carta de Pili.

El pasado	
Ayer	fui al .../a la ...
La semana pasada	canté en el coro. /jugué al fútbol./baloncesto.
El lunes pasado	toqué el piano. /practiqué deporte.

3 Mi rutina diaria

My daily routine

1a Completa las frases con la hora correcta. (1–10)

Ejemplo: *1 – Me despierto a las seis y media.*

1 Me despierto a las …

2 Me levanto a las …

3 Me ducho a las …

4 Tomo el desayuno a las …

5 Me lavo los dientes a las …

6 Salgo de casa a las …

7 Vuelvo a casa y ceno a las …

8 Hago los deberes a las …

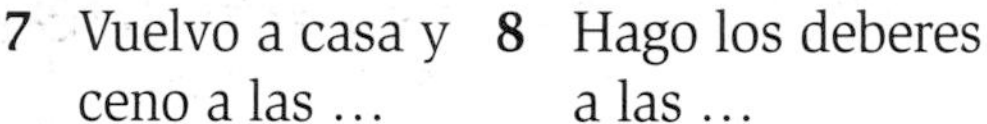

9 Me relajo a las …

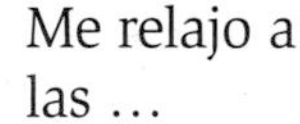

10 Me acuesto a las …

1b Túrnate con tu compañero/a. Contesta a las preguntas.

1 ¿A qué hora te despiertas? Me despierto a …
2 ¿A qué hora te levantas?
3 ¿A qué hora te duchas?
4 ¿A qué hora te lavas los dientes?
5 ¿A qué hora te relajas?
6 ¿A qué hora te acuestas?

Gramática

Reflexive verbs

All the verbs in 1b are called reflexive verbs and have an extra part (me, te, se, etc.) *These verbs can usually be identified as actions that you do to yourself.*

me levanto	*I get (myself) up*
te levantas	*you get (yourself) up*
se levanta	*he/she gets (himself/herself) up*
nos levantamos	*we get (ourselves) up*
os levantáis	*you get (yourselves) up*
se levantan	*they get (themselves) up*

Para saber más → página 178, 7.12

1c Lee el texto y pon las frases en el orden correcto.

Normalmente Alejandro se despierta temprano a las seis pero se levanta a las seis y media. Después baja a la cocina para tomar el desayuno. Luego se baña o se ducha (normalmente se ducha porque es más rápido) y se lava los dientes. Finalmente arregla sus libros, cuadernos y otras cosas para el colegio y sale de casa a las ocho.

A *He leaves the house at eight.*
B *He gets up at six thirty.*
C *He has a bath or shower and then brushes his teeth.*
D *He sorts out his books and things.*
E *He wakes up at six.*
F *He goes down to the kitchen for breakfast.*

¿Cómo van al colegio? Escucha y escribe la letra correcta. (1–7)

Túrnate con tu compañero/a.

- ¿Cómo vas al colegio?
-  /  / 
- ¿Por qué?
- *Explain your choice.*

más rápido – *faster*
más barato – *cheaper*
más fácil – *easier*
más interesante – *more interesting*
más divertido – *more exciting*

Voy en tren	porque es	más rápido/barato.

Leer

2c Lee la carta y contesta a las preguntas en inglés.

1. Where is Luís from? (1)
2. What time does he get up? (1)
3. What type of shower does he have? (1)
4. Why does he think he is lucky? (1)
5. What does he wear to school? (2)
6. How does he get to school and why? (2)
7. How long does the journey last? (1)
8. What does he do in the afternoon? (1)

el agua fría – *cold water*
tengo mucha suerte – *I am very lucky*
trabajo – *I work*

¡OJO!

Always remember that if questions are in Spanish then you must answer in Spanish but if questions are in English you answer in English!

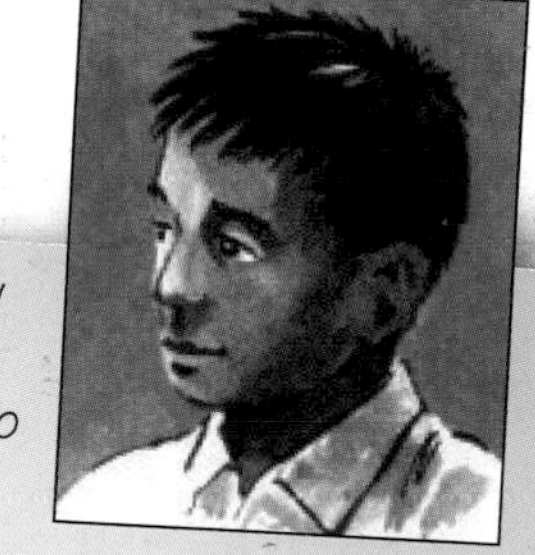

¡Hola! Me llamo Luís y soy colombiano. Vivo en Medellín y asisto al colegio Montenegro. Quiero explicarte mi rutina diaria para ver si hay muchas diferencias con tu rutina en Inglaterra. Me levanto a las cinco y media y me ducho de inmediato con agua fría. Tengo mucha suerte porque muchos de mis amigos no tienen ducha.

Luego me visto: me pongo el uniforme que consiste en unos pantalones y una camisa blanca. Tomo el desayuno en casa y salgo de casa a las seis y media. Voy al colegio a pie porque es más barato pero es un viaje largo – dura una hora. Llego al colegio a las siete y media y las clases empiezan a las ocho. Tenemos quince minutos de recreo a las diez y media. Las clases terminan a la una y vuelvo a casa. Por la tarde trabajo con mi padre.

Escribe una carta a Luis sobre tu rutina diaria, apréndetela de memoria, y luego haz una presentación.

Ejemplo: *Me levanto a las …/Tomo el desayuno a las …*

Vocabulario

Asignaturas	Subjects
Mi asignatura preferida es ...	*My favourite subject is ...*
Me gusta(n)/encanta(n) ...	*I like/love ...*
No me gusta(n) (nada) ...	*I don't like ... (at all)*
Detesto/Odio ...	*I hate ...*
las ciencias	*sciences*
la biología	*biology*
la física	*physics*
la química	*chemistry*
la cocina	*food technology*
el comercio	*business studies*
el deporte	*sport*
el dibujo	*art*
el diseño	*design*
la educación física	*PE*
la geografía	*geography*
la gimnasia	*gym*
la historia	*history*
los idiomas	*languages*
el alemán	*German*
el español	*Spanish*
el francés	*French*
el inglés	*English*
la lengua	*language*
la informática	*ICT*
las matemáticas	*maths*
la música	*music*
la religión	*RE*
el teatro	*drama*
la tecnología	*technology*
los trabajos manuales	*CDT/woodwork*
Tengo (inglés) a (las tres).	*I have (English) at (three o'clock).*

La hora	The time
Es la una.	*It's one o'clock.*
Son las (tres).	*It's (three) o'clock.*
Son las (tres) ...	*It's ... (three)*
... y media	*half past*
... y cuarto	*quarter past*
Son las dos menos cuarto.	*It's a quarter to two.*
Son las dos y (veinte).	*It's (twenty) past two.*

En clase	In class
el bolígrafo (el boli)	*biro*
el cuaderno	*exercise book*
el lápiz	*pencil*
el libro	*book*
la calculadora	*calculator*
la goma	*eraser*
la regla	*ruler*
No tengo un bolígrafo/lápiz.	*I don't have a biro/pencil.*
Necesito una regla/goma.	*I need a ruler/eraser.*
He olvidado mi libro/cuaderno.	*I have forgotten my book/exercise book.*

Instrucciones	Instructions
¿Cómo se dice 'help' en español?	*How do you say 'help' in Spanish?*
¿Cómo se dice 'tiburón' en inglés?	*How do you say 'shark' in English?*
No entiendo.	*I don't understand.*
Más despacio, por favor.	*Slower, please.*
Lo siento, no lo sé.	*I'm sorry, I don't know.*

Opiniones	Opinions
Mi asignatura preferida es ...	*My favourite subject is ...*
Me encanta ...	*I love ...*
Me gusta mucho ...	*I really like ...*
Me gusta/No me gusta ...	*I like/I don't like ...*
porque ...	*because ...*
es muy interesante.	*it's very interesting.*
es difícil.	*it's difficult.*
es fácil.	*it's easy.*
es bastante divertido/a.	*it's quite fun.*
es útil.	*it's useful.*
es muy aburrido/a.	*it's very boring.*
el profesor es simpático/estricto.	*the teacher is nice/strict.*
¡Mi profe es genial!	*My teacher is great!*
Nos mandan demasiados deberes.	*We get too much homework.*

Una descripción del colegio	A description of the school
El colegio se llama Elliott.	*The school is called Elliott.*
Es masculino/femenino/mixto.	*It is a boys'/girls'/mixed school.*
Es antiguo/moderno.	*It is old/modern.*
Hay 60 profesores y mil alumnos.	*There are 60 teachers and a thousand pupils.*
Las clases empiezan a las ocho.	*Lessons begin at eight o'clock.*
Las clases terminan a las seis.	*Lessons finish at six o'clock.*
Las clases duran una hora.	*Lessons last one hour.*
Hay recreo a las once.	*Break is at 11 o'clock.*
Tengo que llevar uniforme.	*I have to wear uniform.*
No tengo que llevar uniforme.	*I don't have to wear uniform.*
Voy a un colegio femenino/mixto.	*I go to a girls'/mixed school.*
la aula	*classroom*
la biblioteca	*library*
el comedor	*canteen*
el gimnasio	*gym/sports hall*
el laboratorio	*laboratory*
el patio	*playground*
la sala	*school hall*
la sala de informática	*IT room*
la sala de profesores	*staffroom*
la sala de teatro	*drama studio*

Actividades extraescolares	Extra-curricular activities
Soy miembro (del club de fútbol).	*I am a member of the football club.*
Voy al club (de natación) los lunes a la seis.	*I go to the (swimming) club on Mondays at 6pm.*
el taller de arte	*art club*
el club de fotografía/idiomas/ajedrez/informática/teatro	*photography/languages/chess/computer/drama club*
el coro	*choir*
la orquesta	*orchestra*
los deportes	*sports*
el atletismo	*athletics*
el baloncesto	*basketball*
el fútbol	*football*
la natación	*swimming*
el tenis	*tennis*

Durante el recreo	*during morning break*
Después del colegio	*after school*
En la hora de comer	*at lunch-time*
Como en el comedor.	*I eat in the canteen.*
Estudio en la biblioteca.	*I study in the library.*
Toco el piano.	*I play the piano.*
Practico deporte.	*I play sport.*
Juego en el patio.	*I play in the playground.*
siempre	*always*
a veces	*sometimes*
nunca	*never*
Ayer fui al .../a la ...	*Yesterday I went to the ...*
La semana pasada canté en el coro.	*Last week I sang in the choir.*
El lunes pasado toqué el piano./practiqué deporte.	*Last Monday I played the piano./played sport.*

Rutina diaria	Daily routine
Me despierto.	*I wake up.*
Me levanto.	*I get up.*
Me ducho.	*I have a shower.*
Me baño.	*I have a bath.*
Me visto.	*I get dressed.*
Tomo el desayuno.	*I have breakfast.*
Me arreglo.	*I get ready.*
Salgo de casa.	*I leave the house.*
Como .	*I eat.*
Vuelvo a casa.	*I return home.*
Me relajo.	*I relax.*
Ceno.	*I have dinner.*
Me acuesto.	*I go to bed.*
Me lavo los dientes.	*I clean my teeth.*
Hago los deberes.	*I do my homework.*
Me despierto (a las siete).	*I get up (at seven).*

Voy en moto/bus/tren/coche/bici/metro.	*I go by motorbike/bus/train/car/bike/metro.*
Voy a pie.	*I go on foot.*
porque es ...	*because it is ...*
más rapido	*quicker*
más barato	*cheaper*
más fácil	*easier*
más interesante	*more interesting*
más divertido	*more exciting*

La ropa	Clothes
una camisa	*a shirt*
una corbata	*a tie*
una falda	*a skirt*
una gorra	*a cap*
un jersey	*a pullover*
unos pantalones	*trousers*
unos vaqueros	*jeans*
un vestido	*a dress*
unas zapatillas deportivas	*trainers*

Hablar

Depending on the exam board you use, the speaking test can be **25%** of the whole examination and is therefore just as important as all the other papers. It is possible to prepare a lot in advance and even to predict what can come up. Learn a stock of **'banker'** phrases, which crop up again and again.

Conversación If you are aiming at a good grade you will be expected to use past, present and future tenses, especially in the general conversation part of the exam. You must be able to use all three of these tenses and to express opinions.

On this page you will see examples of some of the most common questions that come up in the oral exam.

Juego de rol Depending again on your exam board, you might be given a role-play to prepare immediately before the test and you might be allowed to make notes during this time. Practise with your partner all the role-plays below and in the coming modules and remember to switch roles so that each of you has the opportunity to practise the student role.

Presentación Some exam boards require you to do a presentation. This usually lasts about 3 minutes. You are required to speak for about 1½ minutes on a topic of your choice (which you prepare prior to the date of your test) and then the examiner will ask you questions about it for the remainder of the time. Over the coming chapters there are a number of suggested presentation topics to get you started. *¡Suerte!*

Me presento

Conversación 1

Tu familia

- ¿Cuántas personas hay en tu familia?
- ¿Cómo es tu padre o madre?
- ¿Tienes hermanos?
- ¿Cuántos años tiene tu hermano/a?
- ¿Cómo es?

Conversación 2

Tu barrio

- ¿Dónde vives?
- ¿Te gusta tu barrio?¿Por qué sí/no?
- ¿Cómo es tu casa?/Describe tu casa.
- ¿Tienes animales en casa?

Juego de rol 1

You are talking about your bedroom with your Spanish friend.

- Comparto mi dormitorio. ¿Y tú?
- ¿Qué hay en tu dormitorio?
- ¿Dónde haces los deberes?
- Yo también.

- *Say you have your own bedroom.*
- *Say you have posters and books in your bedroom.*
- *Say you do homework in your bedroom.*
- *Ask if your friend listens to music in his/her bedroom.*

Juego de rol 2

You are showing your Spanish friend some photographs.

- ¿Quién es?
- ¿Es una foto de una fiesta?
- ¿Cuándo es tu cumpleaños?
- El mío es en septiembre.

- *Say it is a photo of your brother.*
- *Say yes, it is a photo of your birthday.*
- *Say when your birthday is.*
- *Ask your friend how old he/she is.*

En el cole

Conversación 1
Tu instituto

- ¿Es grande o pequeño tu instituto?
- ¿Es mixto o masculino/femenino?
- ¿Cómo es el edificio?
- ¿A qué distancia está de tu casa?
- ¿Cómo son las facilidades?
- ¿Cuántos alumnos hay?

Conversación 2
Las asignaturas y tus opiniones

- ¿Qué asignaturas estudias?
- ¿Cuál es tu asignatura favorita y por qué?
- ¿Qué asignatura te gusta menos y por qué?
- ¿Cómo son los profesores?
- ¿Qué asignaturas tuviste ayer?

Conversación 3
Tu horario

- ¿Cuántas clases tienes por día?
- ¿A qué hora empiezan y terminan?
- ¿Cuánto tiempo dura el recreo?
- ¿Qué haces durante el recreo?
- ¿Dónde comes, en el comedor o traes un bocadillo de casa?

Conversación 4
Los clubes

- ¿Después de las clases que actividades hay?
- ¿Tocas algún instrumento?
- ¿Juegas en un equipo escolar?
- ¿Cuándo son los partidos?
- ¿Cuándo son los clubes?

Juego de rol
You are staying with your Spanish friend and talking about school.

- ¿Cuál es tu asignatura preferida?
- A mí me gusta el inglés.
- Mi profesor es gracioso.
- A las cinco. ¿Cómo vas al colegio?

- *Say you like Spanish.*
- *Ask why he/she likes English.*
- *Ask your friend what time school finishes.*
- *Say how you get to school.*

Presentación
Prepare a talk lasting 1–1½ minutes on one of the following topics:

- *your house/flat; description (big/small, old/new), how many (bed)rooms, etc., its location and where you live (what there is/not)*
- *your family/friends; what they look like, where you/they live, their birthdays, any pets, names, ages, etc.*
- *your school; its name, size and location.*

De vacaciones

Repaso 1

Revising holidays

¿Adónde van de vacaciones? Escribe la letra correcta e identifica el miembro de la familia. (1–5)

Where are they going on holiday? Write the correct letter and identify the family member(s).

Ejemplo: **1** – *C, padres.*

Túrnate con tu compañero/a. Inventa seis ejemplos. Toma notas en inglés.

Work with your partner. Invent six examples. Take notes in English.

Ejemplo:
- *¿Adónde vas de vacaciones?*
- *Voy a los Estados Unidos con mis amigos.*

USA /Friends

Voy a	Alemania/Escocia/España/Francia/Gales/Grecia/ Inglaterra/Irlanda/Australia/Cuba/México.
	la India/los Estados Unidos.
con	mi madre/padrastro/hermano/novio/novia.
	mis padres/abuelos/primos.

Lee la postal. Empareja las actividades con el tiempo.

Read the postcard. Match up the activities with the weather.

jueves, 18 de abril

¡Hola! Aquí estoy de vacaciones en Málaga en la Costa del Sol. Tengo muchos planes para el sábado: si hace sol, voy a la playa, si hay tormenta, voy al museo. Si llueve voy al cine y si hace viento, voy a hacer vela. ¡Me encanta estar de vacaciones! Un abrazo, Sarah

Srta Ana Gómez
calle Cervantes, 25
08017
BARCELONA

¿Puedes identificar estas frases sobre el tiempo?
Can you identify these weather phrases?

Ejemplo: *ceah los – Hace sol.*

1 cahe rífo 2 heac locar 3 veulle

4 yah retontam 5 ecah tiveno

Gramática

Al *and* del

When el *follows* a, *the two words join together to form* **al**.

a + el = al *e.g.* Voy **al** museo. (Voy **a + el** museo.)

This rule also applies to de. *If* el *follows* de, *the two words join together to form* **del**.

de + el = del *e.g.* La Costa **del** Sol (La Costa **de + el** Sol)

However, feminine and plural words do not join up to a *or* de *in this way.*
e.g. Voy **a la** playa. El cine está cerca **de la** playa.
Voy **a los** museos. / Voy **a las** tiendas.

Gramática

Ir a + *infinitive*

To say what you are going to do (i.e., the near future) you use **voy a + *infinitive*** *('I am going to' + infinitive).*

Voy a jugar al tenis. *I am going to play tennis.*

Para saber más → página 176, 7.8

¿Qué vas a hacer?
What are you going to do?

Ejemplo: *Si hace sol, voy a …*
Si hace calor, voy a …

jugar al tenis | hacer windsurf | comer en un restaurante | la playa | quedarme en el hotel | ir al cine | la discoteca | ver la televisión

Túrnate con tu compañero/a. *Work with your partner.*

- ¿Qué vas a hacer de vacaciones si hace sol?
- Si hace sol, voy…
- ¿Qué vas a hacer si llueve?
- …

1a Clasifica las imágenes de abajo en las categorías correctas.

Classify these pictures below under the correct headings.

Carne	Pescado	Verduras	Fruta	Bebidas

la sopa de cebolla	el pollo	los guisantes	el vino
las naranjas	la sopa de mariscos	las judías verdes	el agua
las manzanas	el bistec	el zumo de naranja	los champiñones
las zanahorias	la limonada	las uvas	el salmón

1b Escucha las palabras y comprueba tu pronunciación.

Listen to the words and check your pronunciation.

1c Escribe tu opinión sobre algo de cada categoría en **1a**.

Write your opinion about something from each category in **1a**.

Ejemplo: *Me encanta el bistec.*
No me gusta el salmón.
Me gustan mucho los guisantes …

1d Escucha la conversación. ¿Verdad (✓) o mentira (✗)?

Listen to the conversation. True or false?

1 Ernesto come carne.
2 Sandra come pescado.
3 Ernesto y Sandra beben vino y agua.
4 A Ernesto le gustan los guisantes.
5 Sandra es vegetarian.

1e Túrnate con tu compañero/a. *Work with your partner.*

- ¿Qué vas a tomar?
- Quisiera …
- ¿Y para beber?
- Para mí …

¿Qué van a tomar? Escucha y escribe notas breves en español. (1–6)
What are they going to eat? Listen and write brief notes in Spanish.

Ejemplo: 1 – *tortilla española, calamares*

Lee los menús del día. Busca las palabras nuevas en el diccionario.
Read the menus of the day. Look up new words in a dictionary.

RESTAURANTE LOS CARACOLES
Menú del día A
Ensalada o Champiñones al ajillo
Tortilla española o Tortilla francesa
Piña, Yogur o Arroz con leche
Vino/Agua, Pan incluido €15

RESTAURANTE LOS CARACOLES
Menú del día B
Sopa de mariscos o Gazpacho
Paella o Chuletas de cordero
Helados (vainilla, fresa, chocolate)
Vino/Agua, Pan incluido €15

Decide qué menú corresponde a estas personas.
Decide which menu is suitable for these people.

1 Me gustan los helados.
2 Me gusta mucho la fruta pero no me gustan los helados.
3 Me gustan la carne y el pescado.
4 No quiero sopa de primero.
5 Soy vegetarian.

Inventa un menú del día para un restaurante español. Utiliza el ordenador para diseñar el menú. *Invent a menu of the day for a Spanish restaurant. Use IT to design your menu, adding pictures and using different fonts.*

Entremeses/Primer plato | Segundo plato (Carnes/Pescados) | Postre | Bebidas

1 En el restaurante

Booking a table and ordering your meal

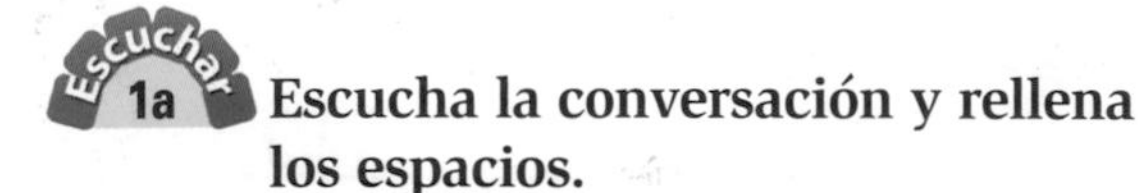

1a Escucha la conversación y rellena los espacios.

- Restaurante Los Pescadores, dígame.
- ______ reservar una mesa.
- ¿Para qué fecha?
- Para el sábado.
- ¿Para cuántas ______?
- Para ______ personas.
- ¿A qué hora?
- A las ______.
- Lo siento, a las ______, sí.
- Vale.
- ¿De parte de quién?
- De parte de Marisa Velázquez.
- Muy bien.
- ______.

1b Túrnate con tu compañero/a. Practica la conversación con la información de abajo.

1	2
lunes	viernes
4 personas	8 personas
22:00	19:00
Álvaro Gutiérrez	Zaida Vallejo

1c Lee el menú y escoge un plato apropiado para cada cliente.

Ejemplo: **1** – *sopa de cebolla.*

1. *Something hot to start but not a meat or seafood dish.*
2. *A seafood dish to start.*
3. *Meat as a main course but not beef or chicken.*
4. *Fish preferred as a main course but not trout.*
5. *For dessert, something healthy.*

Menú del día

€25

Pan, vino o agua incluido

Primer plato

Ensalada especial de la casa
Sopa de cebolla
Ensaladilla rusa
Guisantes con jamón
Cóctel de gambas

Segundo plato

Cordero asado
Bistec a la pimienta
Merluza a la vasca
Trucha con almendras
Salmón del Pacífico
Pollo al ajillo

Postre

Tarta helada • Flan
Fruta (del tiempo) • Sorbete
Quesos regionales

Escribe la conversación en el orden correcto.

- ¿Y de segundo plato?
- De primer plato, la ensaladilla rusa.
- ¡Camarero!
- ¿Y de postre?
- ¿Le gustó la comida?
- El bistec a la pimienta, por favor.
- Sí, ¿qué van a tomar?
- Son 20 euros.
- El flan.
- Sí, me gustó mucho. La cuenta, por favor.

Los problemas. Empareja las frases con las imágenes correctas.

1. No tengo vaso.
2. Hay un error con la cuenta.
3. El cuchillo está sucio.
4. La cuchara está sucia.
5. No tengo tenedor.
6. No hay sal ni pimienta en la mesa.
7. La sopa está fría.

¿Cuál es el problema? Mira los dibujos en 2a y escribe la letra correcta. (1–5)

Túrnate con tu compañero/a.

- *Call the waiter/waitress.*
- Sí, ¿qué desea usted?
- *Tell him/her that your knife is dirty.*
- Lo siento. Le traigo otro en seguida.
- *Tell him/her that you do not have a glass.*
- Aquí hay un vaso.
- *Explain that there is a problem with your bill.*
- Sí, hay un error. Le traigo otra cuenta.

2 ¡Infórmate!

Asking for tourist information

1a Empareja los folletos con la lista.

Ejemplo: 1 – *c*

1 Un mapa de la región.
2 Un plano de la ciudad.
3 Un folleto de excursiones.
4 Un horario de trenes.
5 Una lista de hoteles y hostales.
6 Una lista de campings y albergues.

a *A train timetable.*
b *A list of hotels and B&Bs.*
c *A map of the area.*
d *An excursions leaflet.*
e *A list of campsites and youth hostels.*
f *A town plan.*

1b Escucha y apunta la información que reciben. Escribe las letras correctas. (1–4)

Ejemplo: 1 – *a, ...*

Gramática

Tú *and* usted

There are two ways of saying 'you' in Spanish: **tú** *and* **usted**.

Tú *is familiar: used for friends and family and by young people.*

Usted *is polite/formal: used for older members of a family, for strangers and in shops/restaurants.* Usted *takes the same form of the verb that you would use for he/she* (él/ella).

(Tú) tienes *you have (familiar)*
(Usted) tiene *you have (formal)*

Para saber más → página 171, 6.1

1c Haz el diálogo con tu compañero/a.

- Buenos días.
- *Greet the employee.*
- ¿Qué desea usted?
- *Say you would like a map of the region/ excursion brochure/train timetable.*
- ¿Algo más?
- *Ask if he or she has a list of hotels/list of campsites/town plan.*
- Por supuesto, aquí tiene usted.
- *Thank the employee.*

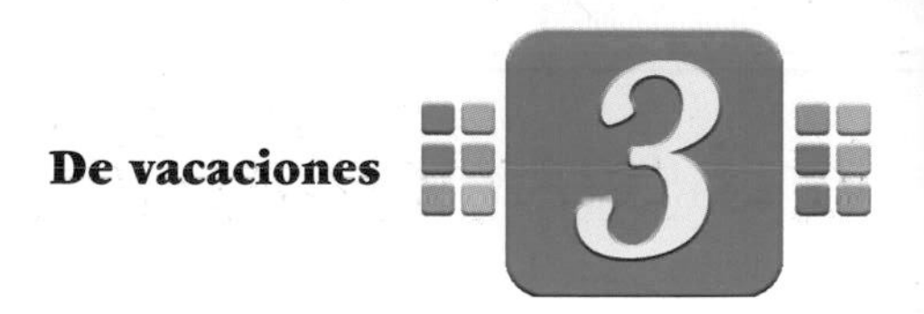

Empareja las preguntas con las respuestas.

1 ¿Adónde vas a ir de vacaciones?
2 ¿Cuándo vas a ir?
3 ¿Cuánto tiempo vas a estar allí?
4 ¿Cómo vas a ir allí?
5 ¿Con quién vas a ir?
6 ¿Dónde vas a quedarte?
7 ¿Qué vas a hacer allí?

a Voy a quedarme en un hotel.
b Voy a ir en avión.
c Voy a ir con mi familia.
d Voy a ir a Las Islas Canarias.
e Voy a estar allí tres semanas.
f Voy a ir a la playa y a visitar monumentos y museos.
g Voy a ir en agosto.

Escucha las conversaciones en una agencia de viajes.
Copia y completa la ficha con la información correcta. (1–4)

	País	Estancia	Alojamiento	Actividades
1	Inglaterra	15 días	albergue juvenil	visitar monumentos y museos

Estados Unidos	un mes	casa de su abuela	visitar a unos amigos
Inglaterra	tres semanas	albergue juvenil	visitar muchas ciudades
Francia	15 días	una caravana	visitar monumentos y museos
Canadá	un fin de semana	hotel	ir al teatro y a un concierto

Imagina que vas de vacaciones. Contesta a las preguntas en 2a. Escribe las respuestas.

Ejemplo: 1 Voy a ir a Jamaica.
2 Voy a ir en julio.
3 …

Lee el mensaje electrónico. ¿Verdad (✓) o mentira (✗)?

1 Julia va a ir a la Costa Brava con sus amigos.
2 Van a ir en barco y en coche.
3 Van a quedarse en el campo.
4 Van a estar allí dos semanas.
5 Julia va a ir a la playa todos los días.
6 Quiere aprender a hacer deportes acuáticos.

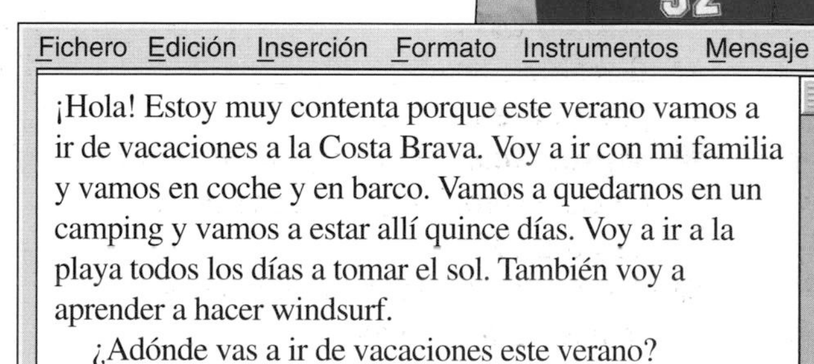
Fichero Edición Inserción Formato Instrumentos Mensaje

¡Hola! Estoy muy contenta porque este verano vamos a ir de vacaciones a la Costa Brava. Voy a ir con mi familia y vamos en coche y en barco. Vamos a quedarnos en un camping y vamos a estar allí quince días. Voy a ir a la playa todos los días a tomar el sol. También voy a aprender a hacer windsurf.

¿Adónde vas a ir de vacaciones este verano? Escríbeme pronto.

Un abrazo, Julia

3 Mis vacaciones pasadas

Describing what you did on holiday

1a Mira las frases de abajo y busca las palabras que no conoces.

Mis vacaciones pasadas

¿Qué hiciste?
Fui a la playa.
Tomé el sol.
Nadé en la piscina.
Saqué fotos.
Hice windsurf/vela.
Jugué al voleibol/fútbol.
Comí platos típicos.
Visité castillos/museos.
Bailé en una discoteca.

¿Cuándo fuiste de vacaciones?
El año pasado.
El agosto pasado.

¿Adónde fuiste?
Fui a España.
Fui a la costa/montaña.

¿Con quién fuiste?
Fui con mi familia.
Fui con mis amigos.

¿Cómo fuiste?
Fui en avión.
Fui en coche.

¿Cuánto tiempo pasaste allí?
Pasé quince días allí.
Pasé tres semanas allí.

¿Dónde te alojaste?
Me alojé en un hotel.
Me alojé en un camping.

¿Qué tiempo hizo?
Hizo buen/mal tiempo.
Hizo sol.
Llovió.

1b Escucha las descripciones y rellena la ficha. (1–4)

	¿Cuándo?	¿Adónde?	¿Con quién?	¿Cuánto tiempo?	¿Actividades?
1	El año pasado	Madrid	familia	3 semanas	nadé, windsurf, platos típicos

1c Lee la carta. ¿Verdad (✓) o mentira (✗)?

1 Juan fue a Costa Rica.
2 Fue en coche.
3 El viaje duró once horas.
4 Sacó muchas fotos en las calles.
5 No visitó la fábrica de puros.
6 Fue con su hermana.
7 Juan pasó dos semanas allí.
8 No le gustó.

cansado/a– *tired*
puros – *Cuban cigars*
los dobladores – *factory workers who roll cigars*

Querido amigo,

El año pasado fui a la Habana, la capital de Cuba. Llegué al Aeropuerto Internacional muy cansado después de un viaje de once horas. Descansé un rato y empecé a caminar por las calles con sus construcciones de estilo colonial. Saqué muchas fotos. Visité una fábrica de puros (los famosos habanos) y vi a los dobladores que hacen los puros. Por la noche salí a los bares donde se beben 'Mojitos', una bebida a base de ron. Pasé ocho días allí. Mi hermano se quedó una semana más con su novia. Nos gustó muchísimo.

Un saludo, Juan

¡OJO!

When reading a long text in Spanish, don't panic if there are words you cannot remember or recognise. Ask yourself:

What sort of text is it? (e.g. letter, newspaper, article, menu, advert)
Are there any pictures or a title which give any clues to what it is about? Are there any words I know already? Any that look like English words? Any that I can guess?

Then read over the text a few times and you should feel more confident about the task ahead.

Prepara una presentación oral sobre tus vacaciones pasadas.

Ejemplo: *El año pasado fui a la Costa Brava, en España, con mi familia.*
Pasé quince días allí en un hotel grande …

Ahora escribe tu presentación.

Gramática

The preterite

To describe a holiday in the past in Spanish, you need to use the preterite tense.

Person	**–ar** *verbs* (hablar – *to speak*)	**–er/–ir** *verbs* (beber – *to drink*)	(salir – *to go out*)	**ir** (ir – *to go*)
I	habl**é**	beb**í**	sal**í**	fu**i**
you (familiar)	habl**aste**	beb**iste**	sal**iste**	fu**iste**
he/she, you (formal)	habl**ó**	beb**ió**	sal**ió**	fu**e**
we	habl**amos**	beb**imos**	sal**imos**	fu**imos**
you (more than one familiar)	habl**asteis**	beb**isteis**	sal**isteis**	fu**isteis**
they, you (more than one formal)	habl**aron**	beb**ieron**	sal**ieron**	fu**eron**

The most useful verb for describing holidays is the verb **ir** *(to go) but this is irregular and must be learnt carefully.*

Para saber más → página 174, 7.6

Empareja las opiniones con las imágenes correctas.

1. La comida fue rica. Me gustó mucho el postre.
2. El viaje fue muy lento. Treinta y seis horas en tren.
3. El hotel fue estupendo. Lo pasé bomba en la piscina.
4. El tiempo fue muy bueno. Hizo mucho sol.

A

B

C

D

Describe unas vacaciones interesantes.
Usa tu imaginación. Incluye tu opinión.

Querido amigo,

Voy a contarte mis vacaciones pasadas.
Fui a …

To give an opinion about something in the past, just use **fue** *and a describing word.*
e.g. **¡Fue fatal!** *It was awful!*

Vocabulario

Los planes — **Plans**

¿Adónde vas a ir de vacaciones? — *Where are you going to go on holiday?*
¿Cuándo vas a ir? — *When are you going to go?*
¿Cuánto tiempo vas a estar allí? — *How long are you going to spend there?*
¿Cómo vas a ir allí? — *How are you going to get there?*
¿Con quién vas a ir? — *Who are you going to go with?*
¿Dónde vas a quedarte? — *Where are you going to stay?*
¿Qué vas a hacer allí? — *What are you going to do there?*

Voy a ir a .../en .../ con ... — *I am going to go to ... / on ... /with ...*
Voy a quedarme en un hotel. — *I am going to stay in a hotel.*
Voy a estar allí tres semanas. — *I am going to be there for three weeks.*
Voy a ... — *I am going to ...*
- Australia — *Australia*
- Alemania — *Germany*
- Cuba — *Cuba*
- Escocia — *Scotland*
- España — *Spain*
- Francia — *France*
- Gales — *Wales*
- Grecia — *Greece*
- Inglaterra — *England*
- Irlanda — *Ireland*
- la India — *India*
- Los Estados Unidos — *USA*
- México — *Mexico*
- con mis abuelos — *with my grandparents*
- con mi novio/novia — *with my boyfriend/ girlfriend*
- con mi padrastro — *with my stepfather*
- con mi padres — *with my parents*
- con mi primos — *with my cousins*

La comida — **Food**

la carne — *meat*
el pescado — *fish*
las verduras — *vegetables*
la fruta — *fruit*
las bebidas — *drinks*

el bistec — *steak*
el pollo — *chicken*
el salmón — *salmon*
la sopa de mariscos — *seafood soup*
la sopa de cebolla — *onion soup*
los champiñones — *mushrooms*
los guisantes — *peas*
las judías verdes — *green beans*
las manzanas — *apples*
las naranjas — *oranges*
las uvas — *grapes*
las zanahorias — *carrots*

el agua — *water*
la limonada — *lemonade*
el vino — *wine*
el zumo de naranja — *orange juice*

Me encanta (el bistec). — *I love (steak).*
No me gusta (el salmón). — *I don't like (salmon).*
Me gustan mucho (los guisantes). — *I really like (peas).*
Soy vegetarian. — *I am a vegetarian.*
Entremeses — *Starters*
Primer plato — *First course*
Segundo plato — *Second course*
Postre — *Dessert*
Bebidas — *Drinks*
Carnes — *Meat*
Pescados — *Fish*

Tapas variadas — **Typical Spanish bar snacks**

tortilla española — *Spanish omelette*
calamares — *squid*
gambas — *prawns*
patatas bravas — *spicy potatoes*
salchichón — *salami sausage*
quesos — *cheeses*
jamón serrano — *cured ham*

Platos — **Dishes**

el cóctel de gambas — *prawn cocktail*
la ensalada — *salad*
la ensaladilla rusa — *Russian salad*
el gazpacho — *gazpacho (typical cold tomato soup)*

la merluza — *hake*
el bacalao — *cod*
el atún — *tuna*
la paella — *paella (typical rice dish)*
la trucha con almendras — *trout with almonds*
el filete de cerdo — *pork steak*
el bistec a la pimienta — *steak in pepper sauce*
las chuletas de cordero — *lamb chops*
piña — *pineapple*
yogur — *yogurt*
arroz con leche — *rice pudding*
tarta helada — *ice cream cake*
flan casero — *home made flan (crème caramel)*

helados (vainilla, fresa, chocolate) — *ice creams (vanilla, strawberry, chocolate)*

En el restaurante	In the restaurant
Quisiera reservar una mesa.	*I would like to reserve a table.*
¿Para qué fecha?	*For which date?*
Para (el sábado).	*For (Saturday).*
¿Para cuántas personas?	*For how many people?*
Para (dos) personas.	*For (two) people.*
¿De parte de quién?	*In whose name?*
De parte de ...	*In the name of ...*
¡Camarero!	*Waiter!*
¿Qué va a tomar de primero/de segundo/de postre?	*What would you like as a starter/main course/dessert?*
De (primer plato) ...	*For (the first course) ...*
La cuenta, por favor.	*The bill, please.*

Quejas	Complaints
el cuchillo/la cuchara/el tenedor/el vaso	*the knife/spoon/fork/glass*
... está sucio/a.	*... is dirty.*
No tengo vaso.	*I don't have a glass.*
Hay un error con la cuenta.	*There is a mistake in the bill.*
No hay sal ni pimienta.	*I don't have salt or pepper.*
La sopa está fría.	*The soup is cold.*

En la oficina de turismo	In the tourist office
¿Qué desea usted?	*How can I help you?*
¿Algo más?	*Anything else?*
Quisiera ...	*I would like ...*
un mapa de la región	*a map of the area*
un plano de la ciudad	*a town plan*
un folleto de excursiones	*an excursions leaflet*
un horario de trenes	*a train timetable*
una lista de hoteles y hostales	*a list of hotels and B&Bs*
una lista de campings y albergues	*a list of campsites and youth hostels*
por supuesto	*of course*
Aquí tiene/tome.	*Here you are.*
Voy a ir (en avión).	*I will go (by plane).*
Voy a estar allí (3 semanas).	*I will stay there (for 3 weeks).*
Voy a quedarme (en un hotel).	*I will stay (in a hotel).*

Las vacaciones pasadas	Past holidays
el año pasado	*last year*
el verano pasado	*last summer*
el agosto pasado	*last August*
Fui a .../en .../con ...	*I went to .../by .../with ...*
Pasé un mes allí.	*I spent a month there.*
Me alojé en (un hotel).	*I stayed in (a hotel).*
Hizo buen tiempo.	*The weather was good.*
Llovió.	*It rained.*
Tomé el sol.	*I sunbathed.*
Nadé en la piscina.	*I swam in the pool.*
Hice windsurf/vela.	*I went windsurfing/sailing.*
Jugué al voleibol/fútbol.	*I played volleyball/football.*
Comí platos típicos.	*I ate typical food.*
Visité castillos/museos.	*I visited castles/museums.*
Bailé en una discoteca.	*I danced in a nightclub.*
Saqué muchas fotos.	*I took a lot of photos.*

Las opiniones	Opinions
Fue ...	*It was ...*
rico/a	*delicious*
lento/a	*slow*
estupendo/a	*great*
Lo pasé bomba.	*I had a great time.*

En ruta

Revising directions and places in town

Empareja los símbolos con las direcciones.
Match up the symbols with the directions.

1 Siga todo recto.
2 Tuerza a la izquierda.
3 Tuerza a la derecha.
4 Tome la primera calle a la izquierda.
5 Tome la segunda calle a la derecha.
6 Tome la tercera calle a la izquierda.
7 Cruce la plaza.
8 Pase el puente.

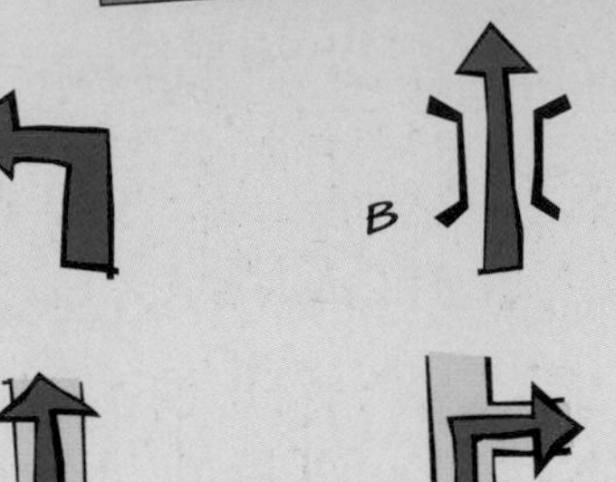

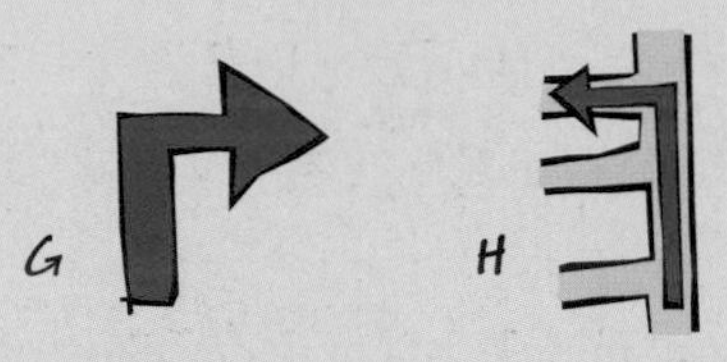

A B C D E F G H

Mira el plano. ¿Las direcciones (1–6) son correctas (✓) o falsas (✗)? *Look at the plan. Are the directions (1–6) right or wrong?*

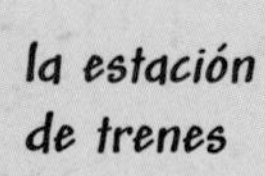

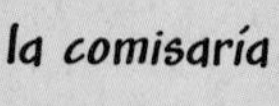

Mira el plano y haz preguntas a tu compañero/a. ¿Su respuesta es correcta o no? Pues, escribe direcciones para cada lugar en el plano.
Look at the plan and ask your partner questions. Is their answer right or wrong? Then, write directions for each place on the plan.

Ejemplo:
- ¿Dónde está la estación de trenes, por favor?
- Tome la segunda a la izquierda.
- Es falso.

Gramática

Imperatives

When telling someone what to do or giving an instruction, you need to use the imperative. This is a special tense for giving 'orders'.

The previous examples have used the polite form for you (usted): Siga / Tuerza / Cruce / Tome / Pase.

You will mainly be using this form for directions, as you will usually be giving directions to, or receiving directions from, strangers.

Para saber más → página 177, 7.11

¡OJO!

Remember! **a + el = al** *(See page 33).*

¡OJO!

There is more than one way of asking where a place is.

¿Por dónde se va a (la estación de trenes)?
¿(La estación de trenes), por favor?
¿Me puede decir dónde está (la estación de trenes)?

Mira el plano. Estás aquí (X) ¿Cuál es el destino en cada caso?

Look at the plan. You are here (X). What is the destination in each case?

Leyenda
- A Centro comercial
- B Oficina de turismo
- C Mercado
- D Teatro
- E Correos
- F Hospital
- G Estación de trenes
- H Comisaría
- I Cine
- J Camping
- K Piscina
- L Estación de autobuses
- M Colegio San Fernando

1. Está cerca. Tuerza a la izquierda y está a mano izquierda al lado de la estación de autocares.
2. Tuerza a la derecha, pase por los semáforos y todo recto. Está a mano izquierda.
3. Tuerza a la derecha, tuerza a la izquierda en los semáforos y siga todo recto. Está entre el camping y la piscina.
4. Siga todo recto, pase por la plaza y está enfrente.
5. Tuerza a la derecha, y tuerza a la izquierda en los semáforos. Está a mano derecha.

Está	enfrente al lado cerca	de la estación/del teatro.
	entre el camping y la piscina.	
Pase por los semáforos.		
Tuerza a la derecha/izquierda.		

Escucha los diálogos (1–5). ¿Adónde van?

Listen to the dialogues (1–5). Where are they going to?

Mira el plano. Haz preguntas a tu compañero/a.

Look at the map. Ask your partner questions.

Ejemplo:
- ¿Por dónde se va a la/al …?
- Tome …/Siga …/Tuerza …/Pase …
- Está …

1 En camino

Getting travel information

1a Escucha el diálogo y pon las frases en el orden correcto.

A **Turista** ¿Hay un autobús?
B **Turista** Perdón, señora. ¿Por dónde se va a la estación de autocares, por favor?
C **Turista** Gracias, adiós.
D **Turista** ¿Cuánto tiempo hace falta?
E **Peatón** No, hay que coger el metro.
F **Peatón** Treinta minutos.
G **Peatón** Está lejos de aquí a unos cinco kilómetros.

Gramática

Hay *and* hay que

In this unit you will come across **hay** *and* **hay que**. *They look similar but they have very different meanings.* Hay *means 'there is/are' and* hay que *means 'you have to':*

Hay un supermercado.
Hay que coger el metro. – *You have to take the metro.*
Hay *in a question means 'Is/are there ...?':*
¿**Hay** un autobús? – *Is there a bus?*

1b Escucha los diálogos y copia y completa la tabla (1–3). Mira el ejemplo.

	¿Dónde?	¿Transporte?	¿Minutos?
Ejemplo:	La estación de autocares	metro	30 minutos
1			

1c Túrnate con tu compañero/a.

Ejemplo:
- ¿Por dónde se va a (A) **la estación de trenes**?
- Está (B) **lejos** de aquí.
- ¿Hay (C) **un autobús**?
- No, hay que coger (D) **el metro**.
- ¿Cuánto tiempo hace falta?
- (E) **15 minutos**.

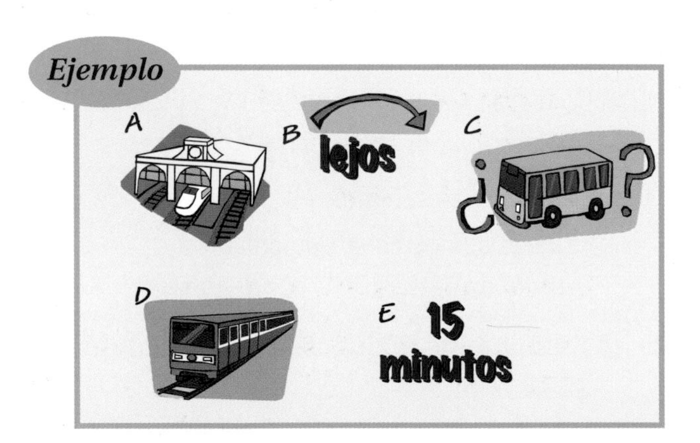

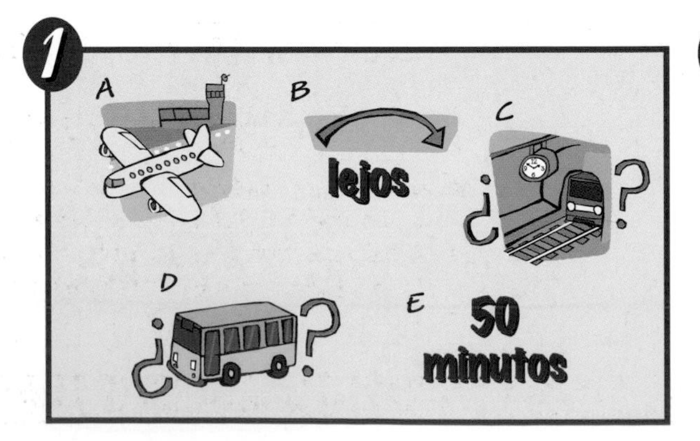

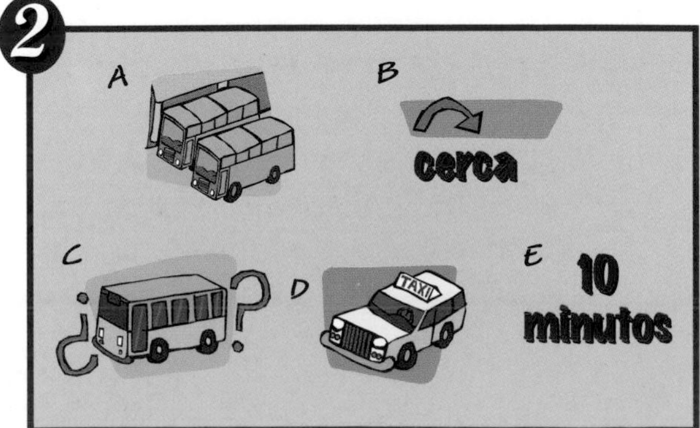

Empareja los dibujos con las palabras.

1 Es barato.
2 Es cómodo.
3 Es sano.
4 Es ecológico.
5 Hay demasiada polución.
6 Es limpio.
7 Es sucio.
8 Es lento.
9 Es rápido.
10 Es caro.

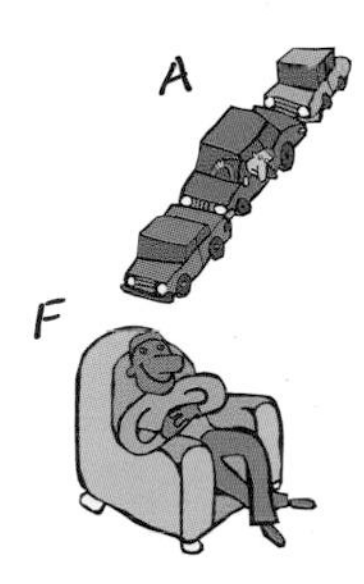

Lee las opiniones sobre el transporte. ¿Son positivas o negativas?

1 En mi opinión, los autobuses son muy baratos.
2 No me gusta viajar en tren porque los asientos están sucios.
3 Voy a pie o en bicicleta porque es más sano y más ecológico.
4 Creo que hay demasiada polución a causa de los coches.
5 Prefiero viajar en tren porque es más cómodo.
6 Los taxis son rápidos y limpios también.
7 El problema con los autobuses es que son muy lentos.
8 Viajar en coche es caro y es malo para el medio ambiente.

Escucha las opiniones. Identifica su medio de transporte preferido y por qué lo prefieren. (1–4)

Ejemplo: **1** – *coche, cómodo.*

Con tu compañero/a, di qué tipo de transporte prefieres y por qué.

Prefiero	viajar	(en coche)	porque es	(muy) cómodo/ecológico/limpio/ rápido/barato/fácil.
			porque es	más rápido que (el tren).

Lee el mensaje. ¿Verdad (✓) o mentira (✗)?

1 Pablo vive en Lima.
2 No hay problemas con el transporte en Lima.
3 El transporte público no es bueno.
4 Los autobuses son buenos.
5 Los taxis son buenos.

la locura	*madness*

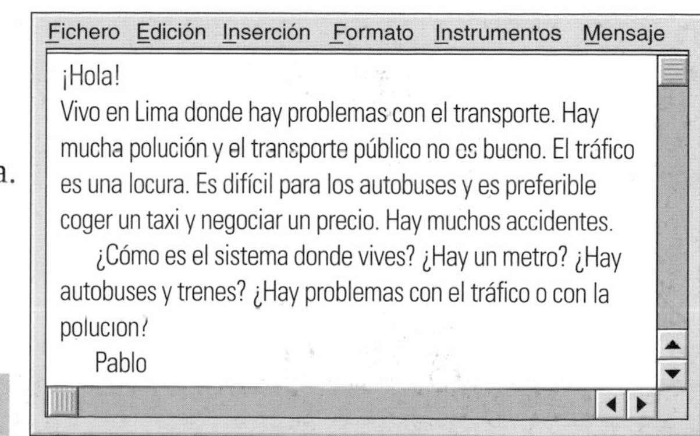
Fichero Edición Inserción Formato Instrumentos Mensaje

¡Hola!
Vivo en Lima donde hay problemas con el transporte. Hay mucha polución y el transporte público no es bueno. El tráfico es una locura. Es difícil para los autobuses y es preferible coger un taxi y negociar un precio. Hay muchos accidentes.
¿Cómo es el sistema donde vives? ¿Hay un metro? ¿Hay autobuses y trenes? ¿Hay problemas con el tráfico o con la polución?
Pablo

2 En la estación

Finding your way around and buying tickets

Empareja los símbolos con las palabras.

Ejemplo: 1 – *F*

1	Cambio	7	Cantina
2	Objetos perdidos	8	Señoras/ Caballeros
3	Consigna automática	9	Entrada
4	Sala de espera	10	Taquilla
5	Paso subterráneo	11	Quiosco
6	Salida de emergencia	12	Información

A B C D

E

F

G
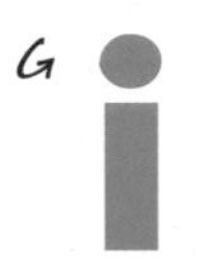
H

I

J

K

L

Escucha las personas. Escribe la letra correcta. (1–6)

Ejemplo: 1 – *E*

Lee la conversación de la taquilla y rellena los espacios.

Empleado/a Buenos días. ¿Qué desea?
Viajero/a Quisiera un billete de ida y vuelta a ....(1)..........
Empleado/a ¿A qué hora?
Viajero/a A las ....(2)..........
Empleado/a ¿Primera o segunda clase?
Viajero/a ....(3)..........
Empleado/a ¿Fumador o no fumador?
Viajero/a ....(4).......... ¿Cuánto es?
Empleado/a ....(5)..........
Viajero/a Vale. ¿De qué andén sale?
Empleado/a Del andén número ....(6)..........
Viajero/a Gracias, adiós.

No fumador
Málaga
20 euros
Segunda
diez y veinte
cuatro

Escucha la conversación. ¿Es correcta?

Túrnate con tu compañero/a.

- Buenos días. ¿Qué desea?
- *Ask for a return ticket to Barcelona/ Madrid/Seville.*
- ¿A qué hora?
- *9.30/11.15/12.00*
- Muy bien.
- *Ask how much it is.*
- 30 euros.
- *Ask which platform it goes from.*
- Del andén número tres.
- *Say thankyou and goodbye.*

Mira el horario. ¿Verdad (✓) o mentira (✗)?

P = Preferente T – Turista

Madrid–Zaragoza					
Tipo tren	**Salida**	**Llegada**	**Precios – Ida**	**Precios – Ida y vuelta**	**Clases/Prestaciones**
TALGO	07.00	09.58	P€21 T€16	P€36 T€27	T P
INTERCITY	08.00	11.03	P€16 T€12	P€27 T€20	T P
TALGO	09.00	12.00	P€21 T€16	P€36 T€27	T P

1 El primer tren sale a las siete de la mañana.
2 El tren más barato es el Talgo.
3 El tren Intercity tiene servicio de cafetería.
4 Un billete de ida (preferente) en el intercity cuesta seis euros.

Servicio de cafetería
Prensa 
Vídeo 
Música 
Teléfono

Escucha los anuncios de la estación. Completa la tabla con la información que falta. (1–4)

Ejemplo: **a** – *3*
b – *13.50*

Procedente – *arriving from ...*
Destino – *destination (going to ...)*
Vía – *platform (for long-distance trains)*

	Procedente/ Destino	Ciudad	Vía	Hora/Minutos
1	Procedente	Bilbao	**a)** *3*	**b)** *13.50*
2	Destino	**c)**	3	**d)**
3	**e)**	Sevilla	1	**f)**
4	**g)**	Santiago	**h)**	**i)**

Lee el texto sobre el metro de Madrid y contesta a las preguntas.

1 ¿Cuántas líneas tiene el metro de Madrid?
2 ¿Cómo es el metro?
3 ¿Cúanto cuesta un viaje sencillo?
4 ¿Cuánto cuesta el Metrobús (diez viajes)?
5 ¿A qué hora sale el primer tren?
6 ¿A qué hora cierra el metro?

El metro de Madrid tiene diez líneas. El metro es rápido y barato. Un viaje sencillo cuesta 1 euro aproximadamente y un Metrobús 5 euros para diez viajes. El primer tren sale a las seis y cinco y se cierra a la una y media. Si buscas más información, consulta http://metromadrid.es

3 En la carretera

Dealing with accidents and breakdowns

Identifica las partes del coche.

Ejemplo:* 1 – *el motor

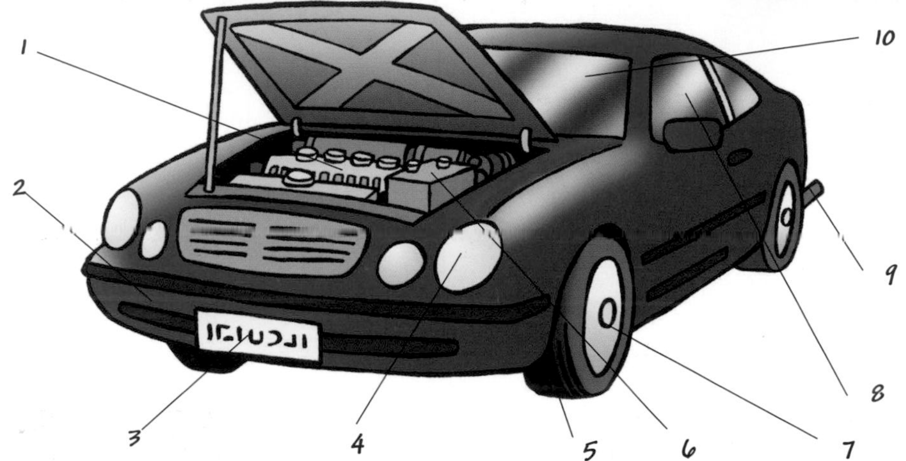

el faro/los faros
la rueda
el neumático
el tubo de escape
el parabrisas
la ventanilla
el motor
el parachoques
la matrícula
la batería

¿Cuál es el problema? Escribe la letra correcta. (1–7)

A

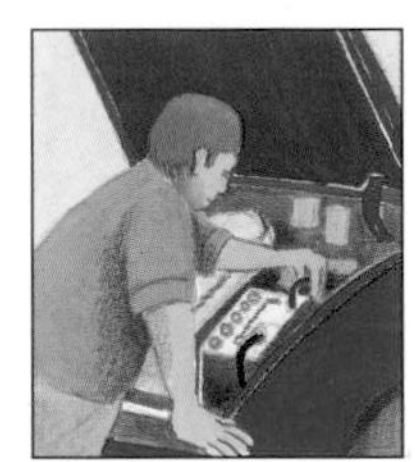

B

C

D
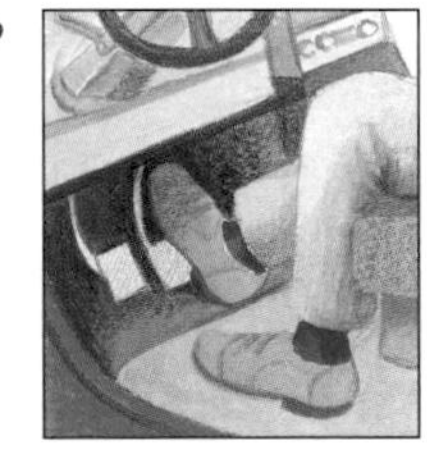

E

F

G

Mira el dibujo del coche y túrnate con tu compañero/a.

- ¿Cómo se dice el número 2 en español?
- ¿La matrícula?
- Estás equivocado/a.
- ¿El parachoques?
- ¡Tienes razón!

✓ ¡Tienes razón!
✗ ¡Estás equivocado/a!

Empareja las preguntas con las respuestas.

1 ¿Qué le pasa?
2 ¿Dónde está usted?
3 ¿De qué marca es el coche?
4 ¿De qué color?

a Estamos en la carretera N240 a 5 kilómetros de Lérida, dirección Tarragona.
b Un SEAT Ibiza, matrícula M306795.
c Blanco.
d Tengo un problema con los frenos. No funcionan.

Escucha las conversaciones. Toma breves notas en inglés. (1–4)

- *What's the problem?*
- *Where are they?*
- *Make of car?*
- *Colour?*

Ejemplo: **1** – *Brakes, N240, 5km from Lérida (Tarragona direction), SEAT Ibiza, white.*

Escucha e identifica la matrícula correcta. (1–5)

Ejemplo: **1** – *C*

A M369270
B MA369160
C CA254472
D B264920
E B346221

Haz diálogos por teléfono con tu compañero/a.

Ejemplo:

- Tengo un problema con el coche.
- ¿Dónde está usted exactamente?
- Estoy en la **A2 cerca de la salida de Lérida**.
- ¿De qué marca es su coche?
- Un **Mercedes**.
- ¿De qué color es su coche?
- Es **negro**.
- ¿Y la matrícula?
- **B219534**.

A7 cerca de la salida de Tortosa
Ford Focus
verde
M368592

NII entre Tárrega y Cervera
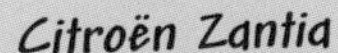

azul
S284576

Escoge uno de los personajes de abajo y escribe una conversación con el garaje donde piden ayuda.

Enrique Iglesias

Shakira

4 ¿Qué pasó?

Describing what happened

Leer 1a **Lee las frases y asegúrate de que las entiendes.**

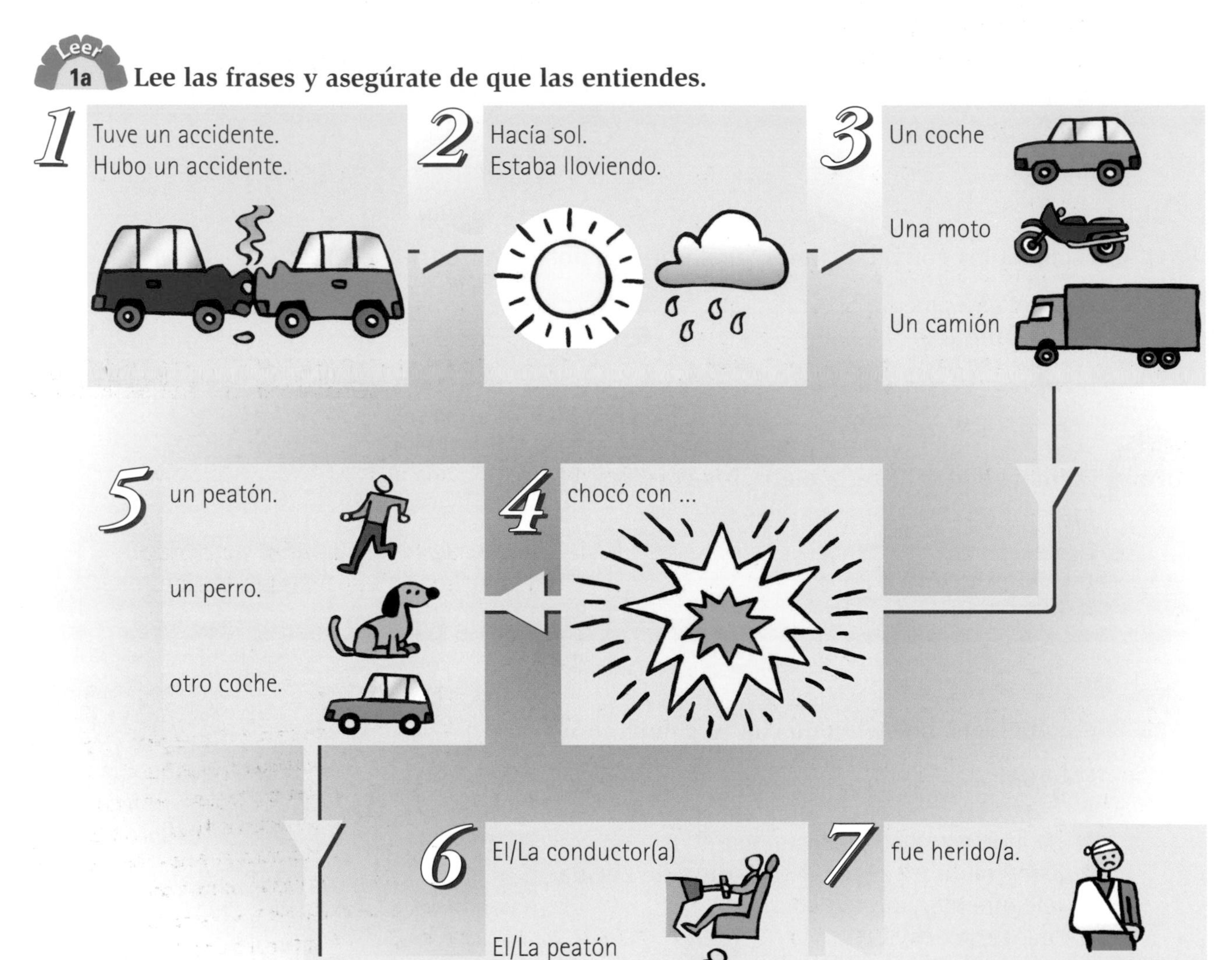

Escribir 1b **Describe los dibujos.**

Ejemplo: **A** – *Hubo un accidente.*

A

B

C

D

Gramática

Preterite and imperfect

When describing a completed action in the past, for each action you use the preterite tense:

Tuve un accidente.
Un camión **chocó** con un peatón.

However, to describe something in the background or what a person, place or object looked like, you should use the imperfect tense:

Hacía sol. *It was sunny. (background detail)*
Había mucha gente. *There were lots of people. (background detail)*
El chico **llevaba** unos pantalones negros. *The boy was wearing black trousers. (description)*
El perro **era** negro y blanco. *The dog was black and white. (description)*

Para saber más → página 174–175, 7.6 and 7.7

Escucha la descripción del accidente. ¿Verdad (✓) o mentira (✗)?

Ejemplo: 1 – *mentira.*

1 Hacía sol.
2 Un coche chocó con un camión.
3 El coche era blanco.
4 El conductor del camión fue herido.
5 El conductor del coche fue herido.

Lee el mensaje y escoge la respuesta correcta.

1 **a** Juan fue al aeropuerto en coche.
  b Juan fue al aeropuerto en metro.
  c Juan fue al aeropuerto en camión.

2 **a** Hubo un accidente con un avión.
  b No hubo un accidente.
  c Hubo un accidente con un camión y un autobús.

3 **a** Hubo un retraso largo.
  b No hubo un retraso.
  c Hubo un retraso de dos horas.

4 **a** Juan no comió nada porque no tenía tiempo.
  b Juan no comió nada porque no tenía dinero.
  c Juan no comió nada porque no tenía hambre.

5 **a** Juan está contento en Inglaterra.
  b A Juan no le gusta Inglaterra.
  c La casa de Shane es fatal.

Querida Mamá,
Estoy en Inglaterra con Shane pero tuve muchos problemas con el viaje. Fui al aeropuerto en metro y llegué a las once y media (dos horas antes del vuelo). Hacía mal tiempo y una hora antes de salir hubo un accidente. Un camión chocó con un autobús de Iberia. No hubo heridos. Por causa del accidente hubo un retraso de cinco horas. ¡Qué desastre! Había mucha gente en el aeropuerto y yo no tenía dinero para comprar una bebida o algo para comer. Por fin, llegué a Inglaterra a las nueve y media de la noche. Shane es muy simpático y me gusta su casa.
Un abrazo,
Juan

To obtain the most marks for a piece of writing, it is important to use different tenses. How many tenses are used in Juan's letter? Write a list of the verbs and their meanings in English. You can then use them for coursework or learn them for the writing exam.

Vocabulario

Direcciones	Directions
Siga todo recto en el cruce.	*Carry straight on at the crossroads.*
Tuerza a la izquierda/derecha.	*Turn left/right.*
Cruce la plaza.	*Cross the square.*
Tome la primera/segunda/tercera calle.	*Take the first/second/third street.*
Pase el puente/por los semáforos.	*Go over the bridge/past the lights.*
Está al lado/enfrente de ...	*It is beside/facing ...*
Está cerca/lejos de ...	*It is near to/far from ...*
Está entre ... y ...	*It's between ... and ...*
la agencia de viajes	*travel agency*
el camping	*campsite*
el centro comercial	*shopping centre*
el cine	*cinema*
el colegio	*school*
el hospital	*hospital*
el mercado	*market*
el teatro	*theatre*
correos	*post office*
la comisaría	*police station*
la estación de trenes	*train station*
la estación de autocares/autobuses	*coach/bus station*
la estación de servicio	*service station*
la oficina de turismo	*tourist office*
la piscina	*swimming pool*

El transporte público	Public transport
¿Por dónde se va a la estación de autocares/trenes?	*Could you tell me the way to the coach/train station?*
¿(La estación de trenes) por favor?	*Where is the (train station) please?*
¿Me puede decir dónde está (la estación de trenes)?	*Can you tell me where the (train station) is?*
¿Cuánto cuesta un billete sencillo/de ida y vuelta?	*How much is a single/return ticket?*
¿A qué hora sale el primer/último/próximo autobús/tren?	*What time does the first/last/next bus/train leave?*
¿Cuánto tiempo hace falta?	*How long will it take?*
¿De qué andén sale?	*What platform does it leave from?*
El tren sale del andén 4 a las diecisiete cincuenta.	*The train leaves from platform 4 at 17.50.*
Quisiera un billete de ida y vuelta a Santiago.	*I would like a return ticket to Santiago.*
¿Primera o segunda clase?	*First or second class?*
¿Fumador o no fumador?	*Smoking or non smoking?*
Hay que coger (el bus).	*You need to take (the bus).*
Está lejos de aquí.	*It is far from here.*
Hay (un autobús).	*There is (a bus).*
Es ...	*It is ...*
barato/a	*cheap*
cómodo/a	*convenient/comfortable*
sano/a	*healthy*
ecológico/a	*ecological*
limpio/a	*clean*
sucio/a	*dirty*
lento/a	*slow*
rápido/a	*quick*
caro/a	*expensive*

Letreros	Signs
entrada	*entrance*
sala de espera	*waiting room*
reservas	*reservations*
salida de emergencia	*emergency exit*
objetos perdidos	*lost property*
cantina	*café*
cambio	*bureau de change*
información	*information*
taquilla	*ticket office*
estación de metro	*underground station*
quiosco	*kiosk*
paso subterráneo	*subway*
consigna automática	*left luggage office*
señoras/caballeros	*ladies/gents*

Opiniones sobre el transporte	Opinions about transport
El tren es más cómodo/ruidoso/limpio.	*The train is more comfortable/noisier/cleaner.*
Prefiero los taxis porque son más rápidos.	*I prefer taxis because they are quicker.*
Prefiero viajar (en coche) porque es ...	*I prefer to travel (by car) because it is ...*
Hay demasiada polución.	*There is too much pollution.*

En la carretera	**On the road**
el faro/los faros	*headlight/headlights*
la rueda	*wheel*
el neumático	*tyre*
el tubo de escape	*exhaust pipe*
el parabrisas	*windscreen*
la ventanilla	*window*
el motor	*engine*
el parachoques	*bumper*
la matrícula	*number plate*
la batería	*battery*
los frenos	*brakes*
¿Qué le pasa?	*What is the matter?*
Mi coche tiene una avería.	*My car has broken down.*
Tengo un pinchazo.	I have a puncture.
Los frenos no funcionan.	*The brakes don't work.*
Los faros no funcionan.	*The lights don't work.*
Se ha roto el parabrisas.	*The windscreen has smashed.*
Tengo un problema con la batería.	*I have a problem with the battery.*
¿Dónde está usted?	*Where are you?*
Estoy en la carretera N240 a dos kilometros de Lérida.	*I am on the N240 two kilometres away from Lérida.*
Estamos en la autopista A7.	*We are on the A7.*
¿De qué marca es el coche?	*What make is the car?*
¿Cuál es la matrícula?	*What is the registration number?*
¿De qué color es el coche?	*What colour is the car?*
Hubo/Tuve un accidente.	*I have had an accident.*
El coche chocó con un ciclista.	*The car crashed into a cyclist.*
El camión chocó con un coche.	*The lorry crashed into a car.*
Una moto chocó con un peatón.	*A motorcycle crashed into a pedestrian.*
El perro fue herido.	*The dog was injured.*
herido/a	*injured*
Hacía sol.	*It was sunny.*
Estaba lloviendo.	*It was raining.*

Hablar

Conversación With your partner, take turns to practise all the questions and remember to switch between playing the examiner and the candidate. Say as much as you can and if you get stuck don't worry. Use words like *pues, vamos a ver, no estoy seguro pero* … etc. These will give you time to think as well as extra marks for communication! In the exam your teacher will move you on to the next question as a last resort, if you get stuck.

Listen out for questions in the past or future tense, as they are sure to come up!

Juego de rol Note the situation where the role-play is taking place – in a hotel, bank, etc. Use *usted* for 'you' in most situations, but with your penfriend use *tú*. This will also affect what part of the verb to use. After you have perfected the role-plays you may want to record them for your teacher to listen to later.

Presentación Express your opinion *creo que* *porque* Use all three tenses and when you feel it's good enough, record yourselves again. You can use the recording later to help you learn and revise. Try to perfect your accent and pronunciation! You will get more marks if you sound Spanish!

De vacaciones

Conversación 1

Las vacaciones de este verano

- ¿Adónde vas a ir de vacaciones este verano?
- ¿Con quién vas a ir?
- ¿Dónde vas a quedarte?
- ¿Cómo vas a viajar?
- ¿Prefieres pasar las vacaciones con tu familia o con tus amigos?

Conversación 2

Las vacaciones del año pasado

- ¿El año pasado adónde fuiste?
- ¿Dónde te quedaste?
- ¿Qué hiciste durante el día?
- ¿Qué tiempo hizo?

Juego de rol 1

You are in a park in Spain and talk to a Spanish person.

- Hola.
- Me llamo Isabel/Pedro.
- Soy español/española. ¿Estás de vacaciones?
- ¿Cuándo vuelves a Inglaterra?

- *Say hello and ask what his/her name is.*
- *Ask what his/her nationality is.*
- *Say you are on holiday with your family.*
- *Say you are going home tomorrow.*

Juego de rol 2

You are in a café in Spain.

- ¿Qué desea?
- ¿Algo más?
- No, hay que ir a la heladería.
- Enfrente del banco.
- 2 euros.

- *Ask for a bottle of fizzy mineral water and a coke.*
- *Ask if they have ice cream.*
- *Ask where the ice cream parlour is.*
- *Say thank you and ask the cost.*

En ruta

Conversación 1
El transporte donde vives

- ¿Cómo vas al colegio?
- ¿Cuánto tiempo hace falta?
- ¿Qué tal está el tráfico cerca de tu instituto?
- ¿Prefieres viajar en coche o en autobús?
- ¿Por qué?

Conversación 2
El transporte público

- Normalmente, ¿cómo vas a las tiendas?
- ¿Qué transporte hay cerca de tu casa?
- ¿Te gusta viajar en metro? ¿Por qué?
- ¿Es el transporte público caro o barato?

Juego de rol 1
You are at the information desk at a train station in Spain.

- Buenos días. ¿En qué puedo servirle?
- ¿Cuándo quiere viajar?
- Sí, hay uno a las dos.
- A la derecha.
- A la una y media.

- *Ask if there are trains to Sevilla.*
- *Say you want to go this afternoon.*
- *Ask where the ticket office is.*
- *Ask what time it opens.*

Juego de rol 2
You are in Córdoba and want to go the cinema. You ask a passer-by for directions.

- Sí, ¿qué quiere?
- Sí, hay uno por aquí.
- ¿Cómo va a ir?
- Siga todo recto y está a la izquierda.
- No mucho.

- *Say you want to go to the cinema.*
- *Ask where it is exactly.*
- *Say you are going on foot.*
- *Ask if it's far.*

Juego de rol 3
You are in the coach station, at the ticket office.

- Buenos días. ¿Qué desea?
- ¿Para cuántas personas?
- 10 euros ida y vuelta por persona.
- Sale del andén número 1.
- Sale a las once y cuarto.

- *Ask how much a return ticket to San José is.*
- *Say for two people.*
- *Ask which platform it leaves from.*
- *Ask at what time the next coach leaves.*

Presentación
Prepare a one-minute description of your holidays using the following headings:

- el viaje (largo/ ... horas)
- el hotel/el camping (grande de lujo, cerca/lejos de ...)
- el tiempo (todos los días hacía ...)
- las actividades (tomar el sol, nadar ...)
- la comida (malísima, rica ...).

¿Qué te ha pasado?

Repaso

Revising parts of the body

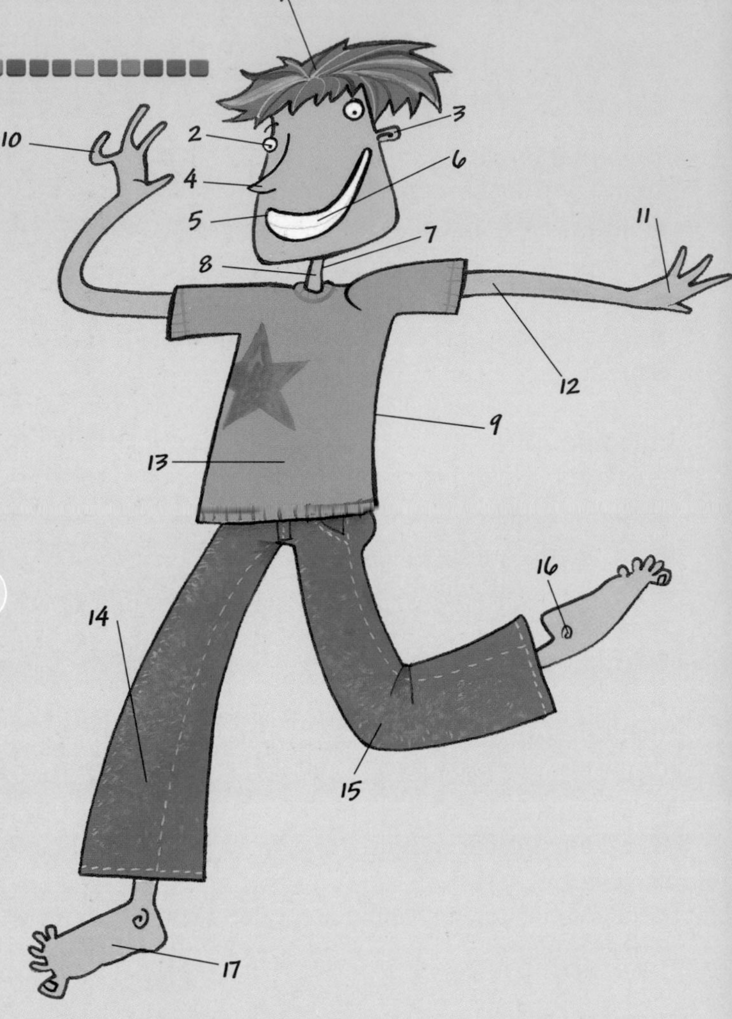

1a Leer **Empareja las letras con los números.**
Match up the letters with the numbers.

a la garganta
b el dedo
c la cabeza
d el ojo
e la oreja/el oído
f la boca
g la muela/el diente
h el cuello
i la mano
j el brazo
k el estómago
l la pierna
m la rodilla
n el pie
o la espalda
p el tobillo
q la nariz

1b Escuchar **¿Qué les pasa a estas personas? (1–8)**
What is wrong with these people?

Ejemplo: **1** – *o*

1c Leer **Lee las descripciones. ¿Cómo se sienten – ☺, 😐 o ☹?**
Read the descriptions. How are they feeling?

1 No me siento bien.
2 Estoy muy enfermo.
3 Me siento muy bien ahora.
4 Estoy bien.
5 Me siento fatal.
6 Ahora estoy mejor.

Gramática

In Spanish there are two ways of saying that something hurts, just as in English:

Me duele el brazo.	*My arm hurts.*
Tengo dolor de brazo.	*I have a pain in my arm.*

The verb **doler** *(to hurt) changes in the same way as* **gustar**:

Me duele la cabeza.
Me duele**n** las piernas.
Me duele**n** el estómago y la cabeza.

Para saber más → página 178, 7.13

Tengo dolor de	cabeza/brazo/mano/pierna.
Me duele	el dedo/estómago. la rodilla/espalda.
Me duelen	los ojos/pies/oídos. las muelas.

Túrnate con tu compañero/a.
Work with your partner.

Ejemplo:

1
- ¿Qué le pasa?
- No me siento bien. Me duele la garganta.

Escribe una frase para cada imagen en 1d.
Write a sentence for each picture in **1d**.

Empareja las frases con las imágenes correctas.
Match up the phrases with the correct pictures.

1 Tengo una insolación.
2 Tengo gripe.
3 Tengo diarrea.
4 Tengo sueño.
5 Tengo fiebre.
6 Tengo catarro.

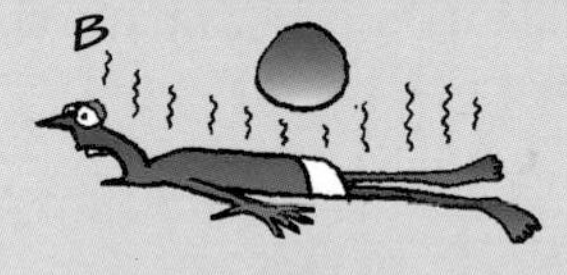

Escucha e identifica el problema. Escribe notas breves en español. (1–5)
Listen and identify the problem. Take brief notes in Spanish.

Ejemplo: 1 – *cabeza/garganta/gripe*

Inventa un diálogo para cada imagen de 2a.
Tu compañero/a escribe la letra correcta.
Invent a conversation for each picture from **2a**.
Your partner writes down the correct letter.

Ejemplo:

- ¿Qué le pasa?
- Tengo diarrea.
- D.
- Correcto.

1 Me siento mal

Saying why you feel ill and taking advice

1a Empareja las frases con las imágenes correctas.

1 Tengo calor.
2 No tengo hambre.
3 Tengo frío.
4 Estoy mareado/a.
5 Tengo vómitos.
6 Tengo tos.
7 Tengo la pierna rota.
8 Estoy constipado/a.

A 
B 
C 
D 
E F 
G 
H 

¡OJO!

Constipado/a *is a false friend! It means to have a cold, not to be constipated.*

1b Escucha los diálogos en la farmacia. Copia y completa la tabla. (1–5)

	¿Problema?	¿Cuánto tiempo?
1	tos/gripe	3 días

1c Traduce estas frases al español.

1 I've had a headache for four days.
2 I've had a cold for a week.
3 I've had a cough since yesterday.
4 I've been cold for two days.
5 I've been vomiting for five days.

Gramática

***Expressions with* tener**

The verb tener *means 'to have'.*

Tengo un perro. *I have a dog.*

However, sometimes it can also mean 'to be'.

Tengo dieciséis años. *I am sixteen.*

Here are some other expressions where tener *means 'to be':*

Tengo calor.	*I am hot.*
Tengo frío.	*I am cold.*
Tengo hambre.	*I am hungry.*
Tengo sed.	*I am thirsty.*
Tengo miedo.	*I am afraid.*

Gramática

You heard the phrase **desde hace** *in the listening exercise. It is a way of saying how long something has been going on. For example:*

Tengo gripe **desde hace** una semana. *I've had flu for a week.*

Notice that the Spanish use the present tense with desde hace, *whereas in English we use the past tense.* Desde *on its own means 'since'.*

Tengo una insolación **desde** ayer. *I've had sunstroke since yesterday.*

2a Empareja el consejo con la imagen correcta.

1 Tome estos comprimidos.
2 Póngase esta crema.
3 Tome estas pastillas.
4 Tome este jarabe.
5 Quédese en la cama.
6 Llame al médico.
7 Tome unas aspirinas.
8 Beba mucha agua.

2b Escucha los diálogos. Apunta la enfermedad y escribe la(s) letra(s) correcta(s) del remedio. (1–5)

Ejemplo: **1** – *mareada*/***A***/***E***

2c Copia y completa la conversación.

Médico: ¿Qué le pasa a usted?
Enfermo: Me ______ la cabeza, tengo ______ y estoy ______. Pienso que ______ gripe.
Médico: ¿Desde hace cuánto tiempo?
Enfermo: Desde ______ una semana.
Médico: Sí, tiene gripe. Tome unas ______ dos veces al día y ______ en la cama y beba mucha ______.
Enfermo: Muchas gracias. ______.

Adiós duele quédese tengo hace mareado aspirinas tos pasa agua

2d Túrnate con tu compañero/a.

- Buenos días, ¿Qué le pasa a usted?
- *Say you have a cough/sore throat/sunstroke/toothache.*
- ¿Desde hace cuánto tiempo?
- *Say you have been ill for 3 days.*
- Quédese en la cama y tome estas pastillas/tome unas aspirinas/póngase esta crema.
- *Thank the doctor and say goodbye.*

2 Al médico

Describing what has happened

¿Qué le pasó a estas personas? Empareja las frases.

1 Me he cortado el dedo con
2 Me he quemado
3 Me he torcido el tobillo jugando
4 Me he roto la pierna
5 Me he hecho daño en
6 Me he hecho daño en los oídos

el ojo.
al fútbol.
la boca.
en un concierto de rock.
en un accidente.
un cuchillo.

Escucha las conversaciones. Identifica el problema en cada caso y escribe notas breves. (1–5)

Ejemplo: 1 – *quemado la boca*

If you want to describe what has happened to someone else, change **me he** *to* **se ha**.

Juan **se ha** cortado el dedo con un cuchillo.
Juan has cut his finger with a knife.
María Ángeles **se ha** quemado la boca.
María Ángeles has burnt her mouth.

Para saber más → página 177, 7.10

¿Qué le ha pasado al perro Jesulín? Escribe una frase para cada dibujo.

Trabaja en grupos.

Here's a game to play. There's a problem in every square. How do you say it in Spanish? If you get it right, you stay in your square. But if you're wrong, you have to go back to the previous square. Watch out for the red penalty squares!

Vuelve a casilla número ...	*Go back to square number ...*
Vuelve (tres) casillas.	*Go back (3) squares.*

1	2	3	4 Vuelve a casilla número 1	5
6	7 Vuelve cuatro casillas	8	9	10 Vuelve tres casillas
11	12	13	14	15 Vuelve a casilla número 6
16	17	18	19 Vuelve cinco casillas	20
21	22 Vuelve a casilla número 12	23	24	25 ¡Fin!

3 Reservas y llegadas

Booking hotel accommodation and arriving at a campsite

1a Lee y escucha.

- Hotel Playa de Oro, ¿dígame?
- Buenos días. ¿Tiene habitaciones libres para mañana?
- Sí, señora. ¿Para cuántas personas?
- Somos **dos**. Quisiera reservar una habitación **doble** con **balcón**.
- ¿Con baño o ducha?
- **Ducha**.
- Muy bien, ¿Para cuántas noches?
- **Una semana** ☽×7.

1b Escucha los diálogos. Toma notas en inglés. (1–4)

Ejemplo: 1 – *Saturday, 4 people, double room with a shower and a twin-bedded room with a bath, 1 week*

1c Practica la conversación de 1a para reservar una habitación. Cambia las palabras en verde.

A

B

Quisiera reservar	una habitación doble una habitación individual una habitación con dos camas	con baño con ducha con balcón con vistas al mar	para 4 noches. para una semana. para quince días.

1d Lee la carta. ¿Verdad (✓) o mentira (✗)?

1 Alberto quiere reservar dos habitaciones.
2 Hay cuatro personas en la familia.
3 Alberto quiere habitaciones con ducha.
4 La familia va a pasar quince días en el hotel.
5 Alberto necesita información sobre la región.
6 Alberto quiere saber si hay una piscina.
7 La familia va a llegar a las nueve.

media pensión	*half board (2 meals included)*
pensión completa	*full board (all meals included)*

Estimado señor:

Quisiera reservar dos habitaciones: una habitación doble y una habitación individual con baño. Somos tres: dos adultos y una niña de 15 años. Quisiera, si es posible, un balcón y habitaciones con vistas al mar.

Queremos pasar quince días en su hotel del 1 al 15 de agosto. Le ruego que me comunique los precios de media pensión y pensión completa. También le agradecería que me mande un folleto sobre la región. ¿Hay un gimnasio en el hotel?

Vamos a llegar a las diez de la noche.

Agradeciéndole de antemano,

Le saluda atentamente,

Alberto Álvarez

1e Escribe una carta al hotel, cambiando los detalles de la carta en 1d.

2a Usa un diccionario. ¿Qué son estas instalaciones del camping en inglés?

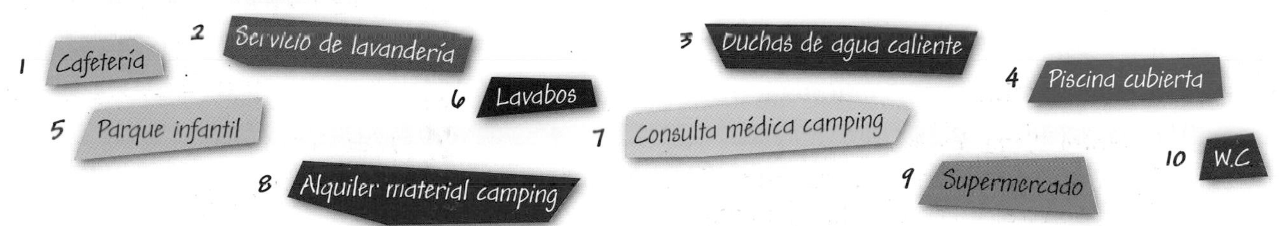

2b Escucha el diálogo en el camping y escoge la descripción correcta.

A El cliente busca una parcela para dos caravanas: son dos adultos y dos niños.
B El cliente busca una parcela para una caravana y una tienda: son cuatro adultos.
C El cliente busca una parcela para una caravana y una tienda: son dos adultos y dos niños.

2c Lee y completa el diálogo con la información correcta.

- Buenos días.
- Buenos días. ¿Tiene una parcela para una ______?
- Sí, creo que sí.
- ¿Cuánto es por día y por persona?
- Son ______ al día los adultos y ______ los niños. ¿Cuántos son?
- Dos ______ y ______ niños.
- Vale.
- ¿Hay una ______ y un ______?
- Sí, cerca del servicio de lavandería. Sus pasaportes, por favor, y ¿quiere firmar aquí?

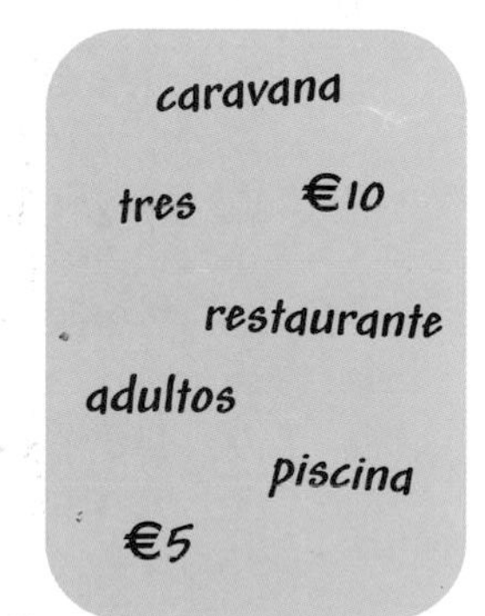

2d Túrnate con tu compañero/a.

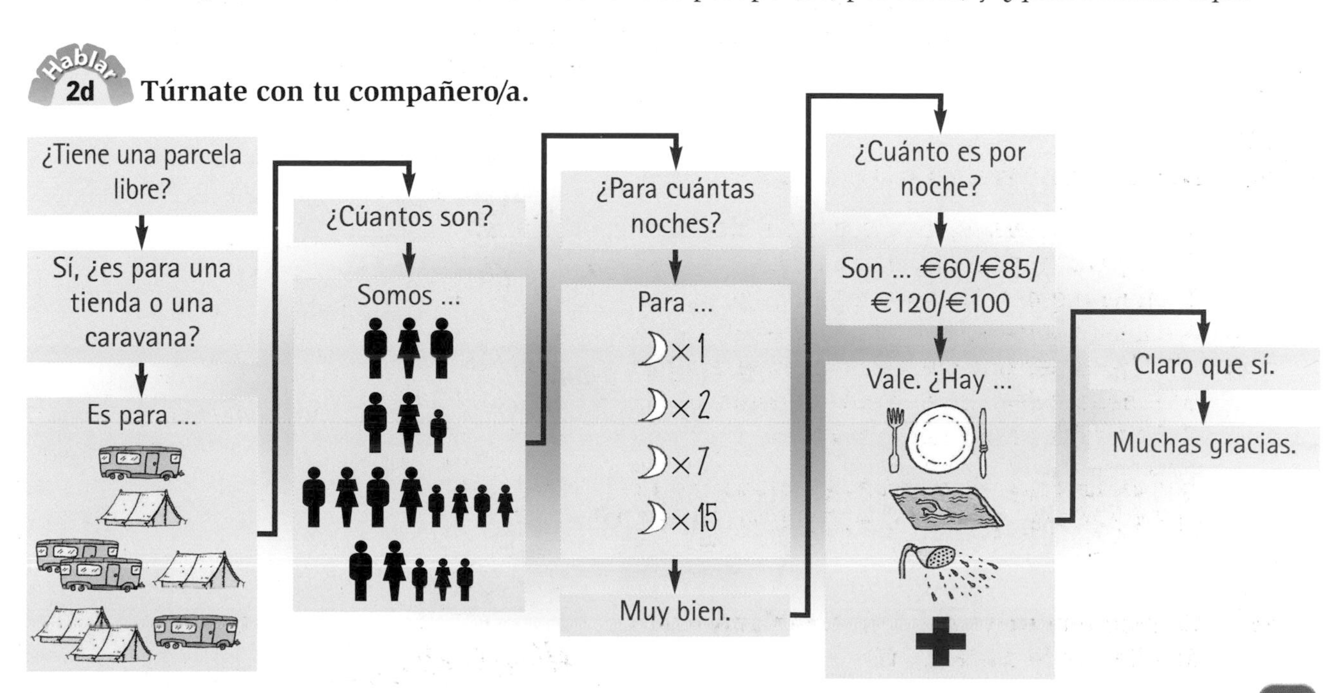

4 Al llegar

Finding out information and complaining

Empareja los dibujos con los letreros.

1. No se admiten animales.
2. Respete a los otros. No haga ruido durante la noche.
3. Límite de velocidad 10km/h
4. Los perros deben estar atados.
5. No se debe lavar la ropa en los lavabos.
6. Bloque sanitario 100 metros.

A 

B 

C 

D 

E 

F 

Empareja las preguntas con las respuestas.

1 **¿Dónde está** el ascensor?
2 **¿A qué hora** se sirve el desayuno?
3 **¿Se puede** cambiar dinero?
4 **¿Venden** champú?
5 **¿Venden** pasta de dientes y desodorante?
6 **¿Tiene** la habitación vistas al mar?
7 **¿Se puede** alquilar bicicletas?
8 **¿Hay** un supermercado?

a Sí, en la tienda.
b Sí, las vistas son excelentes.
c No, lo siento. No alquilamos ningún método de transporte aquí.
d Desde las siete hasta las diez.
e Está al lado de la cafetería.
f No, lo siento. Pero hay un supermercado muy cerca.
g Sí, está cerca de la piscina.
h Sí, en la recepción.

Haz preguntas para cada dibujo.

A

B

C

D

¡OJO!

In the speaking exam, you may need to ask the examiner questions during the role-play situations. Look at the statements below, taken from role-play cards. How would you ask the following?

- *Ask if there is …/Ask if it has …*
- *Ask if you can …/Ask if it is possible to …*
- *Ask the way to …*
- *Ask what time …*
- *Ask if you can buy …/Ask if … .is sold.*

Identifica el problema. Escribe la letra correcta. (1–6)

Ejemplo: **1** – *c*

El ascensor La luz La llave La televisión	no funciona.	No hay Hay	jabón. toallas. agua caliente. papel higiénico. ruido.

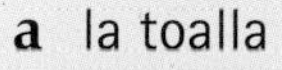

a la toalla

b el papel higiénico

c el jabón

d la luz

e la llave

f el ascensor

g Hay ruido.

Túrnate con tu compañero/a.

1

– ¿Qué le pasa?

– La televisión no funciona.

Lee la carta. Encuentra el español para estas frases:

1. *I am writing to complain*
2. *There were many problems*
3. *There was no soap*
4. *There was a lot of noise from the bars opposite*
5. *I did not sleep for three nights*
6. *The service was bad in the restaurant*
7. *The pool was closed for a day*
8. *Yours sincerely*

El Director
Hotel Pesadilla
Alicante

13 de marzo

Le escribo para quejarme. Pasé tres noches en el Hotel Pesadilla y tenía muchos problemas. Primero, la luz no funcionaba y no había jabón en el baño. Segundo, la habitación estaba cerca de la calle y había mucho ruido de los bares de enfrente y del tráfico. No dormí en tres noches. El servicio en el restaurante estaba muy malo. El sábado la comida estaba fría y el vino estaba malo. La piscina estaba cerrada un día y el agua estaba sucia el resto de los días.

Quiero que me devuelva una parte de mi dinero.

Le saluda atentamente,

Yolanda Vásquez

Escribe una carta similar a un hotel para quejarte, cambiando los detalles.

Estaba (frío/a).
Había (mucho ruido).
(No) funcionaba.

Vocabulario

Enfermedades	Illnesses
Tengo dolor de (pierna).	*I have a pain in my (leg).*
Me duele el/la .../ Me duelen los/las ...	*My ... hurt/s.*
el brazo	*arm*
el codo	*elbow*
el cuello	*neck*
el dedo	*finger*
el estómago	*stomach*
el ojo	*eye*
el pie	*foot*
el tobillo	*ankle*
la boca	*mouth*
la cabeza	*head*
la espalda	*back*
la garganta	*throat*
la mano	*hand*
la muela/el diente	*tooth*
la nariz	*nose*
la oreja/el oído	*ear*
la pierna	*leg*
la rodilla	*knee*
Me siento mal/Estoy mal.	*I feel bad.*
Me siento fatal.	*I feel awful.*
No me siento bien.	*I don't feel well.*
Estoy mejor.	*I am better.*
Estoy bien.	*I am well.*
Estoy muy enfermo/a.	*I am very ill.*
¿Qué le pasa (a usted)?	*What's the matter?*
Tengo tos.	*I have a cough.*
Tengo gripe.	*I have flu.*
Tengo una insolación.	*I have sunstroke.*
Tengo calor.	*I am hot.*
Tengo frío.	*I am cold.*
Tengo sueño.	*I am sleepy.*
Tengo hambre.	*I am hungry.*
Tengo sed.	*I am thirsty.*
Tengo diarrea.	*I have diarrhoea.*
Tengo vómitos.	*I feel sick.*
Tengo catarro.	*I have a cold.*
Tengo fiebre.	*I have a temperature.*
Estoy mareado/a.	*I feel dizzy.*
Estoy constipado/a.	*I have a cold.*
¿Desde hace cuánto tiempo?	*For how long?*
Desde hace ... días.	*For ... days.*
(Tengo gripe) desde hace dos días.	*(I have had flu) for two days.*
Me he cortado el dedo.	*I have cut my finger.*
Me he hecho daño en el ojo.	*I have hurt my eye.*
Me he torcido el tobillo.	*I have twisted my ankle.*
Me he quemado la boca.	*I have burnt my mouth.*
Me he roto la pierna.	*I have broken my leg.*

Consejos	Advice
Tome unas aspirinas/ estas pastillas/ este jarabe.	*Take these aspirins/ these tablets/ this linctus.*
Póngase esta crema.	*Put this cream on.*
Quédese en la cama/ en casa.	*Stay in bed/at home.*
Beba mucha agua.	*Drink a lot of water.*

Reserva de alojamiento	Reserving accommodation
¿Tiene habitaciones libres?	*Do you have rooms available?*
¿Para cuántas personas?	*For how many people?*
Somos ...	*There are ... of us.*
¿Con baño o ducha?	*With a bath or shower?*
Quisiera reservar ...	*I would like to reserve ...*
una habitación individual	*a single room*
una habitación doble	*a double room*
una habitación con dos camas	*a twin room (2 beds)*
con baño/ducha/ balcón/vistas al mar	*with a bath/shower/ balcony/sea view*
para (cuatro) noches.	*for (four) nights.*
Estimado señor	*Dear Sir*
Queremos pasar quince días en ...	*We want to spend a fortnight in ...*
Le saluda atentamente	*Yours sincerely/faithfully*

En el camping	At the campsite
¿Tiene una parcela libre (para una caravana)?	*Do you have a pitch available (for a caravan)?*
¿Cuánto es por día y por persona?	*How much is it per day and per person?*
una tienda	*a tent*
una caravana	*a caravan*
Servicio de lavandería	*Laundry service*
Lavabos	*Washblock*
Piscina cubierta	*Inside pool*
Parque infantil	*Play area*
Alquiler material camping	*Camping equipment rental*
Consulta médica camping	*Campsite medical centre*
Duchas de agua caliente	*Hot showers*

En la recepción	At reception
No se admiten animales.	*Animals are not allowed.*
Límite de velocidad 10km/h.	*Speed limit of 10km/h.*
Los perros deben estar atados.	*Dogs must be kept on a lead.*
Evite ruidos y molestias.	*Avoid noise and disturbing other guests.*
No se debe lavar la ropa en los lavabos.	*Do not wash clothes in the washbasins.*
Abierto todo el año	*Open all year round*
Bloque sanitario 100 metros	*Toilet block 100 metres*
Respete a los otros. No haga ruido durante la noche.	*Respect others. Do not make noise at night.*
¿Dónde está el ascensor?	*Where is the lift?*
¿A qué hora se sirve el desayuno?	*What time is breakfast served?*
¿Se puede cambiar dinero?	*Can you change money?*
¿Venden pasta de dientes y desodorante?	*Do you sell toothpaste and deodorant?*
¿Se pueden alquilar bicicletas?	*Can you hire bikes?*

Quejas	Complaints
No hay ...	*There is/are no ...*
toallas	*towels*
papel higiénico	*toilet paper*
jabón	*soap*
agua caliente	*hot water*
Hay ruido.	*There is noise.*
... no funciona.	*The ... doesn't work.*
la luz	*the electricity*
la llave	*the key*
el ascensor	*the lift*
Lo siento.	*I am sorry.*
Le escribo para quejarme.	*I am writing to complain.*
Pasé (tres noches) en el Hotel Mayor.	*I spent (three nights) in the Hotel Mayor.*
Tenía muchos problemas.	*I had a lot of problems.*
(La luz) no funcionaba.	*(The electricity) didn't work.*
Había mucho ruido.	*There was a lot of noise.*
La comida estaba fría.	*The food was cold.*

En casa y en el trabajo

Repaso

Revising films, meals and numbers

Empareja las opiniones con las películas apropiadas.
Match up the opinions with the right films.

Ejemplo: **A** – *Scream*

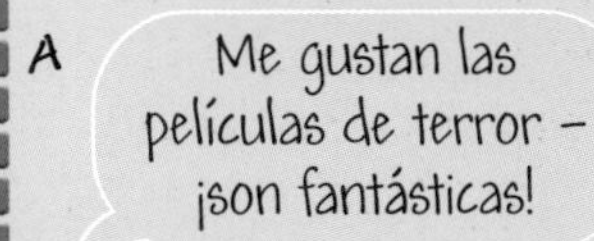

B Prefiero los dibujos animados porque son graciosos.

C Me encantan las películas de aventura porque son emocionantes.

D Me encantan las películas cómicas porque son divertidas.

E No me gustan las películas románticas – son malas y aburridas.

F Me gustan las películas de acción – ¡son excelentes!

Escribe tu opinión sobre cada tipo de película.
Write your opinion of each type of film.

Prefiero Me encantan Me gustan No me gustan Odio	las películas	de aventura de acción de ciencia ficción de terror del oeste románticas cómicas
	los dibujos animados	
... porque son	buenas/malas/divertidas/graciosas aburridas/interesantes/tontas fantásticas/excelentes.	
... porque tienen	muchos efectos especiales.	

Hablar
1c **Haz las preguntas a tu compañero/a.**
Ask your partner questions.

- ¿Qué tipo de película prefieres? ¿Por qué?
- ¿Qué tipo de película no te gusta? ¿Por qué?

¿Cuánto ganan? (1–8) Túrnate con tu compañero/a. ¿Cómo se dice cada número?
How much do they earn? Work with your partner. How do you say each number?

Ejemplo: **1** – *H*

A €36 B €210 C €150

D €29,50 E €17,25

F €48 G €66,50 H €70

¡OJO!

Remember that some numbers sound similar in Spanish. For example, dos, diez, doce *or* tres, trece, treinta. *Identify those numbers which you find hard to say or remember and write them down to learn.* *See page 180 for numbers.*

Lee la rutina de Ángel. Lee las frases de abajo e identifica si es un día de colegio o un fin de semana.
Read Ángel's routine. Look at 1–5 below and identify if it is a weekday or a weekend.

Ejemplo: *Almuerzo a la una y media = un día de colegio*

Un día de colegio	Un fin de semana
Desayuno 7.15: tostadas, queso, café solo	**Desayuno** 11.00: pan y mantequilla, café con leche
Comida 13.30: sopa, carne, arroz con leche, helado o flan, agua	**Comida** 15.00: ensalada, pollo o pescado, queso o fruta, vino o cerveza
Merienda 18.00: un bocadillo de jamón	**Merienda**: –
Cena 21.00: verduras (judías o guisantes), tortilla francesa, yogur, agua	**Cena** 22.00: mariscos, chuletas o filete, flan o fruta (uvas, melocotones), vino y agua

1 Tomo merienda.
2 Prefiero una ensalada.
3 Me levanto a las seis y tomo el desayuno después de bañarme.
4 Por la mañana prefiero café con leche.
5 Ceno a las diez y como mucho. También bebo alcohol.

Mira la rutina. ¿Verdad(✓) o mentira(✗)? (1–4)
Look at Ángel's routine. True or false?

Escribe tu rutina para el colegio y los fines de semana. Copia y completa la tabla de 3a.
Write your routine for school days and weekends. Copy and complete the table in **3a**.

1 Ayudando en casa

Saying what you do to help at home and why

Empareja los dibujos con las tareas.

A

B

C

D

E

F

G

H

I

J

1 Paso la aspiradora.
2 Pongo la mesa.
3 Plancho la ropa.
4 Lavo la ropa.
5 Hago la cama.
6 Preparo la comida.
7 Limpio mi habitación.
8 Lavo el coche.
9 Friego los platos.
10 Hago las compras.

Escribe la letra correcta de cada tarea e identifica la frecuencia. (1–5)

Ejemplo: **1**–*J, a veces.*

todos los días	*every day*
a menudo	*often*
2/3/4 veces a la semana	*2/3/4 times a week*
a veces	*sometimes*
nunca	*never*

Escribe una frase para cada tarea.

Ejemplo: *A veces lavo el coche.*
Nunca pongo la mesa …

Túrnate con tu compañero/a.

Ejemplo:

- ¿Ayudas en casa?
- Sí, ayudo bastante. Hago las compras a menudo y limpio mi habitación todos los días, lavo …

Gramática

Remember that most verbs in the present tense for 'I' (I clean./I wash. etc.) will end in 'o' (lavo, limpio, etc.). *There are two verbs which are irregular for describing chores saying 'I …':*

poner = *to put* **pongo** = *I put*
hacer = *to do* **hago** = *I do*

Fregar *is a radical changing verb:*

fr**ie**go = *I wash*

Para saber más → página 172, 7.2

sólo	*only*
No hago nada.	*I don't do anything.*
Hago muchas tareas.	*I do a lot of chores.*
Ayudo un poco/ bastante/mucho.	*I help a little/ quite a lot/a lot.*

Lee la carta y contesta a las preguntas.

1 ¿Cuántos años tiene Mercedes?
2 ¿Por qué tiene que hacer muchas tareas en casa?
3 ¿Qué hace los sábados?
4 ¿Qué hace su madre?
5 ¿Qué hace su hermano menor?

Querida Dolores:

Yo tengo dieciséis años y tengo que hacer muchas tareas en casa pero mis hermanos no hacen nada. Friego los platos, pongo la mesa y ayudo a mi mamá a preparar la comida todos los días. Los sábados tengo que limpiar mi habitación y siempre plancho mi uniforme para el colegio el domingo. Mi madre trabaja mucho también, prepara la comida, lava la ropa, hace las camas y pasa la aspiradora. En cambio, mi hermano mayor nunca limpia su habitación ni friega los platos y mi hermano menor sólo escucha música. ¡No es justo! ¿Qué puedo hacer?

Mercedes

¿Quién hace las tareas en tu casa?

Ejemplo:
Mi padre ***prepara*** *la comida todos los días.*
Mi madrastra ***friega*** *los platos dos veces a la semana.*

I ...	*He/She ...*
hago	hace
lavo	lava
limpio	limpia
plancho	plancha
pongo	pone
preparo	prepara
paso	pasa
friego	friega

Para saber más → página 172, 7.2

¿Qué hizo Paco la semana pasada? Escribe las letras correctas de los dibujos de la página 72.

Túrnate con tu compañero/a. Contesta a las preguntas.

- ¿Ayudas en casa?
- ¿Qué hace tu madre/padre/hermano/hermana?
- ¿Qué hiciste la semana pasada?

Gramática

It is easy to identify **-ar** *and* **-er** *verbs in the past tense for 'I' (I cleaned, etc.) as they will end in '***é***'. The irregular verbs* **hacer** *and* **poner** *are different:*

Presente	Pasado
lavo	lavé
limpio	limpié
hago	hice
pongo	puse
friego	fregué

To revise how to form the preterite (past) tense, go to page 41, Module 3.

Para saber más → página 174, 7.6

2 El dinero y el trabajo

Talking about how you spend your money, part-time jobs and work experience

¿En qué se gastan el dinero? Identifica las imágenes correctas. (1–5)

Ejemplo: 1 – *A*

A 
B 
C 
D 
E 

Haz una encuesta con tu clase. Compara los resultados.

Ejemplo:
- ¿En qué te gastas el dinero?
- Me lo gasto en …

Escribe los resultados de la encuesta.

23 jóvenes gastan su dinero en CDs.
15 jóvenes gastan su dinero en ...

Object pronouns

Me **lo** gasto en …

*The **lo** refers to **dinero** (money). This is called a **pronoun**, as it replaces a noun. Pronouns are therefore either masculine or feminine and singular or plural, depending on the noun that they replace.*

Masc. sing.	***Masc. pl.***	***Fem. sing***	***Fem. pl.***
lo *(it)*	los *(them)*	la *(it)*	las *(them)*

Para saber más → página 171, 6.2

Escoge los trabajos correctos. (1–6)

1. Lavo el pelo de los clientes. Soy …
2. Me ocupo de niños pequeños. Trabajo de …
3. Trabajo en una tienda de deportes. Soy …
4. Sirvo comida en un restaurante. Soy …
5. Trabajo en un hotel. Soy …
6. Voy de casa en casa con periódicos y revistas. Soy …

A *camarero/a*

B *recepcionista*

C *peluquero/a*

D *dependiente/a*

E *canguro*

F *repartidor(a) de periódicos*

Lee los textos y completa la tabla.

Nombre	Trabajo	Horario	¿€?

Me llamo Miguel Ángel Galdós. Tengo un trabajo a tiempo parcial. Trabajo como dependiente en una estación de servicio. Trabajo duro los sábados: de ocho a cuatro. Vendo gasolina y aceite y limpio los coches. Gano €42. Quiero ser mecánico cuando termine mis estudios y por eso es útil para mí. Me gusta bastante.

Me llamo Ana Torroja y trabajo de canguro. Trabajo en casa de una señora que tiene dos niños pequeños. Trabajo de seis a ocho, cinco días a la semana. Me gustan los niños, pero es mucho después de clase. Gano €35.

Copia la tabla de arriba. Escucha y complétala. (1–5)

Túrnate con tu compañero/a. Habla sobre tu trabajo a tiempo parcial. ¡Si no tienes uno, usa tu imaginación!

- ¿Dónde trabajas?
- Trabajo en un garaje.
- ¿Cuándo?
- Trabajo los sábados y los domingos de seis a nueve.
- ¿Cuánto ganas?
- Gano €42.

Lee las descripciones. ¿Verdad (✓) o mentira (✗)?

Soy Manolo. Hice mis prácticas en un supermercado. Todos los días me levantaba muy temprano a las cinco y media. Trabajaba de ocho a cuatro de lunes a viernes.Tenía una hora libre para comer. Me llevaba bien con los otros empleados porque eran muy simpáticos. Me gustaba el trabajo porque estaba muy ocupado todo el día y aprendí cosas nuevas. A veces los clientes estaban impacientes pero no era un problema grande para mí porque me encanta trabajar con la gente.

Me llamo Carmen. Hice mis prácticas en una tienda de discos pero no me cayó bien. Me levantaba a las siete y trabajaba de nueve a cinco de lunes a miércoles y de diez a seis los sábados y los domingos. No me gustaba porque era muy aburrido. Tenía que trabajar en la sección de música clásica y no sé nada de eso. Además, mi jefe era muy severo y me hacía limpiar los estantes dos veces cada día. No me trataron bien.

1 *Manolo had to get up very early.*
2 *Carmen did not like her work experience.*
3 *Manolo worked at the weekends.*
4 *Carmen worked in the classical section of a record shop.*
5 *Manolo did not learn anything new.*
6 *Carmen liked her boss.*

el empleado	*employee*
ocupado/a	*busy*
no me cayó bien	*I didn't like it*
tenía que	*I had to*
no sé nada de eso	*I don't know anything about that*
el jefe	*boss*
el estante	*shelf*

Escribe una descripción de tus prácticas.

3 La vida sana

Describing your lifestyle

Mira la lista. Copia y completa los diagramas.

sano: la ensalada

malsano

la ensalada
la fruta
las patatas fritas
las hamburguesas
el café
el agua
los cereales
el chocolate
los caramelos
las verduras

Decide si llevan una vida sana ☺ o malsana ☹. (1–5)

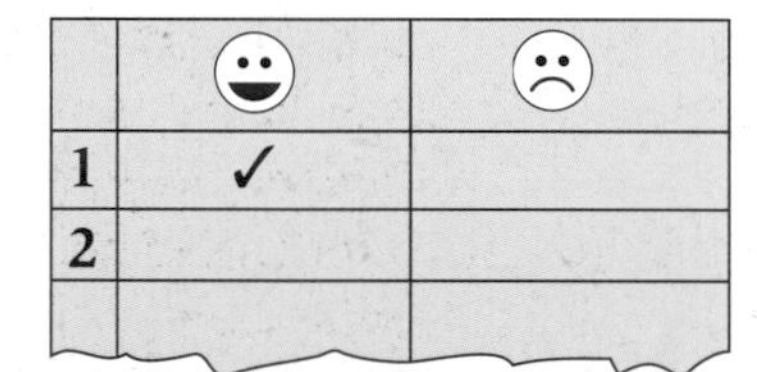

	☺	☹
1	✓	
2		

Empareja las preguntas con las respuestas.

1 ¿Llevas una vida sana?
2 ¿Comes bien?
3 ¿Haces bastante ejercicio?
4 ¿Tienes algún vicio?
5 ¿Te sientes estresado?

a No, estoy muy contento y relajado.
b Creo que sí. Como bien y hago ejercicio.
c Los cigarrillos. Fumo dos paquetes al día.
d Voy al polideportivo tres veces a la semana.
e Sí. Me gusta comer mucha fruta y evito la grasa.

Contesta a las preguntas.

- ¿Llevas una vida sana?
- ¿Haces bastante ejercicio?
- ¿Tienes algún vicio?

¿Tienes una vida sana? Escribe unas frases.

Ejemplo: *Voy al polideportivo tres veces a la semana y me gusta comer mucha fruta.*

Lee el artículo. ¿Verdad (✓) o mentira (✗)?

La dieta de las estrellas de Hollywood

No es rápida ni agresiva. Se llama "The Zone" y es casi una filosofía de vida que permite perder peso de forma permanente y a largo plazo. Las estrellas la adoptaron a modo de devoción. Jennifer Aniston bajó diez kilos. Courtney Love, cinco, y Cindy Crawford, seis. Madonna y Sandra Bullock también la siguen.

"The Zone" es un libro que describe un régimen super equilibrado de carbohidratos, grasas y proteínas, pensado y desarrollado por el doctor Barry Sears. Para muchas de las estrellas más esculturales de Hollywood, el libro es algo así como una Biblia.

¿Pero de qué se trata este fenómeno? Pues bien, "The Zone" es una dieta que consiste en ingerir – por comida – un 40% de carbohidratos, 30% de proteínas y 30% de grasas no saturadas.

Consejos Zone:

1 – SÍ a los desayunos con clara de huevo, yogur o frutas como manzana, melón, kiwi, naranja, frutillas y peras; ensaladas para el almuerzo y cenas con pollo o pescado y poca carne vacuna.

2 – NO a las pastas, panes, granos y carnes con mucha grasa. Con respecto a las frutas, NO a las bananas, al mango y a las pasas de uva.

1 "The Zone" es una dieta especial.
2 Jennifer Aniston bajó ocho kilos.
3 "The Zone" fue escrito por el doctor Barry Spears.
4 No se debe comer más de 50% de carbohidratos por comida.
5 Se puede comer grasas.
6 No se deben comer hamburguesas o espaguetis.

perder peso	*to lose weight*
a largo plazo	*in the long term*
pensado y desarrollado por ...	*thought of and developed by ...*
escultural	*statuesque*
ingerir por comida	*to consume for each meal*
clara de huevo	*egg white*
carne vacuna	*red meat*
pasas de uva	*raisins*

Lee el artículo otra vez y completa los espacios con la información correcta.

"The Zone" es una dieta muy ~~~~ con las estrellas de ~~~~. Consiste en una forma de comer con dos ~~~~ fáciles de cumplir. Hay muchos ~~~~ que siguen la dieta para perder peso y llevar una vida más ~~~~. Se debe comer mucha ~~~~ pero evitar el ~~~~ y las ~~~~.

consejos | bananas | Hollywood | sana | fruta | mango | actores | popular

4 Los medios de comunicación

Talking about TV programmes and films

Encuentra un programa para cada categoría.

Ejemplo: *Cartoon – Pokémon de agua (dibujos animados)*

Series
Sports programme
Documentary
Cartoon
Soap opera
Game show
Music programme
Chat show / Magazine programme
News
Film

TVE1		La2		TELE5	
18.00	Cine Disney *Dibujos animados*	18.00	Estadio 2: Atletismo y ciclismo *Programa deportivo*	18.00	Pokémon de agua *Dibujos animados*
20.00	Pobre Diabla *Telenovela*	20.00	España en Comunidades *Documental*	20.00	Lois y Clark: las nuevas aventuras de Superman *Serie*
21.00	Telediario *Noticias*	21.00	Sacrificio mortal *Película*	21.00	¿Quiere ser millonario? *Concurso*
21.30	Tiempo	23.00	Tres hombres y un bebé *Película*	22.00	Historias de hoy *Magazine*
21.35	Informe semanal: Ecoturismo en la Península Ibérica *Documental*	01.00	Televenta *Comercial*	23.00	Festival de jazz de San Sebastián *Programa musical*

Escucha los diálogos. Identifica el canal. ¿TVE1, La2 o TELE5? (1–5)

Lee los textos y copia y completa la tabla con la información correcta.

Felipe: Me gustan mucho los programas musicales y los programas deportivos porque son emocionantes. Odio las telenovelas, son tontas y aburridas.

Patricia: Me encantan los documentales y las noticias. Son muy interesantes e informativos. Detesto los dibujos animados – son estúpidos y para niños pequeños.

Belén: Prefiero los concursos porque son divertidos y graciosos. Mi programa preferido es "¿Quiere ser millonario?". No me gustan nada los documentales porque son aburridos.

Eusebio: Prefiero las películas más que las series porque son más emocionantes y me encantan los efectos especiales. Lo que no me gustan para nada son los concursos porque son tontos y aburridísimos.

Nombre	Le gustan	No le gustan	Información extra

Túrnate con tu compañero/a. Contesta a las preguntas.

- ¿Qué tipo de programa te gusta más en la televisión? ¿Por qué?
- Prefiero los/las …
- ¿Qué tipo de programa no te gusta? ¿Por qué?
- No me gustan los/las …

Lee las opiniones. ¿Son positivas (P) o negativas (N)?

1 Creo que la televisión es una pérdida de tiempo – es muy aburrida.
2 La tele ofrece muchas cosas interesantes y es educativa.
3 La televisión es peligrosa porque tiene demasiada violencia.
4 La televisión ofrece un servicio importante de información.
5 La tele no es buena porque la gente no habla.
6 La televisión es mala para la salud y la sociedad.

Escribe tu opinión sobre la tele.

Creo que la tele	es buena es mala	porque	ofrece ... es ... tiene ...

Identifica la película correcta.

heredar	*to inherit*	basada en	*based on*
el papel de	*the role/part of*	matar	*to kill*
el juez	*judge*		

A Traffic

B 

C 

D 

1 Basada en el libro popular de J.R.R. Tolkien, se trata del "hobbit" Frodo que hereda de su tío el Anillo Único. Tiene que afrontar mucho peligro para destruir el Anillo y salvar la Tierra Media de Sauron.

2 Cuenta la historia de un niño de 11 años que va a un colegio de magia y tiene muchas aventuras.

3 Cuenta una historia de la droga. Michael Douglas juega el papel de juez mientras en casa su hija tiene una adicción.

4 Es una película de terror que se trata de un asesino que mata a varios adolescentes. Courtney Cox juega el papel de un periodista.

Escribe una descripción de tu película preferida.

La película	se trata de ... cuenta la historia de ...
Es una película ... Es una historia ...	romántica/policíaca/de acción/de ciencia ficción/de guerra. triste/cómica/emocionante/de terror/divertida/romántica.
(Tom Cruise) juega el papel de ...	
El héroe/la heroína es ...	alto/a/simpático/a/guapo/a.
Me gustó porque	fue ... divertida/interesante/graciosa/emocionante. tenía ... buenos efectos especiales.

Vocabulario

¿Ayudas en casa?	Do you help at home?
hacer las tareas	*to do chores*
Lavo/Lavé el coche.	*I wash/ed the car.*
Pongo/Pusé la mesa.	*I set the table.*
Plancho/Planché la ropa.	*I iron/ed the clothes.*
Lavo/Lavé la ropa.	*I wash/ed the clothes.*
Hago/Hice la cama.	*I make/made the bed.*
Preparo/Preparé la comida.	*I cook/ed/prepare/d the food.*
Limpio/Limpié mi habitación.	*I clean/ed my room.*
Friego/Fregué los platos.	*I wash/ed the dishes.*
Hago/Hice las compras.	*I do/did the shopping.*
Paso/Pasé la aspiradora.	*I do/did the hoovering.*
todos las días	*every day*
a menudo	*often*
2/3/4 veces a la semana	*2/3/4 times a week*
a veces	*sometimes*
nunca	*never*
Tengo que ...	*I have to ...*
¡No es justo!	*It's not fair!*
¿Qué puedo hacer?	*What can I do?*
¿Qué hiciste la semana pasada?	*What did you do last week?*
No hago nada.	*I don't do anything.*
Hago muchas tareas.	*I do a lot of chores.*
Ayudo un poco/bastante/ mucho.	*I help a little/quite a lot/ a lot.*

El dinero	Money
¿En qué te gastas el dinero?	*What do you spend your money on?*
Me lo gasto en ...	*I spend it on ...*
... discos compactos	*... CDs*
... videojuegos	*... video games*
... ropa	*... clothes*
... caramelos	*... sweets*
... tebeos/revistas	*... comics/magazines*

El trabajo	Work
Trabajo de ...	*I work as ...*
camarero/a	*a waiter/waitress*
dependiente/a	*a shop assistant*
peluquero/a	*a hairdresser*
repartidor(a) de periódicos	*a paper boy/girl*
recepcionista	*a receptionist*
canguro	*a baby-sitter/childminder*

¿Tienes un trabajo a tiempo parcial?	Do you have a part-time job?
un empleo	*a job*
Trabajo en una tienda/ un supermercado/ una peluquería.	*I work in a shop/ supermarket/ hairdresser's.*
Trabajo en un bar/ un restaurante/ una cafetería/ un garaje/un hotel/ un mercado/en casa.	*I work in a bar/ restaurant/ café/ garage/hotel/ market/at home.*
Me ocupo de niños pequeños.	*I look after small children.*
Reparto periódicos.	*I deliver newspapers.*
Lavo y corto el pelo.	*I wash and cut hair.*
Sirvo comida en un restaurante.	*I serve food in a restaurant.*
Trabajo duro.	*I work hard.*
Trabajo en una hamburguesería.	*I work in a hamburger restaurant.*
Trabajo los sábados y domingos de 8 a 4.	*I work Saturdays and Sundays from 8 to 4.*
Gano €42.	*I earn €42.*
Mis padres me dan €35 a la semana/al mes.	*My parents give me €35 a week/month.*
Hice mis prácticas en una tienda.	*I did my work experience in a shop.*
Me levantaba a las ...	*I got up at ...*
Trabajaba ...	*I worked ...*
Me llevé bien con ...	*I got on well with ...*
No me trataron bien.	*They did not treat me well.*

La vida sana	Healthy living
el desayuno	*breakfast*
la comida	*lunch*
la merienda	*(afternoon) snack*
la cena	*dinner*
las tostadas	*toast*
los cereales	*cereals*
el pan	*bread*
la mantequilla	*butter*
la leche	*milk*
el zumo de piña/naranja/ manzana/fruta	*pineapple/orange/ apple/fruit juice*
el té	*tea*
el café	*coffee*
el chocolate	*chocolate*
el agua	*water*
el vino	*wine*
la cerveza	*beer*
la sopa	*soup*
la ensalada	*salad*
la fruta	*fruit*
las judías	*green beans*
los guisantes	*peas*
el pollo	*chicken*

la carne	*meat*
la tortilla francesa	*omelette*
el arroz	*rice*
el pescado	*fish*
las patatas	*potatoes*
las verduras	*vegetables*
el bocadillo de (queso/jamón)	*(cheese/ham) sandwich*
las uvas	*grapes*
los melocotones	*peaches*
el yogur	*yogurt*
el arroz con leche	*rice pudding*
las patatas fritas	*chips/crisps*
las hamburguesas	*hamburgers*
por la mañana	*in the morning*
por la tarde	*in the afternoon*
por la noche	*in the evening/at night*
Ceno a las diez.	*I have dinner at ten o'clock.*
¿Llevas una vida sana?	*Do you lead a healthy lifestyle?*
¿Comes bien?	*Do you eat well?*
¿Haces bastante ejercicio?	*Do you do enough exercise?*
¿Tienes un vicio?	*Do you have any weaknesses/bad habits?*
Como lo que quiero.	*I eat what I want.*
Bebo mucha agua.	*I drink a lot of water.*
Hago ejercicio.	*I exercise.*
Fumo cigarrillos.	*I smoke cigarettes.*
carbohidratos	*carbohydrates*
grasas	*fat*
Bajó 8 kilos.	*He/She lost 8 kilos.*
perder peso	*to lose weight*
consejo	*advice*

Los programas — Programmes

el concierto	*concert*
la corrida de toros	*bullfight*
Prefiero ...	*I prefer ...*
las películas ...	
de acción	*action films*
de aventura	*adventure films*
de terror	*horror films*
de ciencia-ficción	*science fiction films*
de guerra	*war films*
del oeste	*westerns*
cómicas	*comedies*
policíacas	*detective films*
románticas	*romantic films*
los dibujos animados	*cartoons*
porque son ...	*because they are ...*
buenas/malas	*good/bad*
divertidas/graciosas	*funny*
aburridas/interesantes	*boring/interesting*
tontas/fantásticas	*stupid/brilliant*
excelentes	*excellent*
el documental	*documentary*
la telenovela	*soap opera*
el programa deportivo	*sports programme*
el programa musical	*music programme*
las noticias	*news*
la serie	*series*
el concurso	*game show*

¿Qué ponen esta noche? — What is on tonight?

¿Cuándo lo ponen?	*When is it on?*
Lo ponen tres veces a la semana.	*It is shown three times a week.*
tonto/a/estúpido/a	*stupid*
gracioso/a	*funny*
emocionante	*exciting*
de terror	*scary/frightening*
Se trata de/cuenta la historia de ...	*It is about ...*
Es una historia triste/cómica.	*It is a sad/funny story.*
Me gustó porque tenía ...	*I liked it because it had ...*
buenos efectos especiales	*good special effects*
(Tom Cruise) juega el papel de ...	*(Tom Cruise) plays the role of ...*
El héroe/la heroína es ...	*The hero/heroine is ...*
alto/a	*tall*
guapo/a	*good-looking*
Creo que la televisión es una pérdida de tiempo.	*I think that TV is a waste of time.*
La tele ofrece ...	*TV offers ...*
... muchas cosas interesantes.	*... many interesting things.*
... un servicio de información.	*... an information service.*
La tele es buena/mala/peligrosa.	*TV is good/bad/dangerous.*
Tiene mucha violencia.	*There is a lot of violence.*
La gente no habla.	*People do not talk.*

Hablar

Conversación Holidays are always a popular topic of conversation so prepare it well. Adverbs are a great way to impress the examiner. Use *por lo general, siempre,* etc. wherever possible. Also remember to include some time references such as *por la mañana/tarde fui a ... , durante el fin de semana jugué a ...* It will help you to sound more 'chatty' and again gain you marks! You can also use these in many situations, so know them inside out!

Juego de rol In the role-play part of the exam don't worry if you do not quite understand what the examiner says to you. Your job at Foundation level is to communicate everything that is asked of you on your role-play card, so make sure you give all the details in the practice role-plays on these pages.

¿Qué te ha pasado?

Conversación

Las vacaciones del año pasado

- ¿Te has quedado en un camping alguna vez?
- ¿Qué facilidades tenía?
- ¿Qué hiciste en el camping por la noche?
- ¿Te gustaría ir de camping otra vez?

Juego de rol 1

You are at a doctor's surgery in Spain.

- ¿Qué le pasa?
- ¿Qué le duele?
- ¿Desde hace cuánto tiempo le duele?
- Lleve esta receta a la farmacia.
- Está enfrente del cine.

- *Say you don't feel well.*
- *Say your throat hurts and you have a fever.*
- *Say for three days.*
- *Ask where the chemist's is.*

Juego de rol 2

You are on the phone booking a hotel.

- Dígame.
- Sí, ¿para cuándo?
- ¿Para cuántas personas?
- Muy bien. ¿Su nombre por favor?
- 15 euros.

- *Say hello and ask if they have free rooms.*
- *Say for this weekend.*
- *Say you would like a double room with a bathroom and a balcony.*
- *Say your name and ask the cost.*

Juego de rol 3

You are at the campsite reception desk.

- Buenos días. ¿Qué desea?
- No quedan, lo siento.
- A las ocho.
- Sí, es posible.
- Son 5 euros por día.

- *Say you would like to rent a bike.*
- *Ask what time they open in the morning.*
- *Ask if you can reserve one.*
- *Ask the cost per day.*

Juego de rol 4

You are at the reception desk in a hotel in Spain.

- Buenos días. ¿En qué puedo servirle?
- De las 8.30 a las 10.
- Lo siento, pero está cerrada.
- Abre a las 9.
- Allí enfrente.

- *Ask what time breakfast is served.*
- *Say you would like to use the pool.*
- *Express disappointment and ask what time it opens in the morning.*
- *Say thank you and ask where the TV room is.*

En casa y en el trabajo

Conversación 1

Lo que haces

- ¿Qué haces para ayudar en casa?
- ¿Arreglas tu dormitorio mucho?
- ¿Cuál es la tarea que detestas? ¿Por qué?
- ¿Qué hiciste para ayudar el fin de semana pasado?

Conversación 2

La salud

- ¿Qué te gusta comer y beber?
- ¿A qué hora cenas en casa?
- ¿Quién prepara las comidas en tu casa?
- ¿Le ayudas?
- ¿Te gusta la comida rápida?

Conversación 3

Tiempo libre en casa

- ¿Cuál es tu programa favorito en la televisión?
- ¿Qué te gusta más, escuchar la radio o ver la televisión? ¿Por qué?
- ¿Vas a menudo al cine?
- ¿Qué tipos de películas te gustan?
- ¿Te gusta leer? ¿Cuál es el último libro que has leído?

Conversación 4

El trabajo y el dinero

- ¿Cuánto dinero te dan tus padres?
- ¿Te dan dinero por ayudar en casa?
- ¿Cuánto?
- ¿En qué te gastas el dinero?
- ¿Trabajas en una tienda?
- ¿Cuánto te pagan?

Juego de rol

You are talking about part-time jobs to your Spanish friend.

- ¿Tienes un trabajo?
- ¿Cuándo trabajas?
- ¿Te gusta el trabajo?
- ¿Qué quieres hacer en el futuro?

- *Say you work in a supermarket.*
- *Say you work Saturdays and Sunday mornings.*
- *Say that you like it a lot.*
- *Say what you want to do.*

Presentación

Prepare a one-minute presentation on a film or book. Say why you like it, say what it is about (trata de ...) *and say something about the characters* (los personajes principales son ...).

Alternatively, prepare a presentation about your favourite recipe, say why you like cooking it, mention the ingredients and say why it's healthy.

De compras

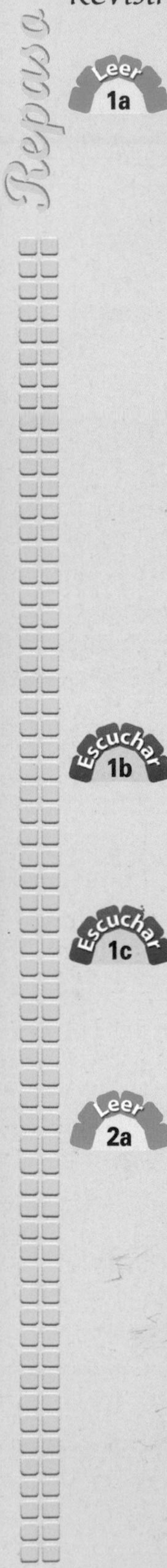

Revising shopping transactions

Información

In Spain **un estanco** is a tobacconist where you can buy cigarettes, stamps, etc. Of course, you can also buy stamps at the Post Office **(la Oficina de Correos)** but most people will buy stamps at **un estanco** as it is more convenient. You can sometimes buy stamps in hotels and other shops, in tourist areas.

Leer **1a** **¿Qué tipo de tienda es?**
What type of shop is it?

Ejemplo: A – *una perfumería*

una carnicería	una panadería	una farmacia	un supermercado
una perfumería	una confitería	una tienda de comestibles	un estanco
una pastelería	una frutería		

A

B

C

D
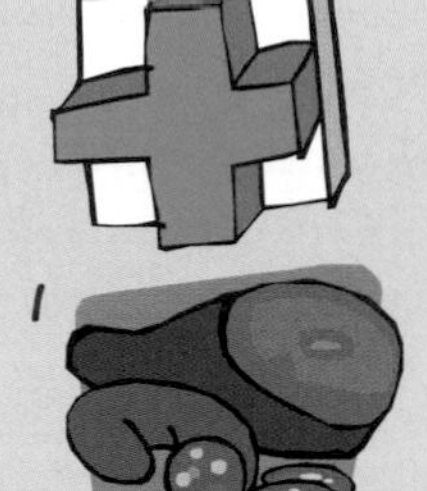

E

F

G
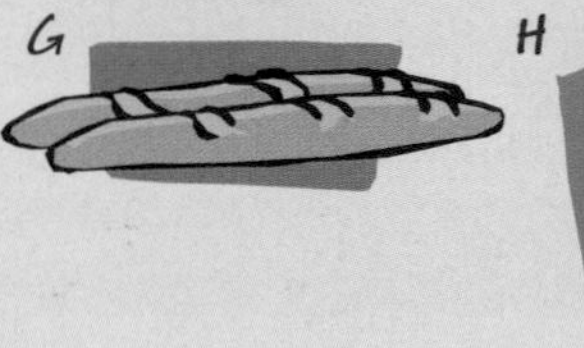

H

I

J

¿Qué quieren comprar? ¿En qué tienda están? (1–6)
What do they want to buy? Which shop are they in?

Ejemplo: 1 – *aspirinas, farmacia*

¿Cuánto es? Escribe el precio correcto. (1–5)
How much is it? Write the correct price.

Ejemplo: 1 – *€2,30*

When giving prices in euros you say **Es …** *for any price between €1 and €1,99 (€1,10, €1,25, €1,80 etc) and* **Son …** *for any other price.*

Examples:

€1,50 = Es un euro y cincuenta.
€4,10 = Son cuatro euros y diez.
€0,40 = Son cuarenta céntimos.

Completa las frases.
Complete the phrases.

1 una .... de Coca-Cola
2 un .... de naranjas
3 una .... de pan
4 una .... de sardinas
5 una .... de chocolate
6 300 .... de queso
7 una .... de pasteles
8 una .... de huevos
9 un .... de leche
10 un .... de patatas fritas

docena paquete tableta barra caja gramos botella lata cartón kilo

¿Qué necesitan? Copia y completa la tabla. (1–5)
What do they need? Copy and complete the table.

	¿Qué?	¿Cantidad?	¿Precio?
1	naranjas	2 kilos	€1,60

Practica el diálogo. Pues inventa un diálogo para cada producto.
Practise the dialogue. Then invent a conversation for each product.

- Buenos días, ¿qué desea?
- Quisiera seis botellas de cerveza.
- Muy bien.
- ¿Cuánto es?
- Son €3,50.

1

2

3

4

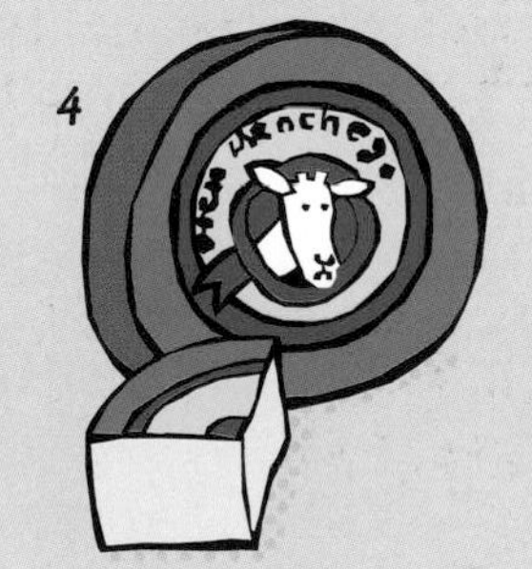

a. Inventa cuatro anuncios para productos. Incluye los precios en euros.
Invent four adverts for products. Include prices in euros.

b. Escribe un diálogo para cada producto.
Write a dialogue for each product.

Ejemplo:

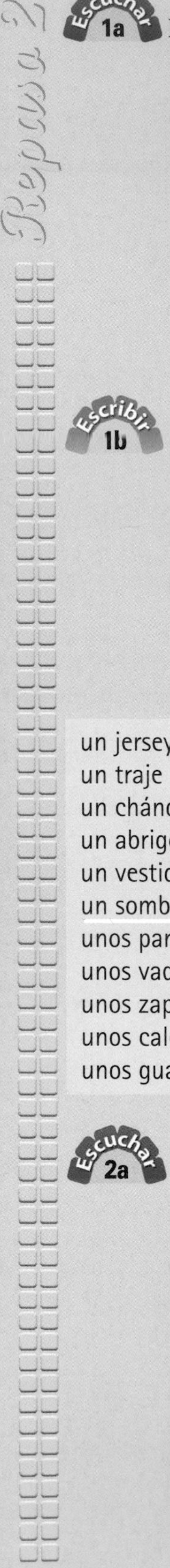

Escribe la letra correcta. (1–8)
Write the correct letter.

1b ¿Qué vas a llevar este fin de semana?
What are you going to wear this weekend?

- El viernes voy a llevar unos pantalones negros, un jersey gris y ...
- El sábado voy a ...
- El domingo ...

Gramática

Voy a llevar ... *means 'I am going to wear ...'*

Remember that you can use **ir** + **a** + *a verb in the infinitive to express something in the future.*

Ejemplo:
Vamos a ir a la tienda de modas.
We are going to go to the clothes shop.

Para saber más → página 176, 7.8

un jersey un traje un chándal un abrigo un vestido un sombrero	rojo/negro/verde/azul
unos pantalones unos vaqueros unos zapatos unos calcetines unos guantes	rojos/negros/verdes/azules

una camisa una camiseta una blusa una falda una chaqueta una corbata una gorra	roja/negra/verde/azul
unas zapatillas de deporte unas botas	rojas/negras/verdes/azules

Identifica la talla o número correcto. (1–5)
Identify the correct clothes or shoe size.

Información

If you are buying clothes or shoes abroad you must be aware that the sizing is different. Below are tables of European shoe sizes and clothes sizes.

Shoes							
British	3	4	5	6	7	8	9
European	36	37	38	39	40	41	42

Clothes						
British	8	10	12	14	16	18
European	36	38	40	42	44	46

There are different words for size in Spanish: **talla** is used for body measurements, **número** for shoes and **tamaño** for size in general (not clothes).

Lee y escribe la conversación con la información correcta.
Read and write the conversation with the correct information.

- Buenos días.
- ______________
- Quiero comprar una camisa.
- ______________
- Blanca.
- ______________
- Mediana, talla 42.
- ______________

A ¿De qué color?

B Lo siento, no tenemos más camisas de la talla 42.

C ¿De qué talla?

D ¿Qué desea?

Túrnate con tu compañero/a.
Work with your partner.

- ¿Qué desea?
- *Say you would like to buy some trainers/a jacket/a T-shirt.*
- ¿De qué color?
- *Ask for white/black/blue.*
- ¿De qué número/talla?
- *Ask for size 39/40/42.*
- Lo siento, no tenemos del número 39/de la talla 40/42.
- *Ask for size 38/44.*

¿Cuál es el problema?
What is the problem?

1

2

3

A ¡No me gusta el color!

B ¡Es demasiado pequeño!

C ¡Es demasiado grande!

1 Comprar comida

Buying food in the market

Empareja el español con cada cosa en el mercado.

Gramática

Estos/estas *means 'these' in Spanish and* **esos/esas** *means 'those':*

Estas zanahorias. *These carrots.*
Esos champiñones. *Those mushrooms.*

The word **aquellos/aquellas** *means 'those over there'. It is used for things that are further away.*

Aquellas naranjas. *Those oranges over there. (far away)*

These are called ***demonstrative adjectives*** *and change depending on whether the object they come before is masculine or feminine, singular or plural.*

	Masc. sing.	***Fem. sing.***	***Masc. pl.***	***Fem. pl.***
this/these	est**e**	est**a**	est**os**	est**as**
that/those	es**e**	es**a**	es**os**	es**as**
that (over there)/ those (over there)	aquel	aquell**a**	aquell**os**	aquell**as**

Para saber más → página 169, 3.4

Usa las listas de compras para pedir lo que necesitas del mercado en 1a.

Ejemplo:

- ¿Qué desea?
- Quisiera un kilo de **aquellos** tomates, dos kilos de **aquellas** naranjas y medio kilo de **estas** zanahorias.

1

2

3

4

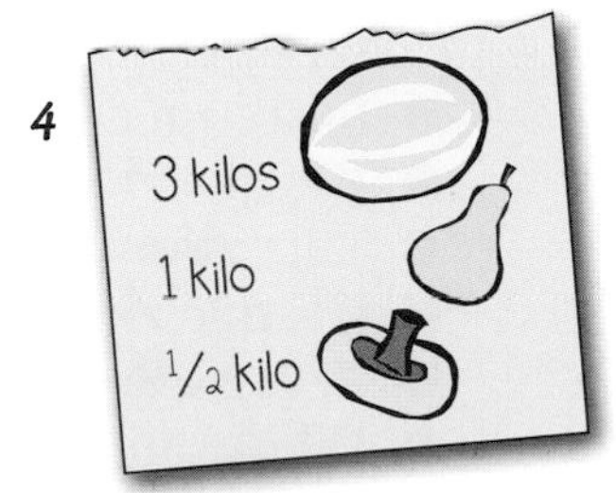

aquellos tomates	esos champiñones	estos melocotones
aquellos melones	esas judías verdes	estas zanahorias
aquellas naranjas	esas fresas	estas uvas
aquellas cebollas	esas peras	estas manzanas

Mira este recibo del supermercado. Escribe las cantidades y los precios correctos de los errores que hay.

Supermercado Puerta del Sol

2 kilos de melones	€2,75
½ kilo de tomates	€1,90
½ kilo de cebollas	€1,60
3 kilos de patatas	€2,10
250g de queso	€1,95
500g de jamón	€2,25
1 cartón de leche	€4,50
2 latas de atún	€3,75
1 lata de sardinas	€1,50
2 botellas de agua mineral	€1,90
1 botella de Fanta naranja	€1,85
Total	€24,50

¿Qué compra en el mercado? Escribe una lista breve en español.

1 kilo de naranjas ...

Traduce la conversación al español y practícala. Después escribe la conversación y cambia las frases en azul.

- *Hello. What can I get you?*
- *500 grammes of mushrooms, please.*
- *Here you are. Anything else?*
- *Ask for some strawberries.*
- *I'm sorry, there are none left.*
- *Ask how much the apples are.*
- *Give a price.*
- *I'll take ½ kilo. How much is that altogether?*
- *Give a price.*

¿Cuánto cuesta/cuestan ...?
Lo siento, no hay ...
No queda/quedan ...
¿Algo más?

Vas a tener una fiesta en tu casa. Escribe una lista de lo que necesitas (has invitado a diez personas). Usa un diccionario si es necesario.

10 paquetes de patatas fritas
10 botellas de Coca-Cola
500g de queso
5 barras de pan

2 Comprar ropa

Buying clothes

Escucha el diálogo y rellena los espacios.

- Buenas ______. ¿En qué puedo servirle?
- Busco un chándal.
- ¿De qué ______?
- Talla ______.
- ¿De qué ______?
- Azul o ______.
- Vale ... un momento ... Aquí tiene un ______ negro muy bonito.
- ¿Puedo probármelo?
- Claro que sí.
  (*diez minutos más tarde*)
- ¿Qué tal le queda?
- Me gusta mucho el ______ y el estilo pero el problema es que es demasiado ______. ¿Lo tiene en la talla ______?
- Lo siento. No quedan más chándals de la talla 42. ¿Le gusta esta ______?

Ahora practica la conversación pero cámbiala por la información siguiente.

Mira la publicidad y haz una lista en inglés de los artículos que se ofrecen en inglés.

de cuero	*leather*
de seda	*silk*
de algodón	*cotton*
de lana	*wool*
de plata	*silver*
de oro	*gold*

Gramática

When you use the word 'it' to replace a noun in Spanish, you must know if the word it is replacing is masculine or feminine, singular or plural.

Masculine singular	**lo**
Feminine singular	**la**
Masculine plural	**los**
Feminine plural	**las**

The following sentences refer to **el chándal** *(masculine singular word)*

¿Puedo probárme**lo**?	*Can I try it on?*
¿**Lo** tiene en la talla 42?	*Do you have it in size 42?*

Para saber más → página 171, 6.2

Zara – *moda para toda la familia.*

¡Ofertas de Verano!

REBAJAS REBAJAS REBAJAS REBAJAS REBAJAS

Este verano hay unos precios muy especiales.

Zapatillas de deporte de cuero	sólo €65
Camisas de seda para hombres	sólo €58
Camisetas de algodón	sólo €3
Jerseys de lana	sólo €25
Pendientes de plata	sólo €5
Anillos de oro	sólo €20

¡Nada es demasiado caro!

Lee el inglés y escribe el español en el orden correcto.

- *Good morning. How can I help you?*
- *I would like to change this T-shirt, please.*
- *OK. Why do you want to change it?*
- *Because I don't like the colour.*
- *Do you have the receipt?*
- *Yes, here it is.*
- *Thank you. Would you prefer your money back or another T-shirt?*
- *I would prefer another T-shirt.*

A Porque no me gusta el color.
B Vale. ¿Por qué quiere cambiarla?
C Quiero cambiar esta camiseta por favor.
D ¿Tiene usted el recibo?
E Gracias. ¿Prefiere un reembolso u otra camiseta?
F Sí, tome.
G Prefiero otra camiseta.
H Buenos días, ¿en qué puedo servirle?

Escucha los diálogos. Copia y completa la tabla. (1–7)

	¿Qué es?	¿Problema?	¿Cambio o reembolso?
1	vaqueros	agujero	cambio

No me gusta el color.	*I don't like the colour.*
Es demasiado grande/ pequeño/a.	*It is too big/small.*
No funciona ...	*It does not work.*
No me gusta/No le gusta ...	*I don't like .../he(she) doesn't like ...*
Ya tengo uno/a exactamente igual.	*I already have one exactly the same.*
Tiene un agujero/una mancha.	*It has a hole/stain.*
Quiero un reembolso.	*I want a refund.*

Practica la conversación con tu compañero/a.

- Buenas tardes, ¿en qué puedo servirle?
- *Say you would like to change these trousers/ this jumper/these socks.*
- ¿Por qué?
- *Say they have a stain/it has a hole/you have some/one the same.*
- ¿Prefiere un reembolso u otros pantalones/ otro jersey/otros calcetines?
- *Say you want a refund.*
- Vale.
- *Thank the shop assistant and say goodbye.*

3 En los grandes almacenes

Shopping in a department store

¿En qué sección pueden comprar lo que quieren?

- **a** Voy a comprar un carrete para mi cámara.
- **b** Quiero comprar un ordenador portátil.
- **c** Necesito comprarme una camiseta para la playa.
- **d** Voy a comprar unas zapatillas de deporte nuevas.
- **e** Voy a comprar un videojuego para mi Playstation.
- **f** Tengo sed. Quiero tomar una Coca-Cola.

Directorio

6	Cafetería, Restaurante. Terraza.
5	Juguetes. Videojuegos.
4	Imagen y Sonido. Informática. Muebles y Decoración.
3	Moda Joven. Deporte. Zapatería.
2	Moda Caballero. Agencia de Viajes. Peluquería.
1	Moda Señora. Joyería. Zapatería.
B	Perfumería. Libros. Discos. Películas de Vídeo. Fotografía.
S	Supermercado. Papelería. Electrodomésticos.
P	Aparcamiento.

sótano	*basement*	segunda planta	*2nd floor*	quinta planta	*5th floor*
planta baja	*ground floor*	tercera planta	*3rd floor*	sexta planta	*6th floor*
primera planta	*1st floor*	cuarta planta	*4th floor*		

¿Verdad (✓) o mentira (✗)? (1–6)

¡OJO!

Words ending in **-ría** *can mean either shop or department:*
***Example*: la zapatería** *shoe shop/shoe department*

For other words in the store directory you need to add **la sección de …** *for 'department'.*
***Example*: la sección de** deporte *sports department*

However, as in English, some places in the department store are not "departments":
***Example*: el restaurante** *the restaurant*

Haz el diálogo con tu compañero/a.

Ejemplo:

- *Say you would like to buy a camera/doll/jeans/television.*
- *Give the correct department.*
- *Ask where the department is.*
- *Give the correct floor and explain that it is straight on/on the right-hand side/first on the left/second on the right.*

- Quisiera comprar un libro.
- Necesita la sección de libros.
- ¿Dónde está?
- Está en la planta baja, la segunda sección a la izquierda.

Haz un directorio para unos grandes almacenes. Incluye las secciones que te gustan. Después escribe una descripción para cada planta.

Ejemplo: *En la planta baja hay la zapatería, la sección de moda señora y la sección de moda caballero. En la primera planta hay la cafetería y el restaurante …*

2a **Lee las opiniones. ¿Prefieren las tiendas pequeñas o los centros comerciales?**

A — Estoy a favor de los centros comerciales. Hay mucha variedad y se puede aparcar el coche fácilmente.

B — Los centros son modernos pero no tienen carácter. Son aburridos.

C — Yo prefiero las tiendas pequeñas en el centro. Los dependientes son muy simpáticos.

D — Odio los centros comerciales. Hay siempre demasiada gente.

E — A mí me gustan los centros comerciales porque los precios son bastante bajos.

2b **Encuentra el español para estas frases en 2a.**

1 *They have no character.*
2 *The prices are quite low.*
3 *There are always too many people.*
4 *There is a lot of variety.*
5 *The shop assistants are very nice.*

2c **Escucha la conversación entre Simón y María Teresa. ¿Prefieren las tiendas pequeñas o los centros comerciales? ¿Por qué? Escribe notas en español.**

2d **Empareja las preguntas con las respuestas.**

1 ¿Adónde vas de compras normalmente?
2 ¿Cuántas veces al mes vas de compras?
3 ¿Con quién prefieres ir?
4 ¿Te gustan las tiendas de tu barrio o prefieres los centros comerciales?
5 La última vez que fuiste de compras, ¿qué compraste?
6 Si ganaras la lotería, ¿qué comprarías?

a **Siempre** voy con **mis amigos** porque es **más divertido**.
b **Dos o tres pero depende.**
c Compraría **una casa enorme con dos piscinas y una pista de tenis.**
d Prefiero **los centros comerciales** porque **son más prácticos y hay más variedad.**
e Normalmente voy **al centro comercial** para comprar ropa pero si necesito comprar comida **hay un supermercado cerca de mi casa.**
f Compré **un regalo para el cumpleaños de mi hermano. Le compré un reloj.**

2e **Prepara una entrevista con tu compañero/a. Haz y contesta a las preguntas en 2d pero cambia las frases en azul.**

2f **Escribe tus respuestas en un párrafo con el título "De Compras".**

Vocabulario

Las tiendas	Shops
una carnicería	*a butcher's*
una perfumería	*a perfume shop*
una pastelería	*a cake shop*
una panadería	*a bakery*
una confitería	*a shop selling sweets and cakes*
una frutería	*a greengrocer's*
una farmacia	*a chemist's*
una tienda de comestibles	*a grocery store*
un supermercado	*a supermarket*
un estanco	*a tobacconist's*

La comida y las cantidades	Food and quantities
una botella de Coca-Cola/cerveza	*bottle of Coca-Cola/beer*
un kilo de jamón/naranjas	*a kilo of ham/oranges*
una barra de pan	*a loaf of bread*
una lata de sardinas	*a tin of sardines*
una tableta de chocolate	*a bar of chocolate*
300 gramos de queso	*300g of cheese*
una caja de pasteles	*a box of cakes*
una docena de huevos	*a dozen eggs*
un cartón de leche	*a carton of milk*
un paquete de patatas fritas	*a packet of crisps*

Ropa	Clothes
Voy a llevar .../comprar ...	*I am going to wear .../buy ...*
Quiero .../Quisiera ...	*I want .../I would like ...*
un jersey	*a jumper*
un abrigo	*a coat*
un vestido	*a dress*
un traje	*a suit/dress*
un chándal	*a tracksuit*
un sombrero	*a hat*
unos guantes	*some gloves*
unos calcetines	*some socks*
unos pantalones	*some trousers*
unos vaqueros	*some jeans*
unos zapatos	*some shoes*
una camisa	*a shirt*
una camiseta	*a T-shirt*
una blusa	*a blouse*
una gorra	*a cap (baseball)*
una falda	*a skirt*
una chaqueta	*a jacket*
una corbata	*a tie*
unas botas	*some boots*
unas zapatillas de deporte	*some trainers*
negro/a/os/as	*black*
rojo/a/os/as	*red*
azul/azules	*blue*
verde/verdes	*green*
morado/a/os/as	*purple*
blanco/a/os/as	*white*
el tamaño	*size (general objects)*
la talla/el número	*size (clothes)/size (shoes)*
¡No me gusta el color!	*I don't like the colour.*
Es demasiado grande/pequeño.	*It's too big/small.*
¿De qué color?	*In what colour?*
¿De qué número/talla?	*What size?*
Lo siento, no tenemos (del numero 39).	*I'm sorry, we don't have (size 39).*

Comprar comida en el mercado	Buying food in the market
¿Qué desea?	*What would you like?*
Quisiera un kilo de estas/esas/aquellas uvas.	*I would like a kilo of these/those/those (over there) grapes.*
Quisiera 500g de estas/esas/aquellas cebollas.	*I would like 500g of these/those/those (over there) onions.*
los tomates	*tomatoes*
los melones	*melons*
los melocotones	*peaches*
los champiñones	*mushrooms*
las cebollas	*onions*
las judías verdes	*green beans*
las zanahorias	*carrots*
las manzanas	*apples*
las naranjas	*oranges*
las fresas	*strawberries*
las peras	*pears*
el atún	*tuna fish*
¿Cuánto cuesta/cuestan ...?	*How much is/are ...?*
¿Cuánto es/son?	*How much is it/are they?*
Es/Son ...	*It is/They are ...*
Lo siento, no hay ...	*I'm sorry, I haven't got any ...*
No queda/quedan ...	*There is/are no ... left.*
¿Algo más?	*Anything else?*

Comprar ropa	Buying clothes
¿En qué puedo servirle?	*How can I help you?*
Busco ...	*I'm looking for ...*
Quiero comprar (una camisa).	*I want to buy (a shirt).*
¿Puedo probármelo/a?	*Can I try it on?*
¿Lo/La tiene ... en la talla ...?	*Do you have ... in size ...?*
Quiero cambiar ...	*I want to change ...*
¿Tiene usted el recibo?	*Do you have the receipt?*
un reembolso	*a refund*
No funciona.	*It doesn't work.*
Ya tengo uno/a exactamente igual.	*I've already got one exactly the same.*
Tiene un agujero/una mancha.	*It's got a hole/stain.*
las rebajas	*sale*
los pendientes	*earrings*
los anillos	*rings*

de cuero/seda/algodón/	*made of leather/silk/cotton/* lana/plata/oro *wool/silver/gold*
Es demasiado caro.	*It's too expensive.*
En los grandes almacenes	**In the department store**
Juguetes	*Toys*
Videojuegos	*Video games*
Imagen y sonido	*Image and sound (audiovisual department)*
Muebles y decoración	*Furniture and decor*
Electrodomésticos	*White goods (fridges/freezers/ washing machines, etc.)*
Moda joven/caballero/señora	*Young people's/men's/women's fashion*
Zapatería	*Shoe department*
Agencia de viajes	*Travel agency*
Deporte	*Sports section*
Peluquería	*Hairdresser's*
Perfumería	*Perfume section*
Relojería	*Watch section*
Papelería	*Stationery*
Aparcamiento	*Car park*
¿Dónde está la sección de ...?	*Where is the ... department?*
¿Se venden ....?	*Do you sell ...?*
Tome el ascensor.	*Take the lift.*
Plantas	**Floors**
el sótano	*basement*
la planta baja	*ground floor*
primera	*first*
segunda	*second*
tercera	*third*
cuarta	*fourth*
quinta	*fifth*
sexta	*sixth*
Opiniones	**Opinions**
Estoy a favor de los centros comerciales.	*I am in favour of department stores.*
Prefiero las tiendas pequeñas.	*I prefer small shops.*
Se puede aparcar el coche fácilmente.	*You can park the car easily.*
Hay mucha variedad.	*There is a lot of variety.*
Hay demasiada gente.	*There are too many people.*
Son muy prácticos.	*They are very practical.*
Los dependientes son muy simpáticos.	*The shop assistants are very nice.*
Los precios son más bajos.	*The prices are lower.*
No tienen carácter.	*They lack character.*
¿Adónde vas de compras normalmente?	*Where do you go shopping normally?*
¿Cuántas veces al mes vas de compras?	*How many times a month do you go shopping?*
¿Con quién prefieres ir?	*Who do you prefer to go with?*
¿Te gustan las tiendas de tu barrio o prefieres los centros comerciales?	*Do you like your local shops or do you prefer shopping centres?*
La última vez que fuiste de compras, ¿qué compraste?	*Last time you went shopping, what did you buy?*
Si ganaras la lotería, ¿qué comprarías?	*If you won the lottery what would you buy?*

De juerga

Revising talking about leisure activities

Identifica los pasatiempos correctos. ¿En qué día y a qué hora hacen cada actividad? (1–6)
Identify the correct hobbies. On what day and at what time do they do each activity?

Ejemplo: 1 – *C, sábado, por la noche*

Los lunes *means 'on' Mondays, i.e. every Monday.*

El lunes *means 'on' Monday, or 'on' Mondays.*

Para saber más → página 180, 11.1

A
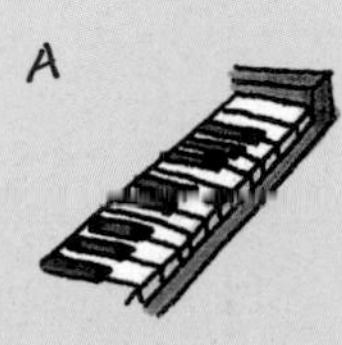
B

C

D

E

F

¿Cuáles son sus opiniones de las actividades? (1–7)
What is their opinion of the activities?

Ejemplo: 1 – *le gusta tocar el piano /divertido*

me gusta	*I like*	le gusta	*he/she likes*

Rellena los espacios con los verbos en el presente o los infinitivos.
Fill in the blanks with verbs in the present tense or in the infinitive.

En mi tiempo libre me gusta hacer muchas cosas. Los sábados siempre ______ al cine con mi hermano o ______ en la discoteca. ¡Me gusta ______ en la discoteca porque hay muchas chicas guapas allí! Los domingos prefiero ______ una novela o ______ música.

Gramática

*You already know that to say '**I play** with the computer' you use the present tense:* **Juego** con el ordenador.

However, to give your opinion of an activity, you use the infinitive: Me gusta **jugar** con el ordenador. *(I like **to play** with the computer.)*

Present tense (I ...)	***Infinitive (to ...)***
bailo	bailar
escucho	escuchar
voy	ir
juego	jugar
leo	leer
toco	tocar
veo	ver
practico	practicar
hago	hacer

Use the infinitive with **me gusta .../me encanta ... /prefiero .../odio ...**

Para saber más → página 172, 7.1

Juego al Me gusta jugar al	fútbol tenis/tenis de mesa baloncesto rugby hockey squash		todos los días. cada día. cada semana. cada mes. los sábados/domingos. dos/tres veces a la semana. de vez en cuando.		
Practico/Hago Me gusta practicar/hacer	boxeo natación	gimnasia atletismo	equitación vela	monopatín patinaje	deporte ciclismo

Identifica los deportes que practica cada persona.
Identify the sports each person does.

Prepara una presentación sobre tu tiempo libre.
Prepare a presentation about your free time.

En mi tiempo libre me gusta …
Los sábados …

¡OJO!

Remember to use time indicators and words such as **pero, también, sin embargo** *to make your presentations and writing more interesting and to gain more marks.*

You could also use some of the following expressions:

(No) soy muy deportista.	*I am (not) very sporty.*
(No) me gustan mucho los deportes.	*I (don't) like sports very much.*
Hago muchos deportes.	*I do a lot of sports.*
Mi deporte preferido es (el fútbol).	*My favourite sport is (football).*

Escribe la presentación.
Write up the presentation.

Lee el mensaje electrónico y toma apuntes en inglés. Después escribe una respuesta.
Read the text and make notes in English. Then write a reply.

Fichero Edición Inserción Formato Instrumentos Mensaje

¡Hola! ¿Cómo estás? Estoy muy bien y muy contenta porque estoy de vacaciones. Mi deporte preferido es el tenis y aquí en Valencia todos los días juego al tenis con mis amigas. ¡Es genial! Mi hermanastro juega al tenis de mesa con sus amigos pero a mí no me gusta jugar al tenis de mesa – es aburrido. ¿Qué deportes practicas? ¿Cuál es tu deporte preferido? ¿Qué te gusta hacer en tu tiempo libre?

Un abrazo,
María Victoria

1a Escucha la conversación y escoge la respuesta correcta.

Listen to the conversation and choose the correct answer.

1 Mateo invita a Elena a ir al cine **el domingo/el sábado/mañana**.
2 Elena **no acepta/acepta** la invitación.
3 Van a ir a las **siete y media/siete y cuarto/siete y diez**.
4 Quedan **delante de/al lado de/enfrente** de la entrada.

¿Dónde quedamos?

En	el cine.	
Delante	del	cine.
Enfrente		café.
Detrás	de la	parada de autobuses.
Al lado		entrada.
		taquilla.
		estación de trenes.
En mi casa.		

1b Escucha las conversaciones y copia y completa la tabla. (1–5)

Listen to the conversations and complete the table.

	¿Actividad?	¿Cuándo?	¿A qué hora?	¿Dónde?
1	discoteca	sábado	10	enfrente de la parada de autobuses

1c Ahora practica las conversaciones de 1b con tu compañero/a.

*Now practise the conversations from **1b** with your partner.*

Ejemplo:

1

- ¿Quieres ir a la discoteca?
- ¿Cuándo?
- El sábado.
- Buena idea. ¿A qué hora?
- A las diez.
- Vale. ¿Dónde quedamos?
- Enfrente de la parada de autobuses.

Escucha la conversación y completa los espacios.
Listen to the conversation and fill in the blanks.

- Buenas tardes.
- ______ entradas para Parque Jurásico III, por favor.
- ¿Para qué sesión?
- Para la sesión de las ______.
- Vale.
- ¿Cuánto es?
- ______.
- ¿Hay un descuento para estudiantes?
- Sí, si tiene su carnet de estudiante son ______.
- Aquí tiene. ¿A qué hora termina la película?
- A las ______ y media.

Túrnate con tu compañero/a. Practica las conversaciones.
Work with your partner. Practise the conversations.

1
4 entradas
Gladiator
7.30
€16 (estudiante €14)

2
3 entradas
Monsters, Inc
9.00
€12 (estudiante €10)

3
5 entradas
Star Wars
6.30
€18 (estudiante €15)

Contesta a las preguntas en inglés.
Answer the questions in English.

Cine Albatros

Las películas se proyectan a las 17.30, 20.00 y las 23.00.
Los viernes y sábados la sesión de madrugada es a la 1.00.

Días laborables €4,50 y €3,50 con carnet de estudiante, día del espectador, lunes €3,50

1 *How many showings of the films are there per day?*
2 *On which two days is there a showing at one o'clock in the morning?*
3 *How much does a ticket cost on weekdays, if you are a student?*
4 *On which day do they have a special cheap price?*

1 Una cita

Making a date

Lee las reacciones a una invitación. ¿Son positivas (P) o negativas (N)?

Identifica la invitación ¿Aceptan (✓) o rehusan (✗) las invitaciones? (1–5)

Ejemplo: 1 – *polideportivo*, ✓

Túrnate con tu compañero/a.

- *Invite your partner to a football match/party/disco.*
- *Accept the invitation and ask at what time.*
- *Suggest a meeting time.*
- *Ask where to meet.*
- *Suggest a meeting place.*
- *Agree the arrangement and say goodbye.*

Escribe tu reacción a cada invitación.

1 ¿Te gustaría ir a un partido de fútbol?
2 ¿Quieres ver una película romántica?
3 ¿Te apetece ir a un concierto de jazz?
4 ¿Te gustaría ir al cine?
5 ¿Quieres ir al parque temático?

2a Lee los recados y toma apuntes breves en inglés.

Ejemplo: **A** *Alfredo – Invitation to a football match. Starts at 6pm. Call him this evening on 22 38 71.*

A

Te llamó Alfredo ¿Quieres ir a un partido? Empieza a las seis. Llámalo esta tarde al 93 22 38 710.

B

Te llamó Susana. Necesita información sobre el concierto el sábado. ¿dónde está? ¿a qué hora empieza?

C

Te llamó Ana. Estás invitado a una fiesta a las nueve el viernes.

D

Te llamó Pili. ¿Tienes las entradas para el teatro? Llámala entre las 4 y 7.

E

Te llamó Rafa. No puede ir al parque esta tarde porque tiene mucho trabajo.

2b ¿Quién dejó cada mensaje en el contestador automático? (1–5)

Ejemplo: **1** – *Ana*

2c Inventa un recado para cada situación con tu compañero/a.

Ejemplo: **A** – *Hola, soy Daniel. Te llamo para saber si quieres ir al cine a las siete. Llámame al 987 28 76 45.*

A

7.00

987 28 76 45

B

3.00

987 41 90 02

C

2.30

987 22 45 61

D

8.30

987 30 14 08

2d Ahora escribe los mensajes en **2c**.

2 Las estrellas hispanohablantes

Spanish-speaking stars

Lee el artículo y escoge las repuestas correctas.

Shakira – una estrella colombiana

Shakira nació el 2 de febrero de 1977 en Barranquilla, Colombia. Su padre es libanés y su madre es colombiana. Cuando era joven, Shakira impresionó sus padres con su gran creatividad. Con apenas 8 años compuso su primera canción "Tus Gafas Oscuras" que dedicó a su padre. Grabó su primer disco "Magia" cuando tenía sólo 14 años. Shakira también es actriz – actuó en la telenovela colombiana "El Oasis".

Ahora su popularidad ha llegado a los Estados Unidos y a Europa también. Su nuevo álbum "Servicio de Lavandería" (Laundry Service) vendió 202.000 copias en la primera semana en las tiendas de discos estadounidenses. Este álbum tiene canciones en inglés y una mezcla de música latina y música rock.

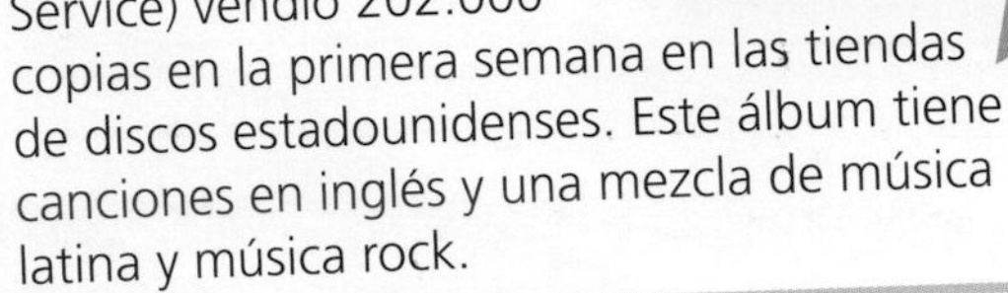

1 Shakira es …
   - **a** estadounidense
   - **b** colombiana
   - **c** inglesa.

2 Escribió su primera canción cuando tenía …
   - **a** 14 años
   - **b** 22 años
   - **c** 8 años.

3 Su nuevo álbum se llama …
   - **a** Servicio de Lavandería
   - **b** El Oasis
   - **c** Rock.

4 Shakira escribe canciones en …
   - **a** español e inglés
   - **b** inglés y francés
   - **c** español y árabe.

5 Su nuevo disco vendió 202.000 copias …
   - **a** en la primera semana
   - **b** en el primer mes
   - **c** en dos días.

Rellena los espacios en estas frases sobre Shakira. ¡Ojo! Sobran palabras.

Shakira es una cantante ________. Nació en ________ en 1977. Siempre ha sido muy ________ y escribió su primera ________ cuando tenía ocho ________. Shakira es famosa también en la ________ colombiana. Actuó en una ________ que se llama "El Oasis". Ahora Shakira es muy ________ en los Estados Unidos y en Europa.

colombiana telenovela televisión popular canción Barranquilla creativa inglesa años los Estados Unidos

¿A quién admiran y por qué? (1–6)

Ejemplo: **1** – *John Lennon, honesto*

Lee el texto y busca el español para las frases de abajo.

Los lectores hablan *¿A quién admiras?*

1 Margarita, Burgos

Yo admiro a Cristina Aguilera. Es joven, tiene un carisma inmenso y una voz muy grande. Me gustan, sobretodo, sus canciones "We're a Miracle", que fue incluida en la banda sonora de Pokémon, y "Don't Make Me Love You" que fue incluida en la película de Madonna "Next Best Thing".

Canta en inglés pero grabó un disco en español titulado "Mi Reflejo". Viaja por todo el mundo: Estados Unidos, Japón, Sudamérica.

Se prepara para presentar su propia línea de zapatos y cosméticos.

2 Antonio, Segovia

La persona a quien más admiro es Luís Enrique Martínez. Es futbolista. Jugó para El Real Madrid entre 1991 y 1996 y luego fue a Barcelona. Ha sido seleccionado muchas veces para el equipo nacional y ha ganado muchas copas. Ganó una medalla de oro en los Juegos Olímpicos de Barcelona.

3 Bea, Salou

La persona a quien más admiro es Ricky Martín. Es cantante. Nació en Puerto Rico en 1971. A la edad de seis años apareció en anuncios en la televisión. Fue seleccionado para el grupo "Menudo" a los doce años. Con su primer álbum obtuvo ocho discos de oro en México, Chile, Argentina, Puerto Rico y Estados Unidos. Después en Los Ángeles se tranformó en la telenovela "General Hospital". Es una superestrella y le amo.

1. **a** *the soundtrack of Pokémon*
   b *she sings in English*
   c *she travels around the world*
2. **a** *he has been selected many times for the national team*
   b *he won a gold medal*
3. **a** *he appeared on television adverts*
   b *he got eight gold disks in ...*
   c *he's a superstar and I love him*

2c Contesta a las preguntas.

1. ¿Cuántos idiomas habla Cristina Aguilera?
2. ¿Cómo se llama la canción incluida en la película de Madonna?
3. ¿Qué ganó Luis Enrique Martínez en los Juegos Olímpicos de Barcelona?
4. ¿Cuándo jugó para El Real Madrid?
5. ¿Dónde nació Ricky Martín?
6. ¿Cuántos discos de oro obtuvo con su primer álbum?

¡OJO!

Remember not to panic when faced with long texts and questions in Spanish! Knowing your question words will help (see page 169). Also, remember that each question includes a verb, which usually comes soon after the question word, which you use to start your answer.

¿Cuántos idiomas **habla** Cristina Aguilera?
Answer: **Habla** dos idiomas.

question word which means "How many"
verb which you need for your answer

Prepara una descripción sobre una persona hispánica famosa.

- ¿Qué hace? ● ¿Por qué es famoso/a?
- ¿Cómo es? (sus características)
- ¿Por qué lo/la admiras?

Luis Miguel · Penélope Cruz · Jennifer López · Raúl

Encuentra información sobre una estrella hispanohablante y prepara una presentación sobre él/ella.

3 ¿Cómo fue?

Saying what you thought of a film or event

Lee las reacciones. ¿Son ☺, ☹ o 😐?

¡Fue emocionante! | Lo pasé muy mal. | No estuvo mal.

¡Fue muy aburrido! | ¡Fue superfantástico! | ¡Fue fenomenal!

¡Qué desastre! | Lo pasé bomba. | Fue bastante bien. | Fue regular.

Escucha las opiniones de la gente. Copia y completa la tabla. (1–6)

	¿Actividad?	☺	☹	😐	Información extra
1	película			✓	Tom Cruise es bueno.

Haz un diálogo con tu compañero/a.

Ejemplo: 1– ¿Cómo fue el partido de fútbol? — ¡Fue fenomenal!

1

2
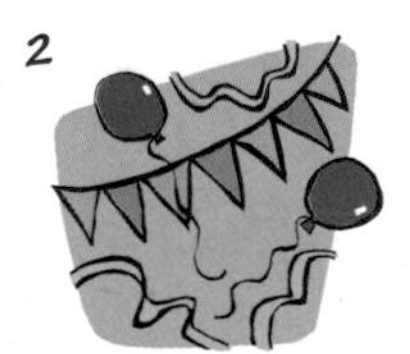
3

4

5

Empareja las actividades con las frases correctas. ¿Puedes traducir las frases al inglés?

A

B

C

D

E

1 Fui al cine con mis padres.
2 Mis amigos y yo fuimos a un partido de fútbol.
3 Jugué al tenis por la tarde.
4 Escuché música en mi dormitorio.
5 Leí una revista de automóviles.

Gramática

If you need to revise the preterite tense, see page 41.

Para saber más → página 174, 7.6

Lee el texto y contesta a las preguntas.

1 ¿Qué hizo Jorge ayer?
2 ¿Con quién fue?
3 ¿Qué opinó del concierto?
4 ¿Qué hicieron después?
5 ¿Qué van a hacer mañana?

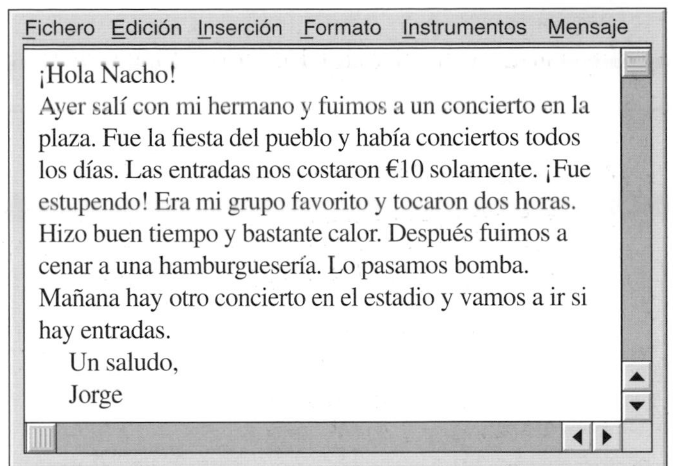

Fichero Edición Inserción Formato Instrumentos Mensaje

¡Hola Nacho!
Ayer salí con mi hermano y fuimos a un concierto en la plaza. Fue la fiesta del pueblo y había conciertos todos los días. Las entradas nos costaron €10 solamente. ¡Fue estupendo! Era mi grupo favorito y tocaron dos horas. Hizo buen tiempo y bastante calor. Después fuimos a cenar a una hamburguesería. Lo pasamos bomba. Mañana hay otro concierto en el estadio y vamos a ir si hay entradas.

Un saludo,
Jorge

Usa el modelo para escribir una descripción de un espectáculo. Tienes que incluir:

- ¿Adónde fuiste?
- ¿Cuándo?
- ¿Con quién fuiste?
- ¿Qué hiciste?
- ¿Qué tal fue?

¿Adónde fuiste? *(Where did you go?)*

Fui a … *(Include an adjective, e.g.* una fiesta **estupenda**.*)*

¿Cuándo? *(When?)*

Fui el lunes/ayer/la semana pasada.

¿Con quién fuiste? *(Who did you go with?)*

Fui con … *(Contrast this with something else:* pero **normalmente** voy con …)

¿Qué hiciste? *(What did you do?)*

Bailamos …/Comimos …/Escuchamos …/Vimos … etc. *(Use quantifiers:* **bastante/mucho/nunca**)

¿Qué tal fue? *(What was it like?)*

(No) me gustó porque …
(Include details specific to your event: … la música era muy aburrida y el cantante no bailaba ni hacía nada interesante.)

¡OJO!

The above e-mail is very good as a model piece of GCSE Standard Grade written work as it includes:

✓ *Opinions*
Fue estupendo./Lo pasamos bomba.

✓ *A range of tenses:*
Preterite past tense (completed actions) e.g. fuimos/costaron, etc.
Imperfect past tense (descriptions/repeated actions) e.g. era/había
Present tense, e.g. hay
Future tense, e.g. vamos a ir

Vocabulario

Los pasatiempos	Hobbies
¿Qué haces en tu tiempo libre?	*What do you do in your spare time?*
Bailo en la discoteca.	*I dance in the nightclub.*
Escucho música.	*I listen to music.*
Toco el piano.	*I play the piano.*
Veo la televisión.	*I watch TV.*
Voy al cine.	*I go to the cinema.*
Juego con el ordenador.	*I play on the computer.*
Leo.	*I read.*
Me gusta (tocar el piano).	*I like (playing the piano).*
Me encanta (bailar).	*I love (dancing).*
No me gusta (jugar con el ordenador) ...	*I don't like (playing on the computer) ...*
porque es aburrido.	*because it is boring.*
Prefiero (ir al cine) ...	*I prefer (going to the cinema) ...*
porque es divertido/genial.	*because it is funny/brilliant.*

Los deportes	Sports
¿Qué deportes practicas?	*What sports do you do?*
¿Cuál es tu deporte preferido?	*What is your favourite sport?*
Mi deporte preferido es ...	*My favourite sport is ...*
(No) soy muy deportista.	*I am (not) very sporty.*
(No) me gustan mucho los deportes.	*I don't like sports very much.*
Hago muchos deportes.	*I do a lot of sports.*
Juego al ...	*I play ...*
... fútbol.	*... football.*
... tenis/tenis de mesa.	*... tennis /table tennis.*
... baloncesto.	*... basketball.*
... rugby.	*... rugby.*
... hockey.	*... hockey.*
... squash.	*... squash.*
Practico/Hago ...	*I do ...*
Me gusta practicar/hacer ...	*I like doing ...*
... boxeo.	*... boxing.*
... natación.	*... swimming.*
... gimnasia.	*... gymnastics.*
... atletismo.	*... athletics.*
... equitación.	*... horseriding.*
... vela.	*... sailing.*
... monopatín.	*... rollerblading.*
... patinaje.	*... ice-skating.*
... ciclismo.	*... cycling.*
... deporte.	*... sport.*
todos los días	*every day*
cada día/semana/mes	*every day/week/month*
los sábados/domingos	*Saturdays/Sundays*
dos/tres veces a la semana	*two/three times a week*
de vez en cuando	*from time to time*

El cine	Cinema
¿Quieres ir al cine el sábado?	*Do you want to go to the cinema on Saturday?*
¿Cuándo quieres ir?	*When do you want to go?*
¿A qué hora?	*At what time?*
¿Dónde quedamos?	*Where shall we meet?*
en (el cine)	*at (the cinema)*
delante	*in front of*
enfrente	*opposite*
detrás	*behind*
al lado	*next to*
del café	*the café*
de la taquilla	*the ticket office*
de la entrada	*the entrance*
de la parada de autobuses	*the bus stop*
Dos entradas para ...	*Two tickets for ...*
¿Para qué sesión?	*For which showing?*
Para la sesión (de madrugada).	*For the (late) showing.*
¿Hay un descuento para estudiantes?	*Do you have a student discount?*
¿A qué hora termina la película?	*What time does the film end?*
A las ocho.	*At 8 o'clock.*

Dejar un recado	Leaving a message
Te llamó Alfredo.	*Alfredo called you.*
¿Quieres ir a un partido?	*Do you want to go to a football match?*
Empieza a las ...	*It starts at ...*
Estás invitado/a a ...	*You are invited to ...*
Lo siento.	*I'm sorry.*
Llámalo/a entre (las 4 y 7)	*Call him/her between (4 and 7).*
Soy Daniel.	*It's Daniel.*
Te llamó para saber si ...	*I am calling to find out if ...*
una entrada	*ticket*
el contestador automático	*answering machine*

Una cita	A date
¿Vienes a la fiesta?	*Are you coming to the party?*
¿Quieres venir a la discoteca?	*Do you want to come to the nightclub?*
¿Te gustaría ...?	*Would you like to ...?*
¿Te apetece ...?	*Do you feel like ...?*
Me encantaría venir.	*I would love to come.*
¡Ay, qué bueno!	*Wow, that's great!*
Buena idea.	*Good idea.*
Claro que sí.	*Of course.*
Tengo muchos deberes.	*I have a lot of homework.*
No tengo dinero.	*I don't have any money.*
No me gusta nada.	*I don't like that at all.*
El problema es que ...	*The problem is that ...*

Las estrellas	Famous people
Nació ...	*He/She was born ...*
Cuando era joven ...	*When he/she was young ...*
Admiro a ...	*I admire ...*
La persona a quien más admiro es ...	*The person I admire most is ...*
¿Por qué lo/la admiras?	*Why do you admire him/her?*
¿Qué hace?	*What does he/she do?*
¿Por qué es famoso/a?	*Why is he/she famous?*
¿Cómo es?	*What is he/she like?*
¿Cómo fue (el partido)?	*What was (the match) like?*

Opiniones	Opinions
¡Fue superfantástico!	*It was brilliant!*
¡Lo pasé bomba!	*I had a great time!*
¡Fue emocionante!	*It was exciting!*
Fue regular.	*It was OK.*
¡Fue fatal!	*It was awful!*
¡Qué desastre!	*What a disaster!*
¡Fue muy aburrido!	*It was very boring.*
Lo pasé muy mal.	*I had a bad time.*
No estuvo mal.	*It wasn't bad.*
Fue bastante bien.	*It was quite good.*

¿Qué hiciste?	What did you do?
Fui a ...	*I went to ...*
Fuimos a ...	*We went to ...*
Bailé mucho.	*I danced a lot.*
Jugué al ...	*I played ...*
Escuché música.	*I listened to music.*
Leí una revista de moda.	*I read a fashion magazine.*
Salí con ...	*I went out with ...*
Las entradas nos costaron €10.	*The tickets cost us €10.*
Hizo buen tiempo.	*The weather was nice.*
Lo pasamos bomba.	*We had a great time.*
Fui el lunes/ayer/la semana pasada.	*I went on Monday/ yesterday/last week.*
Fui con ...	*I went with ...*
Bailamos./Comimos.	*We danced/ate.*
Escuchamos .../Vimos ...	*We listened to .../saw ...*
(No) me gustó porque ...	*I (didn't) like it because ...*

Hablar

Conversación Use plenty of adjectives in expressions such as *lo bueno es que, lo malo es que, lo importante* ... and make sure you include a range of tenses whenever possible.

Juego de rol Module 7 is full of transactional situations, i.e. shopping for presents, food, clothes, etc. and these are very popular role-play scenarios. If you cannot say exactly what is on the role-play card but can say the same thing in a different way, do so, as you are marked for communication only and will still get marks for everything you say correctly.

Presentación Try to use a good range of vocabulary and structures, e.g. *me encanta ir de compras/no me gusta mucho hacer las compras* and remember to back up all you say with a reason, however daft it sounds! It's the quality of your Spanish that you get marked on!

De compras

Conversación
Ir de compras

- ¿Te gusta ir de compras? ¿Por qué?
- ¿Cómo son las tiendas donde vives?
- ¿Cuál es tu tienda favorita?
- ¿Qué te gustan más, los grandes almacenes o las tiendas pequeñas?
- ¿Vas a ir de compras este fin de semana? ¿Adónde vas a ir?
- ¿Qué compraste para el cumpleaños de tu madre/padre/amigo/amiga?

Juego de rol 1
You are shopping in Spain.

- Buenos días. ¿Qué desea?
- ¿De qué talla?
- Aquí está.
- Lo siento. Sólo la tenemos en negro o rojo.

- *Say you would like to buy a T-shirt.*
- *Say 38.*
- *Say you don't like the colour.*
- *Say you'll take the red one and ask how much it costs.*

Juego de rol 2
You are at the information desk at El Corte Inglés.

- ¿En qué puedo servirle?
- ¡Ah sí!
- Está en la planta baja.
- Sí, esta semana hay rebajas.
- Está aquí mismo.

- *Say hello, you want to buy a present for your sister.*
- *Ask where the gifts department is.*
- *Ask if there is a special offer.*
- *Ask where the lift is.*

Juego de rol 3
You are at a market in Spain.

- ¿Qué desea, señor/señorita?
- Sí, ¿algo más?
- Muy bien.
- 3 euros.

- *Say good morning. Ask for two kilos of apples.*
- *Say yes, ½ a kilo of oranges.*
- *Ask the price.*
- *Say thank you, goodbye.*

De juerga

Conversación 1
Tus ratos libres

- ¿Qué te gusta hacer en tu tiempo libre?
- ¿Te gusta ir al cine, ir a la discoteca o escuchar música?
- ¿Te gustan los deportes?
- ¿Cuál es tu equipo de fútbol favorito?
- ¿Qué haces en el verano cuando hace buen tiempo?
- ¿Qué hiciste durante el fin de semana pasado?
- ¿Qué vas a hacer el sábado por la tarde?

Conversación 2
Las estrellas

- ¿Quién es tu deportista/cantante favorito?
- ¿Por qué te gusta?
- ¿Cómo es su personalidad?
- ¿Piensas que es un buen modelo para los jóvenes? ¿Por qué sí/no?
- ¿Quién es la persona que más admiras en el mundo y por qué?

Juego de rol 1
You are at the cinema ticket office in Spain.

- Si, ¿qué quiere?
- ¿Para cuándo?
- Muy bien.¿Cuántos quiere?
- Vale, aquí tiene.

- *Say what type of film you want to see.*
- *Say for when.*
- *Say how many tickets you want.*
- *Ask at what time it starts.*

Juego de rol 2
You and a Spanish friend are talking about an advertisement for a Kylie Minogue concert.

- ¡Qué emocionante!
- ¿Viernes por la tarde?
- Vale, ¿dónde quedamos?
- Estupendo, ¿a qué hora termina?

- *Ask your friend if he/she wants to go to the concert with you.*
- *Say you prefer to go on Saturday.*
- *Say where you want to meet.*
- *Say it finishes at 11 o'clock.*

Presentación
Prepare a two-minute presentation on one of the following:
- *a concert or sporting event you went to or saw (e.g. on television)*
- *what you like to do at the weekends.*

Yo

Repasa

Revision of personal descriptions

1a Empareja el español con el inglés.
Match up the Spanish with the English.

simpático/a
serio/a
inteligente
estúpido/a
gracioso/a
guapo/a
feo/a
ambicioso/a
trabajador(a)
tímido/a

stupid
shy
hard-working
serious
ugly
ambitious
good-looking
intelligent
funny
nice

1b Escucha las descripciones. ¿Cómo son las personas? (1–5)
Listen to the descriptions. What are the people like?

¡OJO!

Remember that adjectives must agree with the noun they are describing. So when describing people, adjectives change their endings depending on whether they are describing a boy or a girl or if there is more than one person. Look at the table below as a reminder. For more information, see page 167.

Singular		***Plural***	
Masc.	**Fem.**	**Masc.**	**Fem.**
guapo	guapa	guapos	guapas
feo	fea	feos	feas
inteligente	inteligente	inteligentes	inteligentes
trabajador	trabajadora	trabajadores	trabajadoras

Note that **inteligente** *and* **trabajador** *do not follow the usual pattern.*

1c Túrnate con tu compañero/a. Describe a tu familia y a tus amigos.
Work with your partner. Describe your family and friends.

- ¿Cómo es tu mejor amigo?
- Es …
- ¿Cómo es tu mejor amiga?
- Es …
- ¿Cómo son tus primos/hermanos/padres/abuelos?
- Son …
- ¿Cómo eres?
- Soy …

muy
bastante
pero
y

1d Escribe las descripciones de 1c.
Write the descriptions from **1c**.

2a Lee las frases. En tu opinión, ¿son verdaderas (✓) o falsas (✗)?
Read the sentences. In your opinion, are they true or false?

1 Antonio Banderas es más guapo que Brad Pitt.
2 Britney Spears es más guapa que Jennifer López.
3 Chris Eubank es más ambicioso que Lennox Lewis.
4 Mi profesor de inglés es más simpático que mi profesor de español.
5 Tony Blair es menos serio que la reina Isabel.
6 Westlife son menos graciosos que S Club 7.

2b ¿A quién prefieren? ¿Por qué? (1–6)
Who do they prefer? Why?

Ejemplo: 1 – *Profesor de español, más simpático*

2c Haz diálogos con tu compañero/a.
Make up dialogues with your partner.

Ejemplo:
- ¿**Prefieres a** Britney **o a** Penélope Cruz?
- **Prefiero a** Britney **porque es** más inteligente **que** Penélope Cruz.

1 Britney/Penélope Cruz
2 Michael Jackson/Brad Pitt
3 Tu profesor(a) de ciencias/tu profesor(a) de matemáticas

Gramática

Remember that to make a comparison in Spanish, you need the construction

más ... que ... *(more ... than ...)* or
menos ... que ... *(less ... than ...).*

The adjective is sandwiched in the middle and changes its ending to agree with the person being described.

Ejemplo: Britney Spears es **más** guap**a** que Madonna.

Para saber más → página 168, 3.3

2d Escribe unas comparaciones de dos profesores, dos estrellas de pop, dos actores, dos deportistas y dos miembros de tu familia.
Write comparisons between two teachers, two pop stars, two actors, two sports people and two members of your family.

Ejemplo: *¡Mi profesor de matemáticas es menos feo que mi profesor de religión!*

1 ¿Cómo eres?

Describing personality

1a Identifica si los adjetivos son positivos o negativos. Haz dos listas. Escribe el inglés con la ayuda de un diccionario.

Positivo	Negativo
activo/a – active	agresivo/a – aggressive

activo/a	antipático/a	comprensivo/a	generoso/a	nervioso/a	sensible
agradable	amable	cruel	hablador(a)	perezoso/a	serio/a
agresivo/a	cariñoso/a	desagradable	honesto/a	popular	sincero/a
alegre	celoso/a	egoísta	leal	responsable	tonto/a
		extrovertido/a	maleducado/a		

1b Pablo describe a seis miembros de su familia. Apunta los adjetivos.

Ejemplo: *Paco – hablador, simpático, alegre, tonto*

1c Escoge un profesor. Haz una descripción y tu compañero/a tiene que adivinar quién es.

- Es activo, alegre, simpático y gracioso.
- ¿Es el señor Butler, profesor de historia?
- ¡No!
- ¿Es el señor Reeves, el profesor de educación física?
- Sí, correcto.

¡OJO!

Many adjectives in Spanish are similar to or even the same as the English (e.g. activo, agresivo, cruel, popular). *However, there are some words which you need to learn, as they may trick you. They are called 'false friends':*

Simpático *does not mean sympathetic but* ***nice.***

Sensible *does not mean sensible but* ***sensitive.***

Gracioso *does not mean gracious but* ***funny.***

1d Completa las siguientes frases con tus características.

En general soy ...
Creo que soy bastante ... pero un poco ...
Soy siempre ...
De vez en cuando soy ...
No soy nunca ...
Mi defecto más importante es que soy ...

2a Lee las descripciones de una revista. Contesta a las preguntas.

Me llamo Tita y mi mejor amiga se llama Ángela y es muy simpática. Para mí un buen amigo debe ser honesto, leal y sensible y Ángela tiene todas esas cualidades. Siempre es graciosa pero nunca es tonta. Tiene un buen sentido del humor y le gusta hablar mucho.

Me llamo Guillermo y mi mejor amigo se llama Pedro. Es muy comprensivo y amable. No es nunca egoísta ni agresivo. Es muy extrovertido – ¡le gusta ir a fiestas y bailar mucho! Para mí un buen amigo debe ser generoso y honesto pero nunca cruel y Pedro es así.

1. ¿Cómo se llama la mejor amiga de Tita?
2. ¿Cómo se llama el mejor amigo de Guillermo?
3. Para Tita, ¿cuáles son las características de un buen amigo?
4. Para Guillermo, ¿cuáles son las características de un buen amigo?
5. ¿Cómo es Ángela?
6. ¿Cómo es Pedro?

2b Túrnate con tu compañero/a. Contesta a las preguntas.

- ¿Cómo se llama tu mejor amigo/a?
- Se llama …
- ¿Cómo es?
- Es …
- ¿Cuáles son las características de un buen amigo?
- Un buen amigo debe ser …

2c Escribe una descripción de tu mejor amigo/a.

3a Lee los anuncios a la derecha. ¿A quién prefieres?

Prefiero al/a la número 1 porque es … , tiene …

3b Escribe un anuncio para ti y para tu amigo/a.

1 **Chico de 17 años** muy guapo y muy inteligente. Soy de talla media con los ojos azules. Busco a una amiga de 16 a 18 años con buen sentido del humor. Me gusta salir y pasármelo bien.

2 **Chica, 16:** busco a un chico de mi edad para salir juntos. Soy seria y trabajadora pero soy simpática. Busco a un chico sincero y paciente. No me importa tanto el aspecto físico. Es lo que hay dentro lo que cuenta. Escríbeme. Prometo contestar.

3 **Chico de 18 años**, sensible y abierto, busca a una amiga con carácter similar. Escríbeme, por favor.

4 **Chica de 17 años:** egoísta a veces pero generosa. Extrovertida, me gusta salir y bailar. Busco a un chico que también quiera salir y pasárselo bien.

2 Problemas

Describing problems at home and at school

Lee la carta y encuentra el español para estas frases.

a *I don't get on well with my parents.*
b *I have to study too much.*
c *I don't have any time to relax.*
d *My parents do not let me go out during the week.*
e *I don't know what to do.*
f *Can you help me?*

lo único que hago es ...
the only thing I do is...
he hablado con ...
I have spoken to ...
me quedan 3 años
I still have 3 more years to go
en vez de
instead of

Tía Dolores

Querida Tía Dolores:
Estoy estresado porque no me llevo bien con mis padres y tengo que estudiar demasiado. Yo sé que para ir a la universidad tengo que estudiar, pero lo único que hago es estudiar. Todas las tardes hago mis deberes, todos los fines de semana estoy en casa trabajando. No tengo tiempo para relajarme. Para tener un buen trabajo necesito estudiar después del colegio, pero también tengo ganas de salir. Mis padres no me dejan salir durante la semana y los fines de semana tengo que volver pronto. No tengo novia y muy pocos amigos. Cuando estoy triste no puedo estudiar.

He hablado con mis padres pero ellos dicen que puedo tener una novia cuando vaya a la universidad. Pero sólo tengo 16 años y me quedan tres años. Cuando veo la televisión me critican y cuando hago deporte después de clase, piensan que debo estudiar en vez de jugar al baloncesto.

No sé qué hacer. Soy hijo único y no tengo ni hermanos con quien hablar.

¿Me puede ayudar?

Pablo

Contesta a las preguntas en inglés.

1 *Why is Pablo stressed?*
2 *What does he do every afternoon?*
3 *What does he need to do to get a good job?*
4 *Does he have a girlfriend?*
5 *When should he have a girlfriend according to his parents?*
6 *Why can't he talk to his brothers or sisters about his problem?*

Escribe una respuesta a Pablo. Escoge tres frases apropiadas.

Querido Pablo,

. . .

- Eres demasiado joven para tener una novia.
- Creo que debes pensar en el futuro.
- En mi opinión, debes tratar de hablar con tus padres otra vez.
- Pienso que debes decirles a tus padres que no eres un niño.
- La situación es muy seria – debes ir a la casa de un amigo inmediatamente.
- Debes tener más confianza en ti y ser más sociable.

Escucha los problemas de estos tres jóvenes y escoge la imagen correcta. ¿Puedes apuntar información extra?

A

B

C

Escribe una carta a Tía Dolores.

Querida Tía Dolores:
Tengo un problema muy grande ...
No sé qué hacer. ¿Me puede ayudar?

No me llevo bien con (mis padres)		no me dejan salir. no me entienden.
Estoy estresado/a	porque	soy gordo/a. no tengo muchos amigos. no tengo novio/novia.
		tengo que estudiar demasiado. tengo muchos deberes. no tengo dinero.

3 La dependencia

Discussing the dangers of drug dependency

Lee las opiniones de los jóvenes. ¿Están a favor de, en contra de o sólo toleran fumar?

Ejemplo: *Manuel está en contra de fumar.*

¿Quién habla? (1–8)

Ejemplo: 1 – *Josefa*

dañino	*harmful*
el olor	*smell*
el aliento	*breath*
el pulmón	*lung*
los demás	*others*

Hablar 1c **Haz una encuesta para saber si los miembros de tu clase están a favor o en contra de fumar y por qué.**

- ¿Estás a favor o en contra de fumar?
- ¿Por qué?

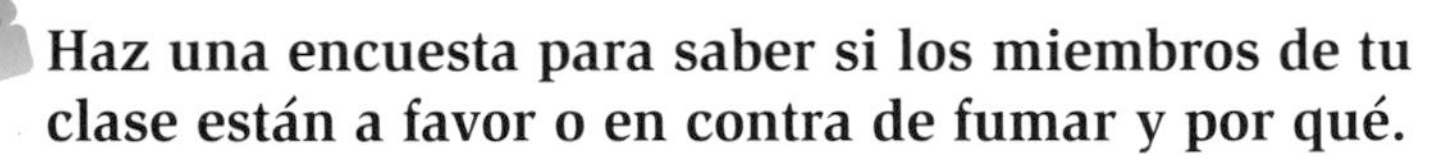

Nombre	En contra	A favor	Por qué
Kate	✓		cáncer
Alex		✓	me gusta

Escribe un artículo sobre el fumar.

- ¿Por qué fuman muchos jóvenes?
- Menciona tres problemas asociados con fumar.
- Da tu opinión sobre el fumar.

Lee este artículo sobre la droga. Contesta a las preguntas en inglés.

¿Qué es una droga?

Las drogas se dividen entre las que son socialmente aceptadas: té, café, chocolate, algunas bebidas gaseosas, tabaco, alcohol, todos los medicamentos como aspirinas, etc. y las que son ilegales: marihuana, cocaína, heroína, LSD, *éxtasis*, etc. También hay productos fabricados para una cosa y utilizados para otra: pegamentos, solventes, etc.

Las drogas son un problema enorme en España como en todos los países. La droga más peligrosa es el alcohol *(El País, 18-6-2000)*. Es la droga que más muertes causa y la más tolerada por los padres. Provoca accidentes, peleas, robos y daños a propiedades públicas.

Retrato robot de un joven español que consume drogas (legales o ilegales):

- Se toma la primera copa a los 14 años y medio.
- A los 16 prueba un porro.
- LSD y anfetaminas llegan un año más tarde.
- El *éxtasis* a los 18 y la cocaína a los 18 y medio.

1 *Name three drugs which are socially acceptable, according to the article.*
2 *Name three illegal drugs which are mentioned in the article.*
3 *Which is the most dangerous drug in Spain?*
4 *What can be the consequences of alcohol? (Name two.)*
5 *At what age would a Spanish youngster who takes drugs try a joint?*
6 *When would this young person try cocaine?*

se dividen entre	*are divided into*
bebidas gaseosas	*fizzy drinks*
pegamentos, solventes	*glues*
muertes	*deaths*
peleas	*fights*
daño	*damage*
propiedades públicas	*public property*
retrato robot	*profile*
prueba un porro	*he/she tries a joint*

Diseña un póster para prevenir a los jóvenes contra las drogas.

Tomar drogas es Tomar drogas no es	peligroso. tonto y no se saben los efectos. una dependencia seria. una pérdida de dinero. una pérdida de tiempo. bueno para escaparse del estrés de la vida. una manera de prolongar la noche y bailar mucho.

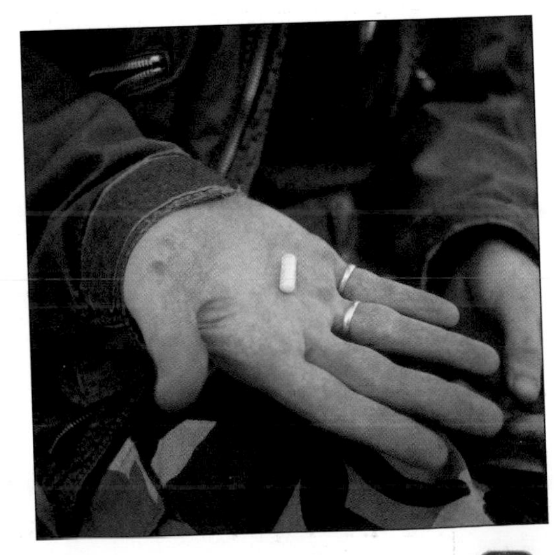

4 La calidad de vida

Talking about environmental issues

Empareja las imágenes con las frases correctas.

A

B

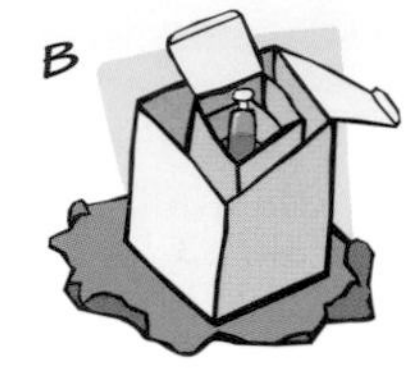

C

D

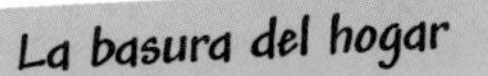

La basura del hogar

La polución ambiental

La contaminación acústica

El desperdicio de energía

Lee los consejos sobre la protección del medio ambiente. Escucha y escribe la letra correcta. (1–6)

A Se debe reciclar botellas y papel.

B Se debe duchar en vez de tomar un baño.

C Se debe usar menos el coche.

D Se debe apagar las luces.

E Se debe comprar productos verdes.

F Se debe hacerse miembro de un grupo ecologista y protestar.

Túrnate con tu compañero/a. Contesta a la pregunta.

- ¿Qué haces tú para mejorar el medio ambiente?

Lee el mensaje electrónico y escribe una respuesta.

Fichero Edición Inserción Formato Instrumentos Mensaje

¡Hola! Soy miembro de un grupo ecológico y me gusta protestar. Hay varios problemas con el medio ambiente en mi región, pero lo peor es la contaminación porque vivo en una ciudad grande. Hay tantos coches y nadie va en bicicleta y muy pocos toman el autobús. Creo que es muy importante proteger al medio ambiente porque nuestro mundo es único. Yo siempre reciclo botellas y papel y me gusta comprar productos verdes. ¿Eres miembro de un grupo ecologista? ¿Qué haces para proteger al medio ambiente? ¿Crees que es importante?

Un abrazo,

Paco

Gramática

In Spanish, you use **se debe** *to say 'you must' or 'you should'. This is always followed by a verb in the infinitive (ending in* **-ar, -er** *or* **-ir***).*

Ejemplo: Se debe reciclar botellas y papel. *You should recycle bottles and paper.*

Lee y haz la encuesta de una revista española. ¿Haces lo que debes para proteger al medio ambiente?

El medio ambiente es tuyo – ¡Cuídalo!

Haz la encuesta siguiente para saber si eres una persona que sabe del medio ambiente y cómo protegerlo.

1 Cuando te levantas por la mañana …
- **a** tomas una ducha rápidamente
- **b** tomas un baño muy largo
- **c** te quedas en la cama con las luces encendidas durante media hora

2 Prefieres viajar …
- **a** en autobús
- **b** en bicicleta
- **c** en coche

3 Cuando vuelves del colegio …
- **a** escuchas música o ves la televisión
- **b** lees un libro
- **c** tomas un baño

4 ¿Eres miembro de un grupo ecologista?
- **a** Nunca
- **b** Desde hace un año o más
- **c** En el futuro……

5 ¿Reciclas mucho?
- **a** No, no tengo tiempo
- **b** Sí, reciclo latas, botellas y papel
- **c** Sólo reciclo latas en el colegio

Resultados

Pregunta	Puntos		
	a	**b**	**c**
1	2	1	0
2	1	2	0
3	1	2	0
4	0	2	1
5	0	2	1

Si tienes 0 – 4 puntos
Eres muy perezoso/a y egoísta. Debes hacer mucho más para proteger al medio ambiente.

Si tienes 5 – 9 puntos
Eres una persona buena pero un poco perezosa. No estás haciendo lo suficiente para proteger al medio ambiente. Puedes hacer mucho más en el futuro.

Si tienes 10 – 12 puntos
¡Felicitaciones! Eres una persona muy "verde" y debes sentirte orgulloso/a de lo que estás haciendo por el medio ambiente.

Vocabulario

Las cualidades	**Personal qualities**
¿Cómo es tu mejor amigo/a?	*What is your best friend like?*
Es ...	*He/She is ...*
¿Cómo eres?	*What are you like?*
Soy ...	*I am ...*
activo/a	*active*
agradable	*pleasant*
agresivo/a	*aggressive*
alegre	*happy*
amable	*nice*
ambicioso/a	*ambitious*
antipático/a	*unpleasant*
cariñoso/a	*affectionate*
celoso/a	*jealous*
comprensivo/a	*understanding*
cruel	*cruel*
desagradable	*not nice*
egoísta	*selfish*
estúpido/a	*stupid*
extrovertido/a	*extrovert, outgoing*
feo/a	*ugly*
generoso/a	*generous*
gracioso/a	*funny*
guapo/a	*good-looking*
inteligente	*intelligent*
hablador(a)	*talkative*
honesto/a	*honest*
leal	*loyal*
maleducado/a	*rude*
nervioso/a	*nervous*
perezoso/a	*lazy*
popular	*popular*
responsable	*responsible*
sensible	*sensitive*
serio/a	*serious*
simpático/a	*nice*
sincero/a	*sincere*
tímido/a	*shy*
tonto/a	*stupid*
trabajador(a)	*hard-working*
En general soy ...	*In general I am ...*
bastante	*fairly*
un poco	*a little*
Soy siempre ...	*I am always ...*
No soy nunca ...	*I am not at all ...*
Mi defecto más importante es que soy ...	*My main weakness is that I am ...*
Creo que soy ...	*I think I am ...*
De vez en cuando soy ...	*Sometimes I am ...*
Un buen amigo debe ser ...	*A good friend should be ...*
(X) es más guapo/a que (Y).	*(X) is more good-looking than (Y).*
(X) es menos gracioso/a que (Y).	*(X) is less funny than (Y).*

Los problemas	**Problems**
(No) Me llevo bien con ...	*I (don't) get on well with ...*
Estoy estresado/a porque ...	*I am stressed out because ...*
no tengo muchos amigos.	*I don't have many friends.*
no tengo novio/a.	*I don't have a boyfriend/ girlfriend.*
tengo que estudiar demasiado.	*I have to study too much.*
no tengo dinero.	*I don't have any money.*
tengo muchos deberes.	*I have a lot of homework.*
Mis padres no me dejan salir por la noche/fumar.	*My parents don't let me go out at night/smoke.*
No sé qué hacer.	*I don't know what to do.*
Tengo un problema muy grande.	*I have a very big problem.*
No me entienden.	*They don't understand me.*

La dependencia	Dependency
Es un vicio muy malo.	*It is a very bad habit.*
Creo que cada persona tiene el derecho a fumar.	*I think that everyone has the right to smoke.*
Causa mucha contaminación ambiental.	*It causes a lot of environmental pollution.*
Es dañino para la salud.	*It is harmful to your health.*
No me gusta el olor.	*I don't like the smell.*
Puede causar cáncer de pulmón.	*It can cause lung cancer.*
Es genial fumar con tus amigos.	*It's great to smoke with your friends.*
Pienso que debemos respetar las preferencias de los demás.	*I think we should respect other people's choices.*
Tomar drogas es (no es) ...	*Taking drugs is (isn't) ...*
peligroso	*dangerous*
tonto y no se saben los efectos	*stupid and we don't know what effects it will have*
una dependencia seria	*a serious addiction*
una pérdida de dinero/tiempo	*a waste of money/time*
bueno para escaparse del estrés de la vida	*good to escape the stress of life*
una manera de prolongar la noche y bailar mucho	*a way of prolonging the night and dancing a lot*

El medio ambiente	The environment
la basura del hogar	*household waste*
el desperdicio de energía	*wasting energy*
la polución ambiental	*air pollution*
la contaminación acústica	*noise pollution*
¿Qué se debe hacer para proteger al medio ambiente?	*What should you do to protect the environment?*
Se debe ...	*You should ...*
... reciclar botellas y papel.	*... recycle bottles and paper.*
... duchar en vez de tomar un baño.	*... take a shower instead of a bath.*
... apagar las luces.	*... turn off lights.*
... comprar productos orgánicos.	*... buy organic products.*
... hacerse miembro de un grupo ecologista.	*... become a member of an ecological group.*
... usar menos el coche.	*... use the car less.*

El futuro

Repaso

Revising jobs

1a Categoriza los trabajos, según tu opinión.
Categorise the jobs according to your opinion of them.

Es un trabajo …

bien pagado (€€€)	que vale la pena (☺)	interesante (✓)	aburrido (☹)	difícil (✗)

actor/actriz, camarero/a, cantante, carnicero/a, carpintero/a, cartero/a, cocinero/a, comerciante, dentista, dependiente/a, electricista, enfermero/a, futbolista, granjero/a, ingeniero/a, mecánico/a, médico/a, obrero/a, peluquero/a, periodista, policía, profesor(a), recepcionista, secretario/a

1b ¿En qué trabajan? Escribe la letra correcta. (1–8)
What is their job? Write the correct letter.

1c Rellena los espacios con el trabajo correcto.
Fill in the gaps with the right job.

1 Un/a ______ trabaja en un garaje.
2 Un/a ______ trabaja en una obra.
3 Un/a ______ trabaja en una peluquería.
4 Un/a ______ trabaja en una oficina.
5 Un/a ______ trabaja en un restaurante.

Haz preguntas a tu compañero/a.
Ask your partner questions.

- ¿En qué trabaja tu ...?
- Mi ... trabaja en una oficina – es secretaria.

no trabaja	*he/she does not work*
está en paro	*he/she is unemployed*
no tengo ... (prima)	*I don't have a ... (female cousin)*

madre/madrastra/padre/padrastro/hermano/hermana/tío/tía/primo/prima

Lee las preferencias de los alumnos. ¿Cuál sería el trabajo más apropiado para cada persona?
Read the pupils' likes and dislikes. What would be the most appropriate job for each person?

a Programador
b Médico
c Diseñadora
d Profesora de primaria
e Comerciante
f Deportista

Prepara una presentación sobre tus preferencias.
Prepare a presentation on your own likes and dislikes.

Escribe sobre tus preferencias.
Write about your likes and dislikes.

Se me da(n) bien.
Prefiero las asignaturas prácticas/artísticas/científicas.
Tengo buenas/malas notas en ...
Me gusta sobre todo ...
Me gusta(n) ... /No me gusta(n) ... porque es/son ...

¿Qué van a hacer en el futuro y por qué? Toma apuntes en inglés. (1–6)
What are they going to do in the future and why? Take notes in English.

1 Después de los exámenes

Talking about future plans

Empareja las opiniones con las imágenes correctas.

A

B

C

D

E

F

1 Después de los exámenes quiero viajar.
2 Después de los exámenes me gustaría tomar un año libre.
3 Después de los exámenes quiero ir a la universidad.
4 Después de los exámenes me gustaría continuar con mis estudios.
5 Después de los exámenes me gustaría buscar un empleo.
6 Después de los exámenes no quiero hacer nada. ¡Voy a descansar!

Escucha los jóvenes y escribe la letra correcta. (1–6)

Haz una encuesta a los alumnos de tu clase. Muestra los resultados en un gráfico.

- ¿Qué quieres hacer después de los exámenes?

Nombre	Estudios	Año libre	Viajar	Empleo	Descansar
Joe			✓		

Después de los exámenes	quiero quisiera me gustaría	continuar mis estudios. tomar un año libre. viajar. buscar un empleo. descansar. no hacer nada. ir a la universidad.

Lee el texto y pues inventa un texto parecido.

Mi Futuro Ideal

Después de los exámenes me **gustaría** viajar. **Iría** a los Estados Unidos y **trabajaría** en una hamburguesería o en una cafetería. **Compraría** muchos regalos para mi familia y unas zapatillas de deporte para mí. Después **continuaría** mis estudios en el colegio. **Haría** los cursos de AS y A2 y el año siguiente **estudiaría** química en la universidad porque quiero ser científico.

Gramática

The conditional tense

This is used when you say 'would' in English and usually refers to something in the future that you would do depending on circumstances. For example:

Después de los exámenes me **gustaría** viajar.

To form the conditional, take the infinitive and add the following endings:

continuar**ía**
continuar**ías**
continuar**ía**
continuar**íamos**
continuar**íais**
continuar**ían**

Some irregular verbs:

haría *I would do*
tendría *I would have*
podría *I would be able to*

Para saber más → página 176, 7.9

Lee el mensaje electrónico. Contesta a las preguntas.

1 ¿Cómo se llama?
2 ¿Dónde vive?
3 ¿Cuáles son sus ideas para después de los exámenes?
4 ¿Qué quiere ser en el futuro?

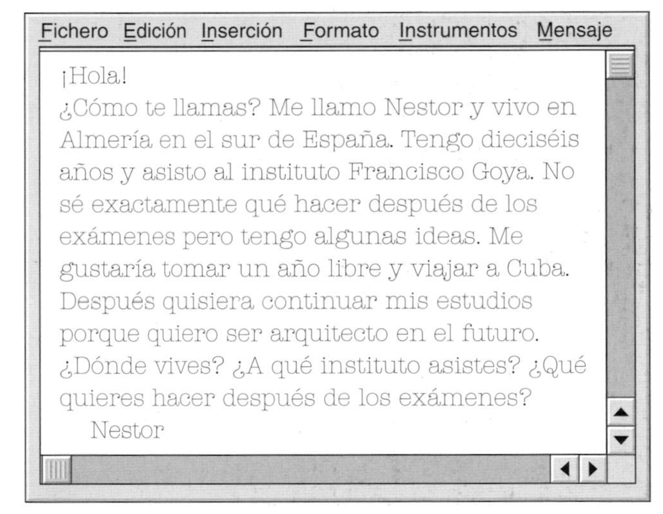
Fichero Edición Inserción Formato Instrumentos Mensaje

¡Hola!
¿Cómo te llamas? Me llamo Nestor y vivo en Almería en el sur de España. Tengo dieciséis años y asisto al instituto Francisco Goya. No sé exactamente qué hacer después de los exámenes pero tengo algunas ideas. Me gustaría tomar un año libre y viajar a Cuba. Después quisiera continuar mis estudios porque quiero ser arquitecto en el futuro. ¿Dónde vives? ¿A qué instituto asistes? ¿Qué quieres hacer después de los exámenes?
Nestor

Escribe una respuesta al mensaje electrónico.

¡OJO!

Remember that when writing a reply to a letter, e-mail or postcard, you must answer all the questions to gain full marks.

2 ¿Qué carrera?

Talking about career choices

Empareja las dos partes de las frases. Hay varias posibilidades.

1 Trabajaré como mecánico/a
2 Me apetecería ser secretario/a
3 Me encantaría ser médico/a
4 Trabajaré como camionero/a
5 Me gustaría ser profesor(a) o policía
6 Quiero ser deportista

a porque quiero trabajar en una oficina.
b porque quiero trabajar al aire libre.
c porque quiero ayudar a la gente.
d porque me gustaría un trabajo con mucha variedad.
e porque me interesa tener un trabajo con responsabilidad.
f porque me gusta viajar.
g porque me gustan las cosas técnicas.
h porque me gustaría hacer algo útil en la vida.

Escucha el texto y rellena los espacios con las palabras correctas.

En el futuro trabajaré como ___ porque me ___ los niños. Yo sé que no ganaré ___ dinero pero no importa porque conoceré a gente ___ y es un trabajo ___ que vale la pena. Mi hermano trabajará como piloto porque le gusta ___ y continuará sus estudios en la ___.

Gramática

The future tense

In Spanish, there are two ways of expressing something in the future. You have already seen one way which is to use **ir** + *infinitive* (Ejemplo: Voy a trabajar).

Another way is to use the future tense. To form the future, take the infinitive and add the following endings:

trabajar**é**	trabajar**emos**
trabajar**ás**	trabajar**éis**
trabajar**á**	trabajar**án**

You should be able to use the future tense in some circumstances and be able to recognise it. Here are some irregular verbs:

tendré	*I will have*
vendré	*I will come*
podré	*I will be able*

Para saber más → página 176, 7.9

Túrnate con tu compañero/a.

- ¿En el futuro en qué trabajarás?
- …
- ¿Por qué?
- Porque …

Empareja los trabajos con los anuncios. ¿Cuál es el trabajo?

Au-pair/niñera — Peluquero/a — Mecánico/a — Camarero/a

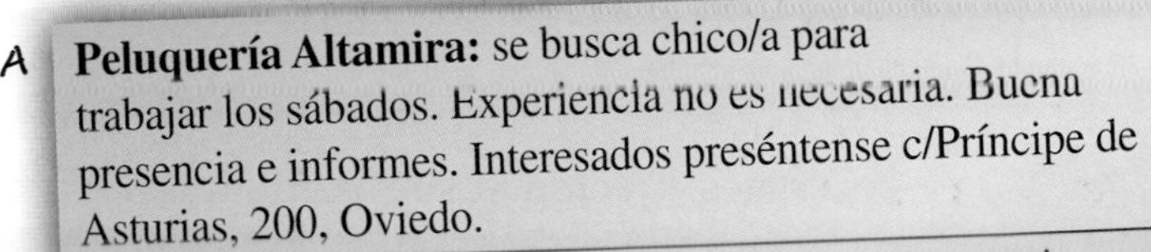

A **Peluquería Altamira:** se busca chico/a para trabajar los sábados. Experiencia no es necesaria. Buena presencia e informes. Interesados preséntense c/Príncipe de Asturias, 200, Oviedo.

B **Se necesitan** chicos o chicas para restaurante, para caja y camareros/as. Dominio de francés e inglés. Tel. 814.44.44

C **Se busca una chica** para una familia portuguesa con dos niños pequeños. Centro ciudad. Interesadas escribir al apartado 253.

D **Garaje Mercedes:** se necesitan personas 12 horas a la semana. Se valora experiencia con coches. Apartado 192.

Copia la ficha y pon los detalles en el orden correcto.

Fútbol, lectura, música rock
Madrid
Español, inglés, matemáticas, ciencias, historia, tecnología, dibujo, informática
Francisco
Calle Valencia, 23, 28025 Madrid, España
Camarero en un restaurante chino, dependiente en una zapatería
05/06/85
San Giménez

Curriculum Vitae

Nombres:

Apellidos:

Dirección:

Fecha de nacimiento:

Lugar de nacimiento:

Educación:

Experiencia laboral:

Pasatiempos:

Escribe tu propio curriculum vitae.

Escoge uno de los anuncios de 2a e inventa un diálogo con tu compañero/a.

- ¿En qué trabajarás durante las vacaciones?
- …
- ¿Por qué?
- …
- ¿Cuando podrás trabajar?
- …

Escribe sobre tus ideas para el futuro.

En el futuro trabajaré en …

3 Buscando un empleo

Making a job application

Lee las frases. Decide si son verdaderas o falsas para ti.

1. Me importa más el dinero que el trabajo.
2. Prefiero trabajar en equipo – me gusta la compañía de otra gente.
3. Soy entusiasta.
4. Me gusta aceptar responsabilidades.
5. Me gusta trabajar solo/a porque soy una persona independiente.
6. Soy ambicioso/a.

Lee la carta y encuentra el español para estas frases:

- **a** *With regard to the advert published in*
- **b** *Yours faithfully*
- **c** *Dear Sir*
- **d** *I have experience of this type of work*
- **e** *I'm writing to you to apply for the job of*

Hotel Sol y Sombra
Oviedo

Se buscan secretarias, recepcionistas y camareros para trabajar en un hotel grande. Se prefiere experiencia. Interesados mandar una carta de presentación y un curriculum vitae a Hotel Sol y Sombra, Oviedo.

María José Pérez
Calle Espronceda 33, 2° B
03112 Segovia

20 de agosto de 2002

Hotel Sol y Sombra
Oviedo

Estimado señor:

En relación a su anuncio publicado en el Diario Montañés del día 15 de este mes, le escribo para solicitar el puesto de recepcionista. Terminaré mis estudios a finales de este año.

Tengo experiencia en este tipo de trabajo. He trabajado en una oficina como recepcionista durante el verano pasado. También he hecho unas prácticas de diez semanas en el Hotel Francia.

Me gusta trabajar en equipo y me llevo bien con la gente. Soy dinámica y aprendo rápidamente.

Adjunto mi curriculum vitae.

Le saluda atentamente,

María José Pérez

Gramática

The perfect tense

This is used when you express in English the idea that you have done something.

Ejemplo:

he trabajado	*I have worked*
ha ganado	*he/she has earned*
hemos dado	*we have given*

To form the perfect tense use the correct part of the verb **haber** *in the present tense and a past participle:*

he	+	hablado
has	+	comido
ha	+	vivido
hemos	+	pasado
habéis	+	trabajado
han	+	bebido

Some irregular past participles:

hecho	*done*
escrito	*written*
puesto	*put*

Para saber más → página 177, 7.10

Escribe una carta para solicitar un puesto de trabajo en el hotel Sol y Sombra.

2a Escucha las dos entrevistas. ¿Quién es, Laura o Felipe? (1–2)

Ejemplo: 1 – *No le gusta el colegio – Laura*

1 No le gustó el colegio.
2 Le gusta preparar la comida.
3 Tiene muchos amigos en el colegio.
4 Sus profesores eran antipáticos.
5 Le encantan los niños.
6 No tiene experiencia como au-pair.
7 Tiene hermanos y hermanas.

2b Imagina que tienes una entrevista para un trabajo. Túrnate con tu compañero/a.

- ¿Qué asignaturas ha estudiado en el colegio?
- He estudiado español, inglés …
- ¿Le gustó el colegio?
- Sí, me gustó porque era …/No, no me gustó porque era …
- ¿Por qué quiere ser dependiente/a/ camarero/a/ profesor(a)?
- Porque …
- ¿Tiene experiencia?
- Sí/No.
- ¿Le gusta trabajar solo/a o en equipo?
- Prefiero trabajar …
- ¿Le importa más el dinero o el trabajo?
- Me importa más …
- ¿Le importa la responsabilidad?
- Sí, soy …/No, …

2c Escribe una entrevista parecida.

Using the telephone

Escucha los números de teléfonos españoles. ¿Son correctos? Cambia los errores.

1 Hotel Buenavista, 957 43 22 01
2 Restaurante Caracol 954 14 65
3 El Corte Inglés 952 77 45 50
4 Bar La Bodega 914 20 29 19

Información

Telephone numbers in Spain begin with a three digit code (914, 952, 957, etc.) said separately and then the telephone number in pairs. For example:
952 77 60 02 is said as **nueve, cinco, dos, setenta y siete, sesenta, cero dos.**

Lee y escucha la conversación. Encuentra el español para estas frases:

a *Please call me on ...*
b *As soon as possible*
c *Who is calling?*
d *Can I speak to ...?*
e *Señor Martínez is not here*
f *Would you like to leave a message?*

- Buenos días, Empresas Micanor.
- Buenos días, ¿puedo hablar con el señor Martínez?
- Lo siento. El señor Martínez no se encuentra aquí. ¿Quiere dejar un mensaje?
- Sí.
- ¿De parte de quién?
- Me llamo **señorita Grieve**. Se escribe **G-R-I-E-V-E**. Por favor, que me llame al **913 21 30 64** lo más pronto posible.
- De acuerdo. Gracias. Adiós.
- Adiós.

Túrnate con tu compañero/a y practica la conversación. Ahora cambia la información en azul.

1 Señora McDonald / 914 32 54 10
2 Señor Smith / 942 22 56 90
3 Señorita Pérez / 952 82 34 50
4 Señor Rodríguez / 913 25 63 13

2a Mira el teléfono de una cabina telefónica. Pon las frases en el orden correcto.

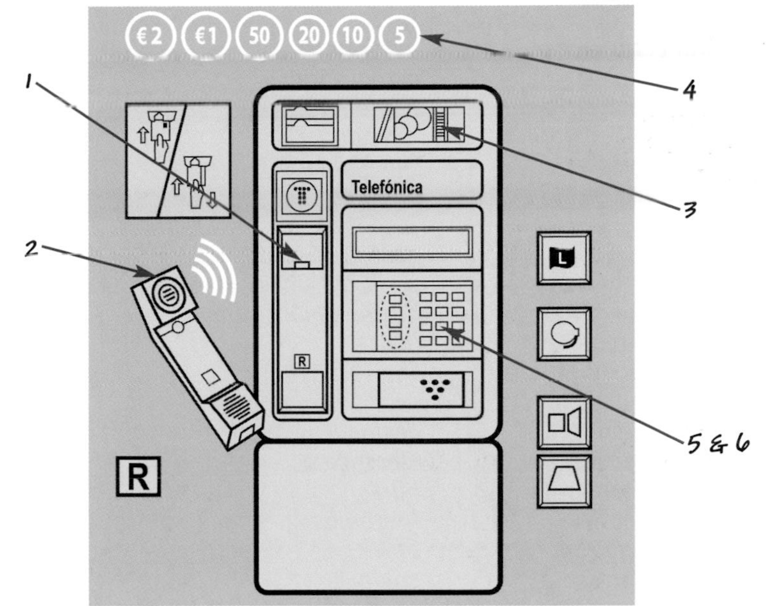

- **A** Utilice monedas de 5 céntimos, 10 céntimos, 20 céntimos, 50 céntimos, €1 y €2.
- **B** Marque el número.
- **C** Marque el código.
- **D** Coloque las monedas en la ranura.
- **E** Descuelgue el auricular.
- **F** Espere el tono.

2b Escucha los diálogos por teléfono. ¿Verdad (✓) o mentira (✗)? (1–2)

1. Sara llama al director porque necesita información.
2. Sara está buscando trabajo como periodista.
3. Para ser peluquera no se necesita experiencia.
4. Es un trabajo a tiempo parcial.
5. Javier quiere hablar con su amigo.
6. Está buscando trabajo como recepcionista.
7. Javier tiene la experiencia necesaria.
8. Javier tiene una entrevista con el director mañana a las nueve.

2c Practica la conversación con tu compañero/a.

- Hola, buenas tardes.
- *Say you would like to speak to the manager.*
- Un momento, ¿de parte de quién?
- *Give your name.*
- ¿Cómo se escribe?
- *Spell it.*
- ¿En qué puedo servirle?
- *Say you would like information about the shop assistant job.*
- Es un trabajo a tiempo parcial – cuatro horas, los sábados.
- *Ask if you need experience.*
- Sí.
- *Say you worked as a shop assistant as work experience.*
- ¡Excelente! ¿Puede venir a una entrevista mañana?
- *Ask at what time.*
- A las nueve y media.
- *Say that's fine, thank you and goodbye.*

Vocabulario

Puestos de trabajo	Jobs
el/la actor/actriz	*actor/actress*
el/la au-pair/niñera	*au pair/nanny*
el/la camarero/a	*waiter/waitress*
el/la camionero/a	*lorry driver*
el/la cantante	*singer*
el/la carnicero/a	*butcher*
el/la carpintero/a	*carpenter*
el/la cartero/a	*postman/woman*
el/la cocinero/a	*cook*
el/la comerciante	*businessman/woman*
el/la dentista	*dentist*
el/la dependiente/a	*shop assistant*
el/la deportista	*sportsman/woman*
el/la diseñador(a)	*designer*
el/la electricista	*electrician*
el/la enfermero/a	*nurse*
el/la futbolista	*footballer*
el/la granjero/a	*farmer*
el/la ingeniero/a	*engineer*
el/la mecánico/a	*mechanic*
el/la médico/a	*doctor*
el/la obrero/a	*builder*
el/la peluquero/a	*hairdresser*
el/la periodista	*journalist*
el/la profesor(a)	*teacher*
el/la programador(a)	*computer programmer*
el/la policía	*policeman/woman*
el/la recepcionista	*receptionist*
el/la secretario/a	*secretary*
Trabajo en ...	*I work in/on ...*
una empresa	*a company*
una obra	*a building site*
un garaje	*a garage*
una oficina	*an office*
un consultorio dental	*a dentist's surgery*
una comisaría	*a police station*
una tienda	*a shop*
las calles	*the streets*
¿En qué trabaja (tu madre)?	*What job does (your mother) do?*
(Mi madre) es dentista.	*(My mother) is a dentist.*
No trabaja.	*He/She doesn't work.*
Está en paro.	*He/She is unemployed.*

Las preferencias	Likes and dislikes
Se me da(n) bien ...	*I do well at ...*
las asignaturas prácticas/artísticas/científicas	*practical/arts-based/science-based subjects*
Quiero/Quisiera/Me gustaría ser ...	*I would like to be ...*
Tengo buenas/malas notas en informática.	*I get good/bad marks in IT.*
Me gustan todas las asignaturas.	*I like all the subjects.*
Me gusta sobre todo ...	*I especially like ...*

Después de los exámenes	After the exams
Quiero ...	*I want to ...*
Quisiera .../Me gustaría ...	*I would like to ...*
viajar.	*travel*
tomar un año libre.	*take a year off.*
continuar mis estudios.	*continue my studies.*
buscar un empleo/trabajo.	*look for a job.*
ir a la universidad.	*go to university.*
No quiero hacer nada.	*I don't want to do anything.*
Voy a descansar.	*I am going to relax.*
Continuaré mis estudios en el colegio.	*I will continue my studies at school.*

El curriculum vitae	Curriculum vitae
Nombres	*Names*
Apellidos	*Surnames*
Dirección	*Address*
Fecha de nacimiento	*Date of birth*
Lugar de nacimiento	*Place of birth*
Educación	*Education*
Experiencia laboral	*Work experience*
Pasatiempos	*Hobbies*

¿Qué carrera?	What career?
Quiero trabajar al aire libre/en una oficina.	*I want to work outside/in an office.*
Quiero ayudar a la gente.	*I want to help people.*
Me gustaría un trabajo con mucha variedad.	*I would like a job with lots of variety.*
Me interesa tener un trabajo con responsabilidad.	*I am interested in a job with responsibilities.*
Me gusta viajar.	*I like to travel.*
No me gustan las cosas técnicas.	*I don't like technical things.*
Me gustaría hacer algo útil en la vida.	*I would like to do something useful in life.*
Me gustaría ser (profesor(a)).	*I would like to be (a teacher).*
Trabajaré como mécanico(a).	*I will work as a mechanic.*
Quiero ser deportista.	*I want to be a sportsman/woman.*

Anuncios	Adverts
Se busca .../Se necesita ...	*Wanted .../Needed ...*
Se valora experiencia	*Experience an advantage*
Experiencia (no) es necesaria	*Experience (not) necessary*
Buena presencia e informes	*Good appearance and references*
dominio de francés	*command of French*
Interesados preséntense a ...	*Applicants come to ...*
Escribir al apartado ...	*Write to Box no. ...*

Solicitudes de trabajo	Job applications
la carta de presentación	*letter of application*
Estimado señor:	*Dear Sir,*
En relación a su anuncio publicado en ...	*With reference to your advertisement published in ...*
Le escribo para solicitar el puesto de ...	*I am writing to apply for the post of ...*
Tengo experiencia en este tipo de trabajo.	*I have experience in this line of work.*
Adjunto mi curriculum vitae.	*I attach my CV.*
Le saluda atentamente	*Yours faithfully*

Una entrevista	An interview
¿Qué asignaturas ha estudiado en el colegio?	*What subjects have you studied at school?*
He estudiado ...	*I have studied ...*
¿Le gustó el colegio?	*Did you like school?*
(No) me gustó porque era ...	*I liked (didn't like) it because it was ...*
¿Por qué quiere ser ...?	*Why do you want to be ...?*
¿Tiene experiencia?	*Do you have experience?*
¿Le gusta trabajar solo o en equipo?	*Do you like to work on your own or as part of a team?*
¿Le importa más el dinero o el trabajo?	*Is the money or the job more important to you?*
Me importa más ...	*... is more important to me.*
¿Le importa la responsabilidad?	*Is responsibility important to you?*
Soy responsable.	*I am responsible.*

Comunicación	Communication
¿Puedo hablar con ...?	*Can I speak to ...?*
¿De parte de quién?	*Who is calling?*
¿Quiere dejar un mensaje?	*Would you like to leave a message?*
Quisiera información sobre ...	*I would like information about ...*
Por favor, que me llame al ...	*Please call me on ...*
Utilice monedas de 5/10/20/50 céntimos, €1 and €2.	*Use 5/10/20/50 céntimo, €1 and €2 coins.*
Descuelgue el auricular.	*Pick up the receiver.*
Espere el tono.	*Wait for the tone.*
Coloque las monedas en la ranura.	*Put the coins in the slot.*
Marque el código.	*Dial the code.*
Marque el número.	*Dial the number.*

Hablar

Conversación By now, hopefully, you are beginning to feel more confident.

Have you recorded yourself asking/answering questions?

How good does your accent sound?

Do you know that you too can ask the examiner a polite question or two? It makes it sound more natural if you say, for example, *¿Hay mucha basura en su barrio?* or *¿Cuál es su trabajo ideal?*

Juego de rol Before you start a role-play try to imagine that you really are in the situation. Get into character! Take your time with your answers if you are nervous. Stay calm and remember, practice makes perfect, so revisit all of the role-plays in the modules as often as possible!

Yo

Conversación 1
Las descripciones

- ¿Qué carácter tienes?
- ¿Quién es tu mejor amigo?
- ¿Cómo es?
- ¿Cuáles son las características de un buen amigo?
- ¿Te llevas bien con tus padres?
- ¿Por qué sí/no?
- ¿Te dan bastante libertad?
- ¿A quién te pareces en tu familia?

Conversación 2
Los problemas con el medio ambiente

- ¿Hay mucho tráfico donde vives?
- ¿Vas al colegio en bicicleta?
- ¿Por qué (no)?
- ¿En tu casa reciclas el vidrio y los periódicos?
- ¿Hay problema con la basura en tu colegio?
- ¿Qué haces para proteger al medio ambiente?
- ¿Eres miembro de un grupo ecologista?
- ¿Crees que las hamburgueserías causan mucha polución?
- ¿La contaminacíon es un problema en la ciudad donde vives?

Conversación 3
La salud

- ¿Te molesta estar con gente que fuma?
- ¿Estás a favor o en contra de fumar? ¿Por qué?
- ¿Crees que deberían prohibir fumar en los bares?
- ¿Cuál es tu opinión sobre las drogas y el alcohol?
- ¿Piensas que el alcohol es una droga?
- ¿Beben demasiado los jóvenes?

Juego de rol
You have had a disagreement with your parents. You are discussing it with your Spanish friend..

¿Vas a venir a la discoteca este viernes?	*Say no, your parents won't allow you to.*
¿Por qué no?	*Say your grades in some subjects are bad.*
¡Qué pena!	*Ask your friend if he/she has problems with his/her parents.*
A veces discutimos.	*Say you have to study a lot harder to pass all your exams.*

El futuro

Conversación 1
Tu educación

- ¿Qué otros idiomas estudias?
- ¿Crees que los idiomas son importantes?
- ¿Cuál prefieres, las ciencias o los idiomas? ¿Por qué?
- ¿Te gustaría estudiar menos horas?
- ¿Qué vas a hacer inmediatamente después de los exámenes?
- ¿Vas a seguir en el mismo colegio el año que viene?
- ¿Qué vas a hacer?
- ¿Te gustaría ir a la universidad?
- ¿Por qué (no)?

Conversación 2
El trabajo y tus planes personales

- ¿En qué quieres trabajar?
- ¿Prefieres trabajar en una fábrica, al aire libre o en una empresa?
- ¿Te gustaría trabajar en el extranjero?
- ¿Dónde? ¿Por qué (no)?
- ¿Te interesa viajar con tu trabajo o tener un trabajo donde vives?
- ¿Para ti es más importante el dinero o tener un trabajo que te encanta?
- ¿Hay mucho desempleo en tu ciudad?
- ¿Qué problemas tienen las personas sin empleo?
- ¿En el futuro te gustaría vivir en otro sitio?
- ¿Piensas que es mejor vivir en la ciudad o en el campo?
- ¿Es más importante la vida familiar o una carrera feliz?

Juego de rol
You are being interviewed for a holiday job in Spain.

- Buenos días. ¿Qué lenguas hablas?
- Muy bien. ¿Qué tipo de empleo quieres?
- ¿Cuándo puedes empezar?
- ¡Fenomenal!

- *Say which languages you speak.*
- *Say what type of work you would like to do.*
- *Say when you can start.*
- *Ask about the pay.*

Presentación
Prepare a talk lasting 1–1½ minutes on:
- *how to be more environmentally friendly both at home and at school*
- *the dangers of smoking*
- *advice on how to have a good work experience.*

3 De vacaciones

Trabajo de curso

Mis vacaciones

¡Hola Ben!

Normalmente voy de vacaciones a las Islas Canarias con mis padres, pero el año pasado fui a Barcelona con mi mejor amigo y su madre. Pasé una semana allí. Fui en avión desde el aeropuerto de Luton – el viaje duró dos horas – y me alojé en un hotel en el centro de Barcelona cerca de la catedral. Mi habitación era grande con ducha, televisión y tenía buenas vistas de la ciudad.

Visité muchos monumentos – el puerto olímpico y la catedral. También fui al estadio del Barcelona, el Camp Nou, para ver un partido de fútbol entre el Barça* y el Real Madrid. ¡Fue genial! Saqué muchas fotos. También fui a la playa de la Barceloneta donde hizo mucho sol y calor.

Comí en varios restaurantes y probé una paella. ¡Era deliciosa! Me encanta el arroz. Además fui a muchos bares que son muy diferentes a los pubs – aquí entra toda la familia, ¡incluso los bebés!

La gente de Barcelona es muy simpática pero muy ruidosa. Además, en Barcelona hablan dos lenguas diferentes – el español y el catalán. Compré un diccionario de catalán y en mi opinión es una lengua muy bonita.

Barcelona me gusta mucho, pero el año próximo voy a visitar Madrid o si me tocara la lotería me gustaría ir a Miami en los Estados Unidos porque me interesa mucho.

Carlos

*el Barça *the name given by fans to Barcelona Football Club*

1 Empareja las expresiones del texto en verde con estas expresiones inglesas.

1 *last year I went to*
2 *normally I go on holiday to*
3 *I went (to the beach)*
4 *I ate (in various restaurants)*
5 *I went (by plane)*
6 *I bought (a Catalan dictionary)*
7 *if I win the lottery*
8 *it was sunny and hot*
9 *I stayed (in a hotel)*
10 *I spent (a week there)*
11 *I would like to go to*
12 *it was (delicious)*
13 *next year I am going to visit*
14 *I took (many photos)*
15 *they speak (two languages)*

Imagina que eres Carlos y escribe tus respuestas a las preguntas.

1. ¿Adónde vas de vacaciones normalmente?
2. ¿Adónde fuiste el año pasado?
3. ¿Con quién fuiste?
4. ¿Cómo fuiste?
5. ¿Cuántos días pasaste allí?
6. ¿Dónde te alojaste?
7. ¿Qué hiciste?
8. ¿Dónde comiste?
9. ¿Te gusta Barcelona?
10. ¿Adónde vas a ir de vacaciones el año próximo?
11. Si te tocara la lotería, ¿adónde te gustaría ir de vacaciones?

Ahora escribe una descripción de unas vacaciones pasadas.

Ayuda

- Plan your description of a past holiday carefully and follow a logical plan. Ensure that you include reference to as many of the following points as possible:
  - where you went and with whom
  - how you travelled
  - where you stayed
  - what you did, e.g. places you visited
  - how long you went for
  - what the weather was like
  - where and what you ate
  - your impressions
- Your description does not have to be an accurate outline of a holiday you may have had. You can make up details if you wish. In fact, it may be easier to change details so that you can use the Spanish expressions that you know.
- To gain grade C you must make reference to different tenses such as the past, present and future. Examples from the text are:

Present:	*Normalmente voy de vacaciones a …* Normally I go on holiday to …
Past:	*El año pasado fui a …* Last year I went to …
Future:	*El año próximo voy a visitar …* Next year I am going to visit …
Conditional:	*Me gustaría ir a Miami.* I would like to go to Miami.

You will meet the conditional tense properly later in the book in Module 10.

Use of time markers will improve the complexity of your text:

normalmente	normally	followed by the present tense
generalmente	generally	
por regla general	as a general rule	
cada año	every year	
el año pasado	last year	followed by the preterite tense
hace dos años	two years ago	
el año próximo	next year	followed by the future tense
dentro de dos meses	in two months' time	

- Remember to state opinions. Create as many sentences as you can using the following:

Me encanta *(I love)* Me gusta mucho *(I like … a lot)* Odio *(I hate)* Me gustó *(I liked)* No me gustó *(I did not like)* Me gustaría *(I would like)* No me gustaría *(I would not like)*	ir a la montaña. ir a la playa. visitar monumentos. viajar en avión. visitar parques de atracciones. ver un partido de fútbol. ir al cine. comer en un restaurante italiano. jugar al fútbol en el parque. ver un partido de baloncesto.

- Revise Module 3. You will find useful vocabulary to help you write your own piece of work.

6 En casa y en el trabajo

Trabajo de curso

Mis prácticas laborales

Me llamo David y voy a hablar de mis prácticas laborales en mayo del año pasado. Trabajé en un centro de deportes cerca de mi casa durante dos semanas. Mi colegio organizó las prácticas y en clase hablamos mucho antes del primer día.¡La preparación es muy importante!

Todos los días me levantaba a las siete, cogía el autobús y llegaba al trabajo a las ocho y media. Comía a la una y salía del trabajo a las cinco.

El primer día visité todas las secciones del centro y trabajé en la oficina con una secretaria que se llama Ana. Ana era muy amable y organizada – son características muy importantes para trabajar con el público.

Durante el resto de los días trabajé con instructores. Preparé el equipo, limpié los vestuarios y trabajé en el gimnasio. Fue muy interesante, lo pasé bomba y aprendí mucho – ahora sé que me gusta trabajar con gente.

Después de los exámenes me gustaría continuar con mis estudios. Quiero estudiar empresariales*. Me gustan mucho las asignaturas prácticas y se me da bien la informática. Después voy a buscar trabajo en un centro de deportes porque me interesa mucho el deporte aunque no es mi trabajo ideal. Me gustaría ser futbolista porque me encanta el fútbol, especialmente el Real Madrid, y paga bien, pero ser futbolista profesional es muy difícil.

*empresariales *business studies*

1 Empareja las expresiones del texto en verde con estas expresiones en inglés.

1 *I worked with instructors*
2 *I would like to continue (with my studies)*
3 *my work experience*
4 *before the first day*
5 *(Ana) was very friendly*
6 *I worked in (a sports centre)*
7 *it was very interesting*
8 *I'm good at ICT*
9 *I used to get up at seven o'clock*
10 *I would like to be a footballer*
11 *I visited (all the departments)*
12 *I learnt a lot*
13 *I used to leave work at five o'clock*
14 *I am going to look for work (in a sports centre)*

Elige la respuesta correcta.

1 David hizo sus prácticas laborales en …
   a febrero
   b mayo
   c julio.
2 David trabajó en …
   a el centro de Barcelona
   b un estadio de fútbol
   c un polideportivo.
3 En opinión de David la preparación …
   a no es esencial
   b es de gran importancia
   c es interesante.
4 Durante sus prácticas David
   a limpió la recepción
   b trabajó en la recepción
   c trabajó en la oficina.
5 En opinión de David el trabajo en el centro fue …
   a interesante
   b aburrido
   c diferente.
6 El trabajo ideal de David es ser …
   a instructor de gimnasio
   b futbolista
   c recepcionista.

3 **Contesta a las preguntas en español sobre tus prácticas laborales.**

1 ¿Dónde trabajaste?
2 ¿Qué hiciste el primer día?
3 ¿Qué hiciste el resto de los días?
4 ¿Te gustó?
5 ¿Qué te gustaría hacer después de los exámenes?
6 ¿Cuál es tu trabajo ideal?

Ahora escribe una descripción de tus prácticas laborales en español.

Ayuda

- In this piece of coursework you are expected to talk about your work experience. However, what if you did not do work experience? What if you have forgotten about it? What if you would rather forget about it? Make it up, but make it realistic! The important thing here is to write a full, varied and accurate piece of Spanish. You do not have to recount the full truth about your work experience placement.
- When you write about your work experience you will mostly be writing in the past, so you will need to use the preterite tense mainly and sometimes the imperfect tense. Remember that the preterite tense is used to say what you **did** (i.e. you completed the action at a specific time). The imperfect tense is used to say what you **were doing** or what you **used to do** (i.e. the action took place over a longer period of time).

Revise the formation of the preterite and imperfect tenses before beginning your first draft. The preterite is covered in Module 3 (page 41) and the imperfect in Module 4 (page 53).

Examples of the preterite tense:
Trabajé en … I worked in …
Limpié los vestuarios. I cleaned the changing rooms.
Visité todas las secciones. I visited all the departments.

Examples of the imperfect tense:
Me levantaba a las siete. I used to get up at seven.
Llegaba al trabajo a las ocho y media. I used to arrive at work at eight thirty.
Salía del trabajo a las cinco. I used to leave work at five.

You could also give opinions in the past to enhance your chances of impressing the examiners and reaching grade C:
Me gustó … I liked …
No me gustó … I did not like …
Me interesó … I was interested in …
No me interesó … I was not interested in …

Try to use a variety of ways of giving opinions:
Me gusta mucho … I really like …
Me interesa … I'm interested in …
Me encanta … I love …

- Another way of giving an opinion and to make reference to the past at the same time is to use ***fue*** (it was …).

Examples:
Fue muy interesante. It was very interesting.
Fue muy aburrido. It was very boring.

Use this grid to make up some more examples:

El trabajo El primer día *OR* El resto de los días	fue no fueron	muy poco demasiado bastante	interesante(s). aburrido(s). cansado(s). divertido(s). repetitivo(s).

8 De juerga (A)

Trabajo de curso

Crítica de una película

Me llamo María y me gusta mucho el cine. Una de mis películas favoritas es *La Playa* dirigida por Danny Boyle. Vi *La Playa* en vídeo en casa con mi hermana el año pasado. Es una película de acción y de aventuras basada en el libro escrito por Alex Garland. Normalmente no me gusta este tipo de película porque no me gusta ver demasiada violencia, pero *La Playa* fue muy emocionante y me gustó mucho.

La Playa cuenta la historia de Richard, interpretado por Leonardo Di Caprio, un turista que quiere escapar de la vida normal y tener experiencias nuevas en Tailandia durante los años noventa. Viaja a una isla poblada en secreto por una comunidad de jóvenes de varias nacionalidades, pero el deseo de guardar el secreto causa problemas. La isla es muy bonita con palmeras, una playa muy grande con arena blanca y de clima tropical. La isla es un paraíso.

En mi opinión los actores son muy buenos, especialmente Leonardo Di Caprio. Sin embargo, lo mejor de la película es la banda sonora – me encanta y compré el CD. Ahora me gustaría leer el libro porque quiero compararlo con la película. También voy a ver otra película de Danny Boyle, *Trainspotting*, en DVD.

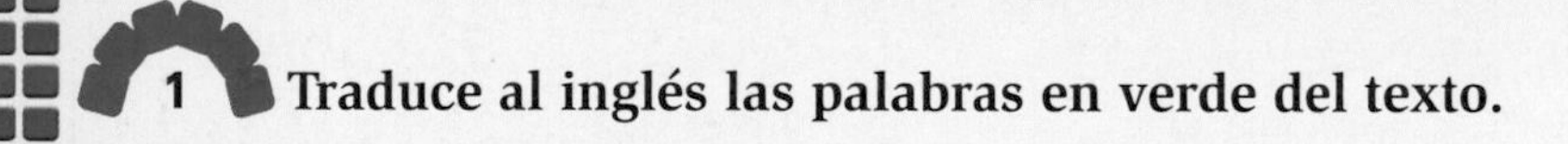

1 **Traduce al inglés las palabras en verde del texto.**

2 **¿Verdad o mentira?**

1. El director de *La Playa* es Danny Boyle.
2. María vio *La Playa* en el cine con su hermana.
3. *La Playa* es una película de terror.
4. La película está basada en un libro.
5. A María le gusta la violencia en el cine.
6. Richard visita una isla en Australia.
7. *La Playa* cuenta la historia de un grupo de turistas ingleses.
8. A María no le gusta Leonardo Di Caprio.
9. María opina que la música de la película es muy buena.
10. María tiene la intención de leer el libro.
11. María no tiene el CD de *La Playa*.
12. María va a ver *Trainspotting* en el cine.

3 Empareja las frases españolas con las inglesas.

1 me gusta mucho el cine
2 vi *La Playa* en vídeo
3 *La Playa* fue muy emocionante
4 me gustó mucho
5 este tipo de película
6 (un turista) que quiere escapar
7 en los años noventa
8 viaja a una isla
9 una comunidad de jóvenes
10 con arena blanca
11 la isla es un paraíso
12 lo mejor de la película es la banda sonora
13 me gustaría leer el libro
14 voy a ver otra película

a *(a tourist) who wants to escape*
b *the island is a paradise*
c *I like cinema a lot*
d *he travels to an island*
e *a community of young people*
f *the best thing is the soundtrack*
g *I would like to read the book*
h The Beach *was very exciting*
i *I liked it a lot*
j *I saw* The Beach *on video*
k *with white sand*
l *I'm going to see another film*
m *in the 90s*
n *this type of film*

4 Escribe una descripción de un artículo, un libro, una película, una obra de teatro o un programa de televisión que te gusta.

Ayuda

- Writing a review of an article, book, film, play or TV programme can be complicated. The secret is to keep it simple and to organise your piece of writing. Make sure that you include reference to the following:
  - the title and type of book, film, etc.
  - who wrote or directed the work
  - what it is about and where and when it is set
  - who the characters are and who plays them
  - whether you normally read/watch this type of work and why (not)
  - what you think of it and why
  - the best thing about it
  - whether you will read/watch this type of work again
- Reference to the past, present and future as well as opinions is essential to gain grade C. You must build all of these into your piece of coursework, for example:

Present:	*Normalmente no me gusta este tipo de película.* Normally I don't like this type of film.
Past:	*Me gustó mucho.* I liked it a lot.
Future:	*Voy a ver otra película.* I am going to see another film.
Conditional:	*Me gustaría leer el libro.* I would like to read the book.
Opinion:	*En mi opinión .../Lo mejor es ...* In my opinion .../The best thing about it is ...

- Remember to include as many connectives as you can to make your sentences longer. Connectives used in the coursework example are:

y	and	*porque*	because		
pero	but	*con*	with	*sin embargo*	however

Others you can use are:

si	if	*entonces*	then
luego	next	*donde*	where
afortunadamente	fortunately	*desafortunadamente*	unfortunately
de repente	suddenly	*no obstante*	nevertheless

Note that accents are **very** important in Spanish. ***Si*** (without an accent) means **if**, but if you add in an accent, i.e. ***sí***, the meaning changes to **yes**.

- Use the internet to research your piece of work. It can provide details on authors, producers, actors, etc. However, you will need to tell the examination board if you have used a website and you must not copy. You must put any ideas from the site into your own words.
- Before writing your first draft revise the section of Module 6 dealing with cinema. It will provide you with useful vocabulary.

Trabajo de curso

Una persona famosa hispanohablante

INFORMACIÓN GENERAL

Pedro Almodóvar, director de cine

Nombre: Pedro Almodóvar
Fecha de nacimiento: el 24 de septiembre de 1951
Lugar de nacimiento: Calzada de Calatrava
Domicilio: Madrid
Sus padres: Antonio y Francisca
Signo del zodíaco: Libra
Color ojos: castaños
Color pelo: negro
Profesión: director de cine
Carácter: trabajador, hablador y alegre
Carrera: primera película: *Pepi, Luci, Bon y otras chicas del montón*. Su película *Todo Sobre mi Madre*: Oscar en 1999
Gustos: su familia (especialmente su madre), escribir poesías y

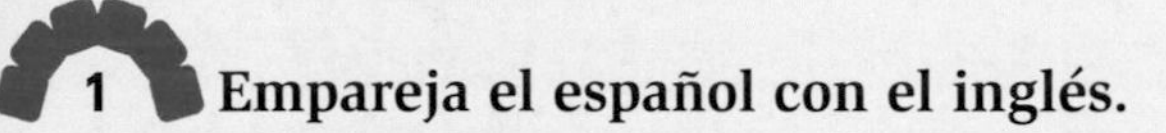

1 Empareja el español con el inglés.

1 signo del zodíaco
2 nombre y apellido
3 carácter
4 gustos
5 color pelo
6 fecha y lugar de nacimiento
7 carrera
8 color ojos
9 domicilio

a *name and surname*
b *date and place of birth*
c *star sign*
d *colour of eyes*
e *colour of hair*
f *character*
g *place of residence*
h *likes*
i *career*

2 Lee el texto a la página 143 y busca estas expresiones en español.

1 *a person that I like a lot*
2 *for more than twenty years*
3 *he was born on*
4 *he has (brown eyes)*
5 *he used to have (long hair)*
6 *when he was 31*
7 *he made (his first film)*
8 *he won*
9 *he will continue*
10 *he will write*

Una persona que me gusta mucho es Pedro Almodóvar. Es director de cine y es muy famoso en España desde hace más de veinte años.

Nació el 24 de septiembre de 1951 en Calzada de Calatrava en el sur de España y en su familia hay cinco personas: su madre, su padre, su hermano y dos hermanas. La familia es muy importante para Pedro Almodóvar, especialmente su madre que aparece* en algunas de sus películas. Pedro Almodóvar vive en Madrid, capital de España, en un apartamento muy grande. Es alto y delgado. Además, tiene los ojos castaños y el pelo negro y corto aunque en los años ochenta llevaba el pelo largo.

Cuando tenía treinta y un años Pedro Almodóvar hizo su primera película que se llama *Pepi, Luci, Bon y otras chicas del montón* y en 1999 ganó un Oscar por la película *Todo Sobre mi Madre.*

Admiro mucho a Pedro Almodóvar porque creo que es muy trabajador, ambicioso y alegre. Además es muy exigente* con los detalles de sus películas.

En el futuro continuará su trabajo de director y escribirá más guiones de cine*. Espero que gane otro Oscar.

*aparece	*he/she appears*
*exigente	*demanding*
*guiones de cine	*film scripts*

Contesta a las preguntas en español.

1. ¿Cuál es la profesión de Pedro Almodóvar?
2. ¿Cuántos años hace que es famoso?
3. ¿Cuándo y dónde nació?
4. ¿Cuántas personas hay en su familia?
5. ¿Dónde vive?
6. ¿Cuántos años tiene?
7. ¿Cómo es su personalidad?

Escribe un texto similar en español sobre un personaje famoso.

Ayuda

- To make your piece of writing more fluent use time markers such as the following:

normalmente	normally	*hace dos años*	two years ago
generalmente	generally	*hace cinco años*	five years ago
en los años 80	in the 80s	*en el futuro*	in the future
en los años 90	in the 90s		

You can also try expressions such as:

además	furthermore	*sin embargo*	however
también	also	*aunque*	although

- To get grade C or above you must include an opinion with an explanation.

Example:
Admiro mucho a Pedro Almodóvar porque creo que es muy trabajador, ambicioso y alegre.
I really admire Pedro Almodóvar because I think that he is hard-working, ambitious and cheerful.

You could also use:

Admiro a ... porque ...	I admire ... because ...
La persona que admiro es ... porque ...	The person that I admire is ... because ...
Me encanta ... porque ...	I love ... because ...
No me gusta ... nada porque ...	I can't stand ... because ...
Creo que ...es	I think that ... is ...
En mi opinión es ...	In my opinion he/she is ...

- Another essential element for gaining grade C is reference to different tenses such as the past, present and future, for example:

Imperfect: what your famous person used to look like, e.g. he/she was ...
Preterite: where and when the person was born
Present: what he/she is like now
what he/she likes to do
Future: what he/she will do next

Try to find these areas in the text about Pedro Almodóvar and note down the phrases you can use. You have already covered this in exercise 2.

- The last two lines of the text on Pedro Almodóvar include the future tense. You have so far learnt to refer to the future by saying what you are **going** to do e.g. *Voy a visitar España.* I am going to visit Spain. With the future tense you say what you **will** do. This is covered in greater detail in Module 10. However, to say what he or she will do you take the infinitive of the verb and add ***-á*** e.g. ***continuar*** + ***á*** = ***continuará*** he/she will continue. Some exceptions are:

hará he/she will do **or** he/she will make
querrá he/she will want
podrá he/she will be able

El medio ambiente

En defensa de

Diario de Navarra Zapatería, 49
Apartado 5 PAMPLONA 31001

Pamplona, 12 de octubre

Estimado señor:

Soy miembro del grupo ecologista GURELUR (el Fondo Navarro para la Protección del Medio Natural) que lucha por la protección del medio ambiente en el norte de España. Nuestro grupo está basado en Pamplona y quiero protestar por los numerosos problemas en nuestra ciudad. He visto mucha basura en las calles – botellas, papel, latas – y todos los días en el centro hay demasiado tráfico que causa mucha contaminación del aire. La polución atmosférica provoca problemas médicos como el asma y otros problemas respiratorios. También la contaminación acústica es otro problema importante en la ciudad. Afortunadamente, Pamplona es muy popular para los turistas, pero una Pamplona sucia no es atractiva para el turismo. Además, recientemente he visto muchos problemas causados por la crueldad contra los animales, por ejemplo perros maltratados y gatos abandonados. ¡Qué pena!

En mi opinión se debe reciclar más, comprar productos reciclados, usar más el transporte público y la bicicleta y usar menos el coche. También es muy importante trabajar con el público y en los colegios – la educación sobre el medio ambiente es esencial para futuras generaciones y la protección del planeta.

En el futuro voy a continuar mis protestas y el trabajo de mi grupo. No obstante, creo que el gobierno de la región debe controlar el tráfico en Pamplona y organizar un programa de publicidad contra abusos de animales domésticos. También me gustaría ver campañas de reciclaje.

Le saluda atentamente

Antonio Munilla

1 Lee el texto y traduce al inglés las expresiones en verde.

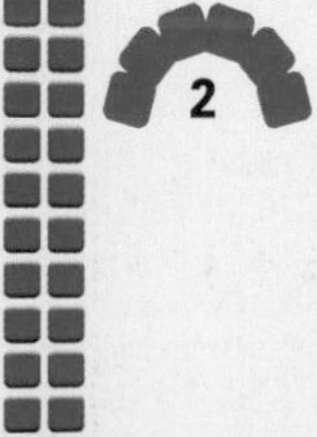

2 Empareja las frases españolas con las inglesas.

1 quiero protestar por
2 he visto mucha basura
3 hay demasiado tráfico
4 lucha por la protección del medio ambiente
5 he visto muchos problemas
6 en mi opinión se debe
7 también es muy importante
8 en el futuro voy a
9 creo que el gobierno de la región
10 me gustaría ver

a *there is too much traffic*
b *I want to protest about*
c *in my opinion we must*
d *in the future I am going to*
e *I would like to see*
f *I have seen a lot of rubbish*
g *I have seen many problems*
h *also it is very important*
i *I think that the government of the region*
j *fights for the protection of the environment*

3 Busca las respuestas a las preguntas.

1 ¿Cómo se llama el grupo ecologista?
2 ¿Dónde está basado el grupo?
3 ¿Cuáles son los principales problemas en Pamplona?
4 ¿Qué condiciones médicas causa la polución atmosférica?
5 ¿Cuáles son las soluciones?
6 ¿Por qué es importante trabajar con el público y en los colegios?
7 ¿Qué debe hacer el gobierno de la región?

4 Escribe una carta de protesta sobre los problemas del medio ambiente.

Ayuda

- Before starting this piece of coursework revise the work on this topic in Module 9.
- When writing a formal letter in Spanish you should start by placing the address of the person to whom you are writing the letter on the top left. The place from where you are writing and the date should be written at the top right. You should begin your letter with:

  Estimado señor:/Estimada señora:
  or *Distinguido señor:/Distinguida señora:*

  Note that you use a colon rather than a comma after the introductory phrase. And you finish with:

  Le saluda atentamente (and your signature underneath) or
  Reciba un respetuoso saludo de (and your signature underneath)
- You may wish to do some research on this topic on the internet. Many international environmental groups have websites in Spanish that can provide ideas. However, the language used is very complicated. Don't forget that the key to success in writing coursework on this subject is to keep it simple and in your own words!
- To make reference to the past in this piece of work you can mention things that you have seen or done using the perfect tense, for example:

He visto …	I have seen …
He hecho …	I have done …
He participado en …	I have taken part in …

  The perfect tense is covered in more detail in Module 10. Create some more sentences saying what you have done to protect the environment:

He *(I have)*	comprado	botellas, papel y latas.
Hemos *(We have)*	reciclado	el transporte público.
	utilizado	productos reciclados.
		la bicicleta.
		pilas recargables.
		menos el coche.

- You can improve your piece of coursework by using connectives such as *y* (and), *pero* (but) and some of the following:

además	furthermore
también	also
no obstante	nevertheless

  See where all of these have been used in the coursework example.
- If you are writing a letter protesting you will want to sound outraged! To do this, exclamations are useful, for example:

  ¡Qué asco! — How disgusting!

  Other exclamations include:

¡Qué horror!	How awful!
¡Qué pena!	What a shame!
¡Qué desastre!	What a disaster!

Leer y escribir

Me presento

Nombre:	William Bradley
Apellido:	Pitt
Fecha de nacimiento:	el 18 de diciembre de 1963
Lugar:	Shawnee, Oklahoma
Nacionalidad:	Estadounidense
Signo del zodíaco:	Sagitario de los pies a la cabeza
Domicilio:	Beverly Hills, California
Familia:	padres Jane y Bill; hermano Doug y hermana Julie
Algunos vicios:	le gusta beber cerveza y café
Le mola *(he's into)*:	la naturaleza, la arquitectura y el diseño de interiores
Mascotas:	5 perros que se llaman Blanco, C.C. Raider, Purdy, Saudi y Todd Potter
Aspecto físico:	pelo rubio; ojos azules; (barba de vez en cuando)
Estatura:	183 cm
Deportes:	le gusta el ciclismo, escalar *(rock climbing)* y el tenis
No aguanta:	las arañas y los tiburones
Música:	le encantan los Debbie Brothers, Stone Temple Pilots, Gipsy Kings y Bob Marley
Películas:	'Thelma y Louise', 'Leyendas de pasión',' Seven', 'El club de la lucha', 'Snatch', 'The Mexican', 'Ocean's 11', 'Hagan juego' ...

Copia y completa para Brad Pitt.

Brad Pitt nació en California/Oklahoma y su cumpleaños/signo del zodíaco es el 18 de diciembre. Es del Canadá/de los Estados Unidos. Su madre/hermana se llama Jane y su abuelo/padre se llama Bill. Tiene un hermano/dos hermanos y una hermana/dos hermanas. Le gustan los animales/las arañas: tiene cinco perros/gatos. Brad tiene los ojos verdes/azules y el pelo moreno/rubio. A veces tiene barba/bigote. Uno de sus vicios es que bebe café/limonada. Algo que le interesa/odia es la arquitectura. Le gusta/no le gusta practicar el ciclismo y el tenis. Le gusta/odia la música.

Escribe una ficha de identidad sobre ti mismo.

Ficha de identidad
Nombre:
Apellido:
Fecha de nacimiento:
Nacionalidad:

Escribe un párrafo sobre ti mismo.

Recuerda: Me llamo ... / Tengo ... años. / Soy inglés.

Usa el internet para buscar información sobre un/a español/a famoso/a como Penélope Cruz o Enrique Iglesias. Luego escribe su ficha de identidad.

Lee el mensaje electrónico de Cristina. ***(Look back to page 15 for help.)***

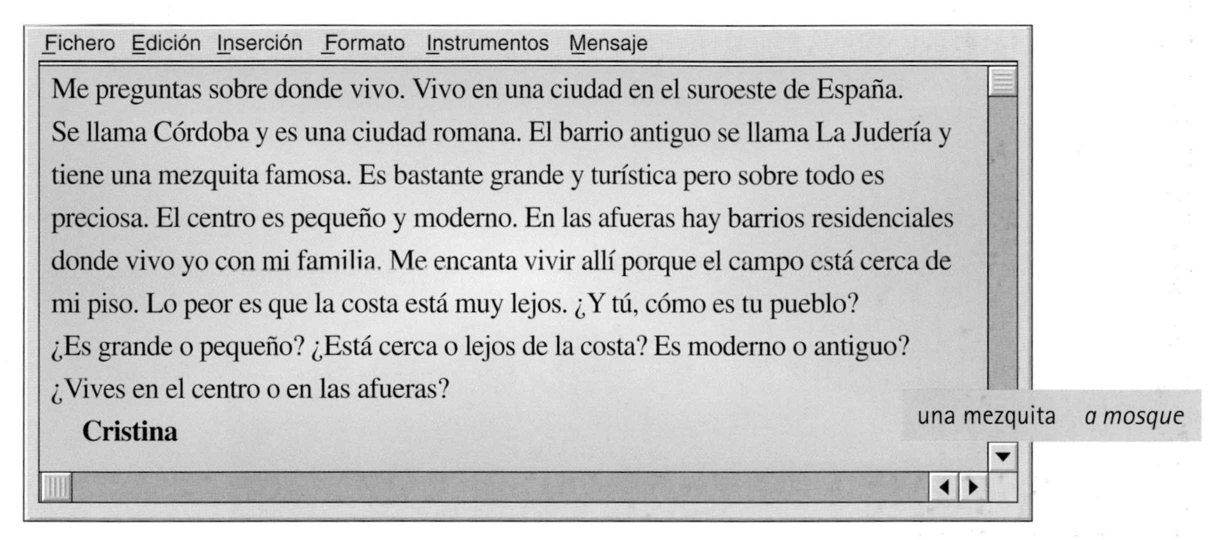
Fichero Edición Inserción Formato Instrumentos Mensaje

Me preguntas sobre donde vivo. Vivo en una ciudad en el suroeste de España. Se llama Córdoba y es una ciudad romana. El barrio antiguo se llama La Judería y tiene una mezquita famosa. Es bastante grande y turística pero sobre todo es preciosa. El centro es pequeño y moderno. En las afueras hay barrios residenciales donde vivo yo con mi familia. Me encanta vivir allí porque el campo está cerca de mi piso. Lo peor es que la costa está muy lejos. ¿Y tú, cómo es tu pueblo? ¿Es grande o pequeño? ¿Está cerca o lejos de la costa? Es moderno o antiguo? ¿Vives en el centro o en las afueras?

Cristina

una mezquita *a mosque*

¿Verdad o mentira?

1 Cristina vive en el noroeste de España.
2 Córdoba es un pueblo.
3 Hay un barrio antiguo.
4 No hay turistas.
5 Ella vive en una casa en el centro.
6 Le gusta mucho.
7 La costa no está muy cerca.

Escríbele a Cristina. Contesta a sus preguntas sobre tu pueblo/ciudad.

Leer y escribir

En el cole

1a Lee las cartas y contesta a las preguntas en inglés.

1 *What is Alicia's favourite day and why?*
2 *Give three reasons why Pepe likes his school.*
3 *Why might José prefer to go to Pepe's school?*
4 *Who has PE in the afternoon?*
5 *Who goes to a private school?*
6 *At what time does Alicia have Maths?*
7 *What subject does José dislike and why?*

Pepe
Me gusta mi colegio. Es mixto y en general los profesores son amables. Lo bueno es que no tenemos que llevar uniforme pero lo mejor de todo es que hay buenas facilidades.

Alicia
Mi día favorito es el lunes. Por la mañana tengo español a las nueve, matemáticas a las diez y media y por la tarde tenemos educación física.

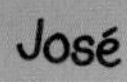

José
Voy a un colegio privado. No me gusta nada porque no hay chicas (no es mixto). También tengo que estudiar latín y en mi opinión es inútil.

amable *nice, friendly, polite*

1b Lee el texto y rellena los espacios en blanco con las palabras de abajo.

Normalmente mi día escolar ______ a las ocho. ______ de casa y ______ en autobús al colegio. El viaje ______ veinte minutos más o menos. Cuando llego ______ té con tostada en la cantina. Luego las ______ empiezan a las nueve. Tenemos el ______ a las ______ y por lo general ______ al fútbol en el patio con mis amigos. El día ______ sobre las tres y media y casi todos los días voy al club de informática porque me encanta ______ por correo electrónico a mi amigo por correspondencia colombiano.

termina escribir voy juego clases empieza once Salgo dura recreo tomo

1c Ahora escribe algo sobre tu rutina diaria.

Las evaluaciones al final del curso

María Victoria Nuñez

Clase 3a BUP

Resumen

Lengua Española	5	Conocimiento del medio*	3
Historia	2	Religión / ética*	4
Química	4	Tecnología	2
Inglés	6	Teatro	6
Matemáticas	4	Educación Física	4
Dibujo	3	Manualidades*	4
Geografía	1		
Francés	5		

Las notas

6 Sobresaliente	3 Suficiente
5 Notable	2 Insuficiente
4 Bien	1 Muy deficiente

las notas	*grades*
sobresaliente	*outstanding*
las evaluaciones al final del curso	*end of secondary school report*
ser flojo/a en ...	*to be bad at ...*
ser fuerte en ...	*to be good at ...*
Trabajo bien/mal en ...	*I'm working well/badly in ...*
No voy bien en ...	*I'm not doing well in ...*

Mira las notas de María y termina sus frases.

Soy fuerte en ... y ...
Trabajo bien en ...
No voy bien en ...
Soy floja en ... y ...

Información

*Spain is a Catholic country so if you are religious you can study RE and if not you study **ética** which is about being a good citizen, etc.
*__Manualidades__ is the study of handicrafts
*__Conocimiento del medio__ is environmental studies

Escribe una lista de tus asignaturas y añade una nota al lado de cada una.

Ejemplo: *Religión – Notable*

Ahora escribe comentarios positivos y negativos sobre seis de tus asignaturas.

Ejemplo: *Soy fuerte en español.*
Trabajo bien en dibujo y teatro.

Leer y escribir

De vacaciones

1a Lee la postal de Mónica y rellena los espacios.

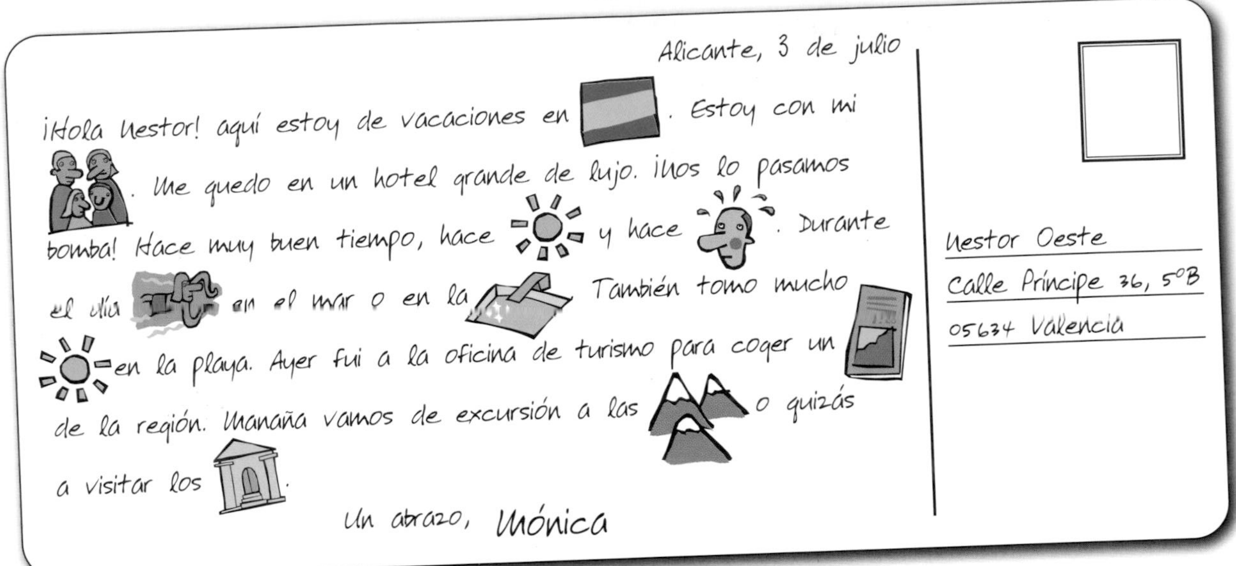

Alicante, 3 de julio

¡Hola Nestor! aquí estoy de vacaciones en ______ . Estoy con mi ______ . Me quedo en un hotel grande de lujo. ¡Nos lo pasamos bomba! Hace muy buen tiempo, hace ______ y hace ______ . Durante el día ______ en el mar o en la ______ También tomo mucho ______ en la playa. Ayer fui a la oficina de turismo para coger un ______ de la región. Mañana vamos de excursión a las ______ o quizás a visitar los ______ .

Un abrazo, Mónica

Nestor Oeste
Calle Príncipe 36, 5°B
05634 Valencia

1b Escribe una postal a un/a amigo/a sobre tus vacaciones.
Usa la postal de Mónica como modelo.

2a Pon los cuadros en el orden correcto.

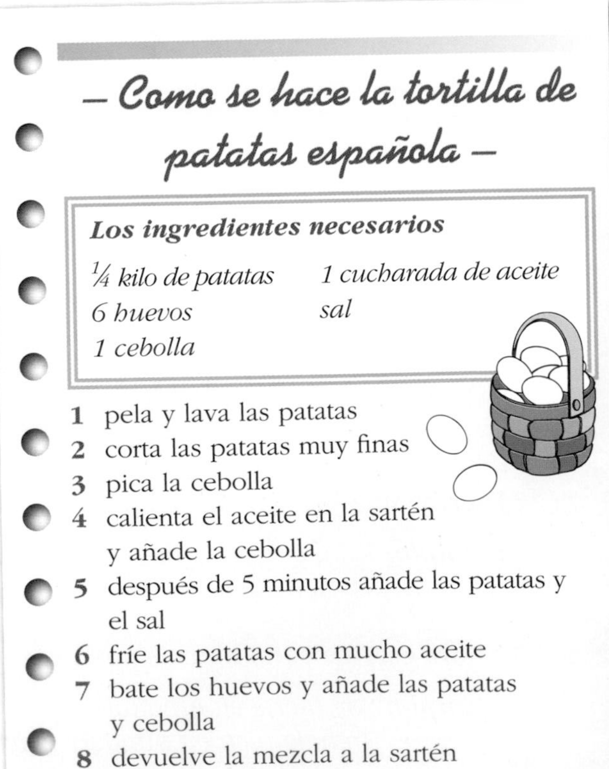

– Como se hace la tortilla de patatas española –

Los ingredientes necesarios

¼ kilo de patatas
6 huevos
1 cebolla
1 cucharada de aceite
sal

1. pela y lava las patatas
2. corta las patatas muy finas
3. pica la cebolla
4. calienta el aceite en la sartén y añade la cebolla
5. después de 5 minutos añade las patatas y el sal
6. fríe las patatas con mucho aceite
7. bate los huevos y añade las patatas y cebolla
8. devuelve la mezcla a la sartén

Escribe los ingredientes y las instrucciones en español para el gazpacho (una sopa fría). Usa el diccionario si es necesario.

¼ kilo tomatoes	peel the tomatoes
2 peppers	chop the peppers
1 clove garlic	fry the garlic
5 tbsps vinegar	add the vinegar
150 g breadcrumbs	add the breadcrumbs to the peppers

Lee el folleto y contesta a las preguntas en inglés.

1 *Where is the holiday village situated?*
2 *Apart from hotels, what two other types of accommodation can you stay in?*
3 *What services are available for eating and drinking, or buying your own food to cook?*
4 *Name 3 water sports and 2 non-water sports you can do.*
5 *Give 3 reasons why you would stay at Hotel Tres Mares.*
6 *Can you eat in the restaurant on Easter Sunday?*
7 *Name one type of food the restaurant specialises in.*

La Manga del Mar Menor

Alojamiento

Camping, Hoteles y Apartamentos para alquilar

Servicios

Restaurantes, Bares, Cafeterías, Supermercados

La Manga Club

- Practicar golf – 3 campos
- Practicar tenis, natación, equitación y más deportes
- Deportes acuáticos – submarinismo, windsurf, vela, esquí acuático
- Preciosas playas de arena

Situado a 35 km. de la ciudad de Cartagena, una estupenda urbanización protegida de los vientos del Mar Mediterráneo; parques regionales con más de 3.000 ha. de naturaleza al sur de la Manga.

Hotel Tres Mares

– tiene 95 habitaciones dobles, 5 individuales, todas ellas con TV antena parabólica directa, conexión ordenador y fax, secador pelo y minibar. Restaurante (abierto todo el año)

– a un precio razonable

– especialidad en arroces, pescados, carnes

Reservas: 968 262300. e-mail: tresmares@solmedia.com

Leer y escribir

En ruta

1a Rellena los espacios con las palabras.

Raúl tiene direcciones para hacer excursiones por la ciudad.

1 A las 09:00 coja el . La está enfrente de nuestro piso.

2 Baje en el y tome la primera calle a la derecha.

3 El está al lado del teatro.

4 Luego para ir al centro comercial que está muy cerca, cruce la y allí está.

5 Para ir a Correos cruce el , siga todo recto y está a la izquierda de la .

6 La oficina de turismo está bastante lejos. Coja el que está delante de la .

puente autobús nueve piscina mercado parada de autobuses plaza hospital metro peluquería

1b ¿Verdad o mentira?

1 A las ocho cogí el metro.
2 Bajé en el teatro.
3 Tomé la primera calle a la derecha.
4 Fui directamente al mercado.
5 Después visité el centro comercial.
6 Estaba muy lejos de la plaza.
7 Crucé el puente para ir a la oficina de turismo.
8 Luego cogí el autobús.

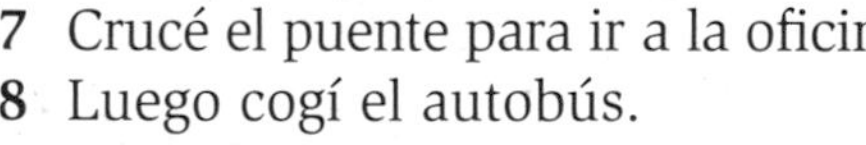

1c Ronaldo tiene fiesta en casa. Escribe una nota con direcciones para Raúl.

Menciona:
*hay una fiesta esta tarde
*dónde y a qué hora (en mi casa ... a las ocho y media)
*por dónde se va a la casa de Ronaldo (siga/tuerza/cruce/tome/pase ...)
*cuántos minutos tarda (por autobús/metro ... tarda ... minutos)
*opinión sobre el transporte (es más cómodo ir en ... porque es ...)
*transporte a casa (se puede volver a pie/en metro/en autobús)

2a Lee y escoge las cuatro frases correctas.

1 Su día fue un desastre.
2 Se levantó temprano.
3 Su madre le llevó al colegio.
4 Hacía mal tiempo.
5 Cogió el metro.
6 Compró un billete sencillo.
7 Había una huelga.
8 Llegó con retraso.

llover a cántaros	*to pour with rain*
un bono	*a travelcard*
una huelga	*a strike*

Ayer fue un día horroroso. Me levanté muy tarde. Mi madre no podía llevarme al colegio porque el coche estaba en el garaje. Había problemas con el parabrisas. Estaba lloviendo a cántaros y por eso decidí coger el autobús. En la parada de autobús descubrí que dejé mi bono en casa y tuve que pagar 5 euros por un billete sencillo. Había mucho tráfico en el cruce principal. Los semáforos estaban rotos porque un camión chocó contra ellos. Llevaron al conductor del camión al hospital que estaba muy cerca. ¡Así que el viaje tardó una hora más de lo normal! Hoy fui al colegio en bicicleta que es más barato, más rápido y mucho más sano.

Luis

2b Contesta en inglés.

1 *Why did Luis's day start badly?*
2 *Why didn't his mum take him to school?*
3 *What was the weather like?*
4 *What did he leave at home and where was he when he realised it?*
5 *Where was there a lot of traffic?*
6 *Give 2 details of the accident.*
7 *How did he go to school today and what were his reasons?*

3 Escribe sobre un día horroroso. Usa el pretérito y el imperfecto.

Incluye:

- la hora de levantarse (me levanté a las ...)
- cómo fuiste al colegio (fui en ... con ...)
- qué tiempo hacía (hacía frío/viento/estaba ...)
- descripción de un accidente (un coche/bicicleta/camión chocó con un ...)
- cómo fuiste al colegio hoy y por qué

¿Qué te ha pasado?

La familia de Paco está enferma. Completa las frases. Usa las palabras a la derecha.

1 Lo siento pero no puedo jugar al ______ porque me duele ______

2 Mi abuela no quiere ver la ______ porque le duelen ______

3 Mi madre no puede lavar el ______ porque tiene una ______

4 Mi hermana no tiene ganas de ______ porque está ______

5 Mi hermanastro no puede ir al ______ porque tiene ______

6 Mi tío no va a la ______ porque tiene dolor de ______

partido de fútbol
tenis
fiesta
coche
televisión
ir al parque

estómago
muy enferma
fiebre
el brazo
insolación
los ojos

tener ganas de *to feel like doing something*

Escribir
2

Escribe un mensaje electrónico a tu amigo/a en español.

Sorry, don't feel well
Can't go to party
Have flu, head hurts, sore throat and a cough
Have to stay in bed for 2 days

Leer
3

Sebastián es un bromista. ¡Pretende que es médico! ¿Estás de acuerdo con sus consejos?

Escribe el medicamento correcto y la dosis. *(Mira página 61.)*

estreñido/a *constipated*

4a **Lee la carta y contesta a las preguntas en español.**

1 ¿Cuánto tiempo va a pasar en Cantabria?
2 ¿Cuándo va a estar allí?
3 ¿Cuántas personas son?
4 ¿Dónde prefiere montar la tienda?
5 ¿Cómo va a llegar al camping?
6 ¿Qué deportes le interesa?

Camping de Comillas
Calle Antonio López
Cantabria

Londres, 22 de mayo

Estimado señor:

Voy a pasar una semana en Cantabria a principios de agosto. Quisiera reservar una parcela a la sombra a partir del día 9. Tenemos una tienda grande. Somos dos adultos y tres niños. También necesito espacio para aparcar el coche.

¿Puede darme información sobre las facilidades del camping, si tiene por ejemplo una piscina y pistas de tenis? ¿Hay supermercado o restaurante/bar? ¿Es posible practicar la equitación y el golf? ¿Está el camping lejos de las montañas? ¿Se pueden alquilar barcos de pedales, hamacas y sombrillas en la playa? ¿Se puede practicar la vela o el windsurf?

Le ruego que me mande una tarifa de precios y que me confirme la reserva lo antes posible.

Agradeciéndole de antemano,

Le saluda atentamente,

Alex Isaacs

4b **Mira el folleto. Contesta a las preguntas del Señor Isaacs. Menciona:**

Hay ... pero no hay ...

Ejemplo: *Hay restaurante pero no hay bar.*

No / está lejos de ...
No / se puede ...

4c **Tu amigo/a no entiende español. Escribe una carta en español para reservar un camping.**

Two adults, two children
Going to Galicia for 5 days 9th – 13th of May
Have caravan and car
Ask about facilities
Ask for a price list

En casa y en el trabajo

¿Cuánto cuesta?

Ejemplo: 1 €25

Escoge la imagen correcta para cada resumen.

Ejemplo: 1 **a** Compra las zapatillas de deportes correctas.

a Compra las zapatillas de deportes correctas.
b Come por lo menos 2 o 3 horas antes del esfuerzo físico.
c El entrenamiento ideal debería ser gradual y progresivo.
d Para un máximo beneficio practica 2–3 veces a la semana durante 20–40 minutos.
e Empieza un deporte con calentamiento de los músculos.
f Come comida energética cada día como carbohidratos; por ejemplo, un plato de pasta, pan, arroz.
g Es muy importante incluir como parte de tu dieta diaria una selección de fruta, verduras, yogur, cereales, queso, carne, pescado, huevo y zumos de fruta naturales en vez de bebidas azucaradas.

Lee el artículo. ¿Verdad o mentira?

¿En qué gastas el dinero?

Los jóvenes de hoy tienen más dinero que los de antes. Hicimos una encuesta de dos mil jóvenes de 14–16 años para descubrir en qué gastan su dinero. Aquí están los resultados (% de su dinero).

CDs / minidiscos / vídeos	*22*
Cine / bares / partidos de fútbol	*21*
Ropa	*20*
Juegos de ordenador	*15*
Tebeos / revistas / libros	*8*
Otros pasatiempos	*7*
Caramelos / chocolate	*5*
Ahorros (banco)	*2*

1 Los jóvenes gastan más dinero en ropa que en juegos de ordenador.
2 Gastan más en música.
3 Los jóvenes gastan 22% de su dinero en juegos de ordenador.
4 Los jóvenes ahorran 20% de su dinero.
5 Gastan más dinero en salir que en revistas.
6 La ropa es más popular que los CDs.

Recibes un mensaje electrónico de Miguel. Contesta en español a todas sus preguntas.

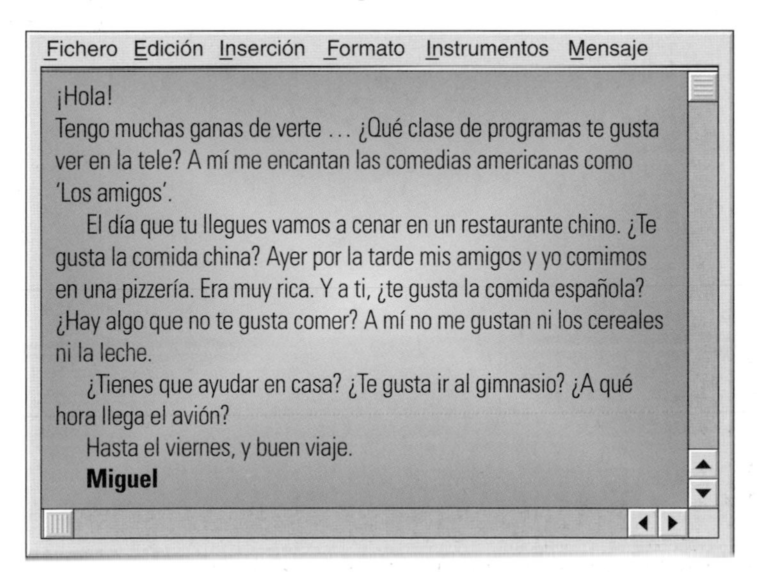
Fichero Edición Inserción Formato Instrumentos Mensaje

¡Hola!
Tengo muchas ganas de verte … ¿Qué clase de programas te gusta ver en la tele? A mí me encantan las comedias americanas como 'Los amigos'.

El día que tu llegues vamos a cenar en un restaurante chino. ¿Te gusta la comida china? Ayer por la tarde mis amigos y yo comimos en una pizzería. Era muy rica. Y a ti, ¿te gusta la comida española? ¿Hay algo que no te gusta comer? A mí no me gustan ni los cereales ni la leche.

¿Tienes que ayudar en casa? ¿Te gusta ir al gimnasio? ¿A qué hora llega el avión?

Hasta el viernes, y buen viaje.

Miguel

Leer y escribir

De compras

Lee el mensaje electrónico. Escribe las personas en los espacios.

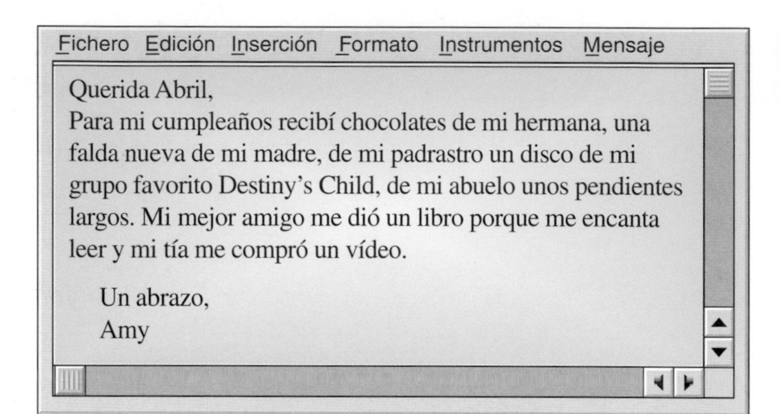
Fichero Edición Inserción Formato Instrumentos Mensaje

Querida Abril,
Para mi cumpleaños recibí chocolates de mi hermana, una falda nueva de mi madre, de mi padrastro un disco de mi grupo favorito Destiny's Child, de mi abuelo unos pendientes largos. Mi mejor amigo me dió un libro porque me encanta leer y mi tía me compró un vídeo.

Un abrazo,
Amy

a Joyas
b Ropa
c *Harry Potter y la piedra filosofal*
d Película
e Dulces
f Música

Amy está de compras en España. Escoge un regalo para los seis miembros de su familia. Menciona la razón por la que lo comprara.

Ejemplo: *Para mi hermano voy a comprar* ... *porque* ... .

1 un monedero de cuero

2 un abanico

3 un póster del Real Madrid

4 un sombrero de paja

5 un disco de Enrique Iglesias

6 una botella de vino blanco

a porque le gusta el fútbol.
b porque no le gusta el sol.
c porque le encanta el vino.
d porque le encantan los artículos de piel.
e ¡porque ella quiere uno!
f porque le gusta la música española.

Contesta a las preguntas del concurso en inglés.

1 *You may want to go here after having lunch at the restaurant.*
2 *This sign appears on doors. What does it tell you?*
3 *This is the opposite of question 2!*
4 *You don't want to ignore this notice on a one-way street!*
5 *Why would a home-owner be interested in this notice?*
6 *Why is this a good time to shop?*
7 *When is this shop open?*
8 *What does this shop sign tell you?*
9 *You may be grateful to see this sign in a large department store!*
10 *In Spain you must do this as soon as you enter a supermarket!*

Contesta a las preguntas en inglés.

Bebidas Refrescantes: Tenemos una fresquísima selección de bebidas de todos los sabores, para todos los gustos para cualquier ocasión, de sus marcas preferidas.
Frutas y Verduras: Desde Valencia, Aragón, Navarra, incluso desde Nueva Zelanda ... tenemos la fruta y la verdura fresca.
Pescados y Mariscos: Gambas de Cádiz, merluza de Galicia, pescados y mariscos seleccionados cada día y transportados frescos hasta nuestra Pescadería.
Carnes: La auténtica calidad diaria, cordero, pavo, cerdo, pollo desde el Origen.
Pastelería y Platos preparados: Para el final feliz de cualquier comida nuestro extraordinario surtido de panes, bollos, tartas y pasteles le acompañará.

1 *Mention 3 reasons why the drinks department thinks it caters for everyone.*
2 *What can you get from New Zealand?*
3 *How often is fish delivered?*
4 *Name 3 meat products you can buy.*
5 *What 4 items can you get at the confectioner's?*

Leer y escribir

Empareja las frases con los dibujos.

Ejemplo: 1 – *B*

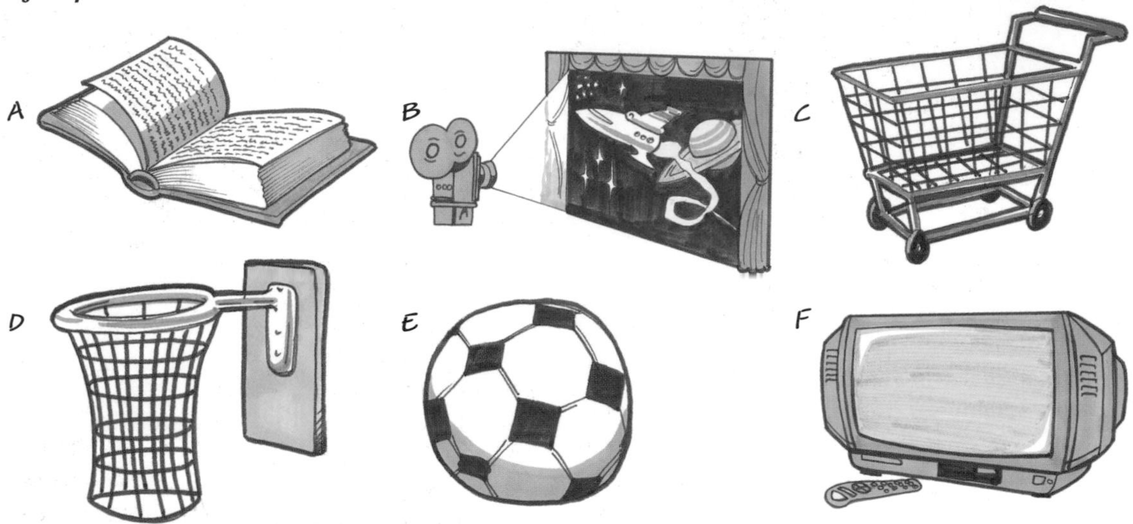

1 Ayer fui al cine.
2 Anoche vi la televisión.
3 La semana pasada leí un libro.
4 El lunes pasado mi hermano menor Jorge jugó al fútbol.
5 Esta mañana mi amigo Antonio fue de compras.
6 Mi hermano mayor Miguel fue a un partido de baloncesto al polideportivo.

Escribe seis frases sobre el tiempo libre. Usa el préterito y *anoche/ayer,* etc.

Lee los anuncios. Copia la frase correcta.

1 *Aquópolis – uno de los parques acuáticos más grandes de Europa.*
Abierto de junio a septiembre, de12h a 9h todos los días.
Precio: lunes a viernes €12, niños de 4 a 10 años €6.
Hay lagos de aventura, máquinas de onda eléctrica y mucho más.

2 *Gimnasio La Ermita*
Abierto de 9h a 11h lunes a viernes; 10h a 8h sábado y domingo. No es necesario ser socio. 8 pistas de tenis, squash, club de baloncesto, piscina cubierta, y otra al aire libre, gimnasio con facilidades para levantar pesas, clases particulares de tenis para niños ...

3 *Multicines Ideales*
VO (Version Original)
Sesiones a 1h 30 y a 3h
La taquilla abierta de 4h a 11h todos los días
La entrada – adultos €5, niños €3
Descuento – los lunes

4 *¡Madrid de Fiesta!*
Dos de mayo
Conciertos de música
Miriam Marino Verde – salsa
Enrique Iglesias – música pop
Niña Pastori – flamenco

Ejemplo: *El parque acuático se llama:* ***Multicines Ideales/La Ermita/Aquópolis.***
El parque acuático se llama Aquópolis.

1 Aquópolis está abierto: todo el año/durante el verano/sólo en octubre.
2 Para ir al gimnasio: hay que ser miembro/es importante ser socio/no es obligatorio ser miembro.
3 Los Multicines ofrecen: descuento toda los lunes/comida rápida/entrada libre para adultos.
4 La fiesta es: al final de mayo/en la segunda semana de mayo/a principios de mayo.

Imagina que fuiste al polideportivo La Ermita. Escribe un anuncio para atraer jugadores. Menciona algo sobre:

a el entrenamiento*
b los equipos
c cuándo hay partidos
d dónde está el club

*training

¡Se buscan jugadores!

El club de baloncesto es ...

Hay entrenamiento los ...

Hay equipos para chicos/chicas de ... a ... y de ... a ...

Los partidos son cada ...

El gimnasio está ...

Yo

1 **¿A quién admiran? Empareja la calidad con la persona.**

1

2

3

4

Calidad	Persona
quite ambitious	Britney

a *does a lot for young people*
b *quite ambitious*
c *always very friendly*
d *never lazy*
e *very talented*
f *hard-working*
g *serious and honest*
h *modest*

2 **Escribe sobre la persona a quien más admiras.**

Ejemplo: *Admiro a … porque es/no es …*
También/siempre/nunca/sobre todo es…

Haz la encuesta.

La ley sobre el alcohol en Inglaterra.

¿Tienes un buen conocimiento o no?

1 Los niños de cualquier edad pueden entrar al comedor de los pubs, o a las áreas familiares de los pubs.
- **a** verdadero
- **b** falso
- **c** no lo sé

2 Los mayores de 14 años pueden entrar en los bares sin ir acompañados de un adulto, no se sirve alcohol hasta los 18 años.
- **a** verdadero
- **b** falso
- **c** no estoy seguro

3 A los jóvenes no se les permite beber alcohol en un bar o comprar alcohol hasta los 18 años.
- **a** verdadero
- **b** falso
- **c** no lo sé

4 Está prohibido servir cerveza o sidra a los menores de 16 años en un restaurante aunque* tomen algo para comer.
- **a** verdadero
- **b** falso
- **c** ninguna idea

*even though

Resultados

Pregunta	Puntos a	b	c
1	2	0	1
2	2	0	1
3	2	0	1
4	0	2	1

0 – 2 puntos
No sabes mucho sobre la ley pero por lo menos eres honesto.

3 – 5
Eres una persona que tiene un conocimiento bastante bueno.

6 – 8
¡Qué bien! Eres muy inteligente y responsable.

Lee el anuncio y contesta a las preguntas en inglés.

1. *Who is the advertisement aimed at?*
2. *What does it say it will help you achieve and how long will it take?*
3. *List 4 advantages of using this scheme.*
4. *How do you find out more information?*

CENTRO DE SALUD ANTITABACO PARA JÓVENES

La forma más fácil para dejar de fumar
En cinco sesiones de 30 minutos
¡2 años de garantía! Por escrito
Si tu quieres, nosotros te ayudaremos.

- Sin agujas ni medicamentos
- No provoca aumento de peso
- Acaba con el estado de dependencia
- Sin efectos secundarios
- Sin estrés, mal humor, ansiedad, malestar

Llámanos sin compromiso
Guillermo de Lyón 71 6 – 5
24105 Toledo 417 07 01 76

Escribe seis inconvenientes de fumar durante la adolescencia. ***(Para más ayuda mira la página 116 o usa un diccionario.)***

Ejemplo: *Es dañino para la salud.*

El futuro

Empareja los anuncios con las cualidades que se necesitan.

Ejemplo: 1 – *f*

1 **Se necesita repartidor(a) de periódicos**
Horas : 6.30 – 8.30 lunes a viernes,
8.30 – 10.30 sab. y dom.
Telf. Antonio 957 453681

2 **Se necesita camarero o camarera con experiencia, restaurante nuevo Don Marco.**
Llamar al telf. 832002

3 Entrenador de rugby Australia. Estudiar y trabajar con niños en Sydney. Durante dos años. Viaje, alojamiento incluido. Telf. Juan. 27 / 812.33.02

4 ***Necesito secretaria con experiencia, oficina Sevilla.***
Interesadas, llamar al telf. 200876 a partir desde las 10 mañana.

5 Se necesitan peluqueros para la zona de Granada. Ingresos aproximados €100 mes. Telf. Don Víctor 19 / 331708

6 **Se necesita estudiante para tienda deporte por vacaciones.**
Escribe con tus detalles. Sra Reed, apdo de correos no 21, Córdoba

a Le interesa el deporte y viajar.
b Persona joven interesada en trabajo de verano.
c Personas creativas, imaginativas interesadas en la belleza.
d Le gusta trabajar con el público en un ambiente social.
e Puede escribir a máquina.
f Sin problemas para levantarse de madrugada.

Escribir 2

Elige uno de los puestos y escribe tu propia carta. Escribe de una manera formal.
(¿Quieres saber más? Mira Módulo 10, Unidad 3.)

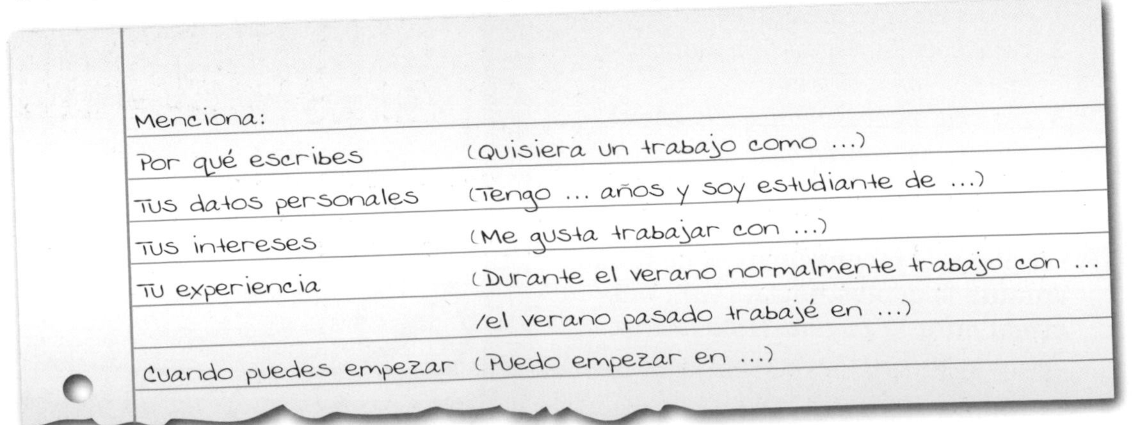

3 Lee el anuncio para un teléfono móvil. ¿Verdad (✓), mentira (✗) o no se sabe (¿)?

Es un anuncio para una persona que quiere ...

Ejemplo: **a** un teléfono móvil nuevo. ✓

- **a** un teléfono móvil nuevo.
- **b** información sobre modelos nuevos.
- **c** un modelo no de moda.
- **d** un teléfono de color azul.
- **e** algo complicado.

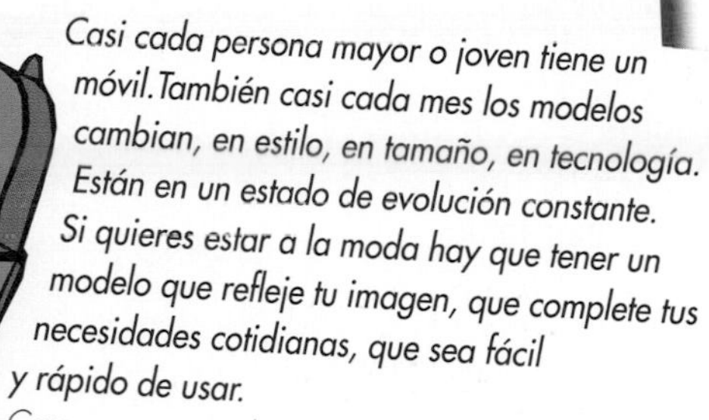

Casi cada persona mayor o joven tiene un móvil. También casi cada mes los modelos cambian, en estilo, en tamaño, en tecnología. Están en un estado de evolución constante. Si quieres estar a la moda hay que tener un modelo que refleje tu imagen, que complete tus necesidades cotidianas, que sea fácil y rápido de usar.

Compra nuestro último modelo.

¡Es lo mejor para los mejores!

4 Lee el artículo y contesta en inglés.

1. *Who is the article aimed at?*
2. *The 'experts' say there are dangers. Mention 4 possible side effects.*
3. *Name two sources according to the article of electromagnetic waves.*
4. *The harmful effects are dependent on the strength of the waves. Mention another factor according to the article.*
5. *What is the final piece of advice?*

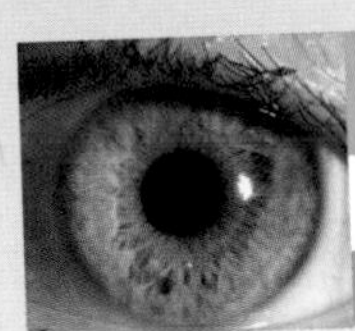

El teléfono móvil ...

¿tu hijo está en peligro?

Hay discursos sobre los posibles efectos nocivos. ¿Pero cuáles son? Algunos expertos dicen que el uso prolongado del móvil produce cansancio, dolor de cabeza, mareos, nerviosismo, insomnio y además cáncer y alzheimer.

Ondas dañinas

El teléfono móvil y la mayoría de los electrodomésticos emiten ondas electromagnéticas que afectan a los humanos. Eso no es nada nuevo.

¿Pero el número de ondas electromagnéticas que estos aparatos emiten es suficiente como para causar problemas de salud?

Eso depende de la potencia de las ondas, de la frecuencia de absorción y de la proximidad de la fuente emisora. La potencia de los móviles no sobrepasa los niveles de peligrosidad extrema.

No hay datos que confirmen los riesgos, aunque no se puede desmentirlos.

Los consejos de las autoridades:

Usa de forma racional la telefonía celular.

5 Tus padres han leído el artículo sobre los peligros de los móviles. Escribe cinco razones por las que deben comprarte uno para Navidad. *(¡Puedes sacar vocabulario del anuncio! Usa estos verbos. Cámbialos a la forma correcta.)*

(Necesitar) ...
(Querer) en caso de emergencias ...
(Estar) de moda ...
Mis amigos (tener) ...
No/(ser) peligroso ... *etc*

1 Nouns

Nouns are naming words for people (la madre – *mother*, el chico – *boy*), places (el banco – *bank*, la catedral – *cathedral*) and things (el libro – *book*, la mesa – *table*).

1.1 Gender

Each noun in Spanish has a gender. This means it is either masculine (**m**) or feminine (**f**). For people, masculine means male and feminine means female (el hermano – *brother*, la hermana – *sister*). However, for places and things this does not have anything to do with male and female and you have to learn which words are masculine and which are feminine. Remember that most words ending in -**o** are masculine (el bolígrafo – *pen*, el perro – *dog*, el vestido – *dress*) and most ending in -**a** are feminine (la goma – *rubber*, la serpiente – *snake*, la camiseta – *t-shirt*).

These nouns do not follow this pattern. They are exceptions and have to be learnt:

el día	*day*
el mapa	*map*
el problema	*problem*
la mano	*hand*
la foto	*photo*
la radio	*radio*
la moto	*moped*

1.2 Singular and plural

Plural means more than one and nouns change in the plural. In most cases, to form the plural you add -**s** or -**es**, for example:

Words ending in a vowel (a, e, i, o, u) add -**s**:
chico *(boy)*, chicos *(boys)*, persona *(person)*, personas *(people)*, coche *(car)*, coches *(cars)*

Words ending in a consonant (n, r etc.) add **-es**: melón *(melon)*, melones *(melons)*, actor *(actor)*, actores *(actors)*

If a noun has an accent on the last part of the word (el jard**í**n – *garden*) and ends in a consonant, the accent is removed in the plural (los jard**ines** – *gardens*). However, some words take accents in the plural for pronunciation (los j**ó**venes – *young people*, los ex**á**menes – *exams*).

Exercise 1

Form the plurals of these words.

1 el dependiente	los …
2 el concierto	…
3 el balcón	…
4 la foto	las …
5 la cafetería	…

2 Articles

These are the words that come before nouns ('a' or 'the'), for example:

el estadio *the stadium* un estadio *a stadium*

2.1 'The'

In Spanish, the article changes according to whether the noun is masculine or feminine and singular or plural.

Masc. singular	***Fem. singular***
el dormitorio *(the bedroom)*	**la** cocina *(the kitchen)*
Masc. plural	***Fem. plural***
los dormitorios *(the bedrooms)*	**las** cocinas *(the kitchens)*

You must include the article **(el, los, la, las)** in Spanish when sometimes it is not needed in English. For example, you must include it with school subjects:

Me gustan las matemáticas.	*I like Maths.*
La historia es fácil.	*History is easy.*

Exercise 2

Fill in the correct article **(el, los, la, las)**.

1 vino
2 abuela
3 zapatos
4 gato
5 ciencias

2.2 'A' and 'some'

The word for 'a' in Spanish also changes in masculine or feminine and singular or plural. In the plural the meaning changes to 'some'.

Masc. singular	***Fem. singular***
un dormitorio *(a bedroom)*	**una** cocina *(a kitchen)*
Masc. plural	***Fem. plural***
unos dormitorios *(some bedrooms)*	**unas** cocinas *(some kitchens)*

Sometimes you do not need to add the article in Spanish for 'a' or 'some'. For example, you do not use it for jobs:

Es secretario.	*He is a secretary.*
Es médica.	*She is a doctor.*
Son dependientes.	*They are shop assistants.*

Exercise 3

Add the correct article **(el, los, un, unos, la, las, una, unas)**.

1 … chica es simpatica.
The girl is nice.
2 Normalmente, en … casa hay … cocina.
Normally, in a house there is a kitchen.
3 … hermano de María tiene 8 años.
María's brother is 8 years old.
4 Estudio … historia y … matemáticas.
I study History and Maths.
5 … fotos son bonitas.
The photos are pretty.

3 Adjectives

Adjectives are describing words. They also change for masculine/feminine and singular/plural but this depends on the ending of the word.

	Masc. singular	***Fem. singular***	***Masc. plural***	***Fem. plural***
Ends in **-o**	alto	alt**a**	alt**os**	alt**as**
Ends in **-e**	verde	verd**e**	verd**es**	verd**es**
Ends in **-s** or **-l**	inglés español	ingles**a** español**a**	ingles**es** español**es**	ingles**as** español**as**

Some adjectives are shortened when they come before a noun that is masculine singular:

bueno – buen	Hace buen tiempo. *It is good weather.*
malo – mal	Hace mal tiempo. *It is bad weather.*
primero – primer	En el primer piso. *On the first floor.*
tercero – tercer	En el tercer piso. *On the third floor.*

Exercise 4

Complete the sentences with the correct form of the adjective.

1 Mis padres son **inglés/inglesa/ingleses/inglesas**.
2 La sección de ropa está en la **tercer/tercera/terceros/terceras planta**.
3 La falda es **gris/grises**.
4 El país es **pequeño/pequeña/pequeños/pequeñas**.
5 **Bueno/Buena/Buenos/Buenas** noches.

3.1 Position of adjectives

Most adjectives come after the noun they are describing, for example:

el coche azul	*the blue car*
una chica alta	*a tall girl*

However, these adjectives come before the noun and have to be learnt:

bueno *good*
primero/segundo/tercero *first/second/third*
último *last*
próximo *next*

La próxima clase empieza a las diez.
The next class starts at ten o'clock.

3.2 Possessive adjectives

Possessive adjectives show who something or someone belongs to. They agree with the noun they are describing and always come in front of the noun.

	Masc. singular	***Fem. singular***	***Masc. plural***	***Fem. plural***
my	**mi** piso *(my flat)*	**mi** casa *(my house)*	**mis** hermanos *(my brothers)*	**mis** hermanas *(my sisters)*
your (fam.)	**tu** piso	**tu** casa	**tus** hermanos	**tus** hermanas
his, her, its, your (polite)	**su** piso	**su** casa	**sus** hermanos	**sus** hermanas
our	**nuestro** piso	**nuestra** casa	**nuestros** hermanos	**nuestras** hermanas
your (fam.)	**vuestro** piso	**vuestra** casa	**vuestros** hermanos	**vuestras** hermanas
their your (polite)	**su** piso	**su** casa	**sus** hermanos	**sus** hermanas

Exercise 5

Fill in the gap with the correct adjective.

1 No me gusta … primo.
I do not like their cousin.
2 … perro se llama Roni.
My dog is called Roni.
3 No sé donde están … libros.
I do not know where your books are.
4 … amigo vive en Madrid.
Our friend lives in Madrid.
5 … novio es alto.
Her boyfriend is tall.

3.3 Comparative and superlative adjectives

Adjectives can be used for comparing things or people, e.g. 'Amy is taller than Lauren, Ben is the tallest'.

más … que	*more … than*
menos … que	*less … than*
tan … como	*as … as*

Juan es más ambicioso que Pedro.
Juan is more ambitious than Pedro.

Susana es menos simpática que Monica.
Susana is less nice than Monica/Susana is not as nice as Monica.

Paco es tan alto como Ángela.
Paco is as tall as Ángela.

There are some exceptions:

mejor	*better, best*	peor	*worse*
mayor	*older, bigger*	menor	*younger*

En mi opinión, el fútbol es mejor que el ciclismo.
In my opinion, football is better than cycling.

Jaime es el peor. *Jaime is the worst.*

Sam es el mayor. *Sam is the oldest.*

Exercise 6

Translate these sentences.

1 Soy más alto que mi amigo.
2 Mi hermano es tan simpático como yo.
3 Mi madre es menos severa que mi padre.
4 Pedro es el mayor de los primos.
5 ¡Las patatas fritas son mejores que las verduras!

3.4 Demonstrative adjectives

These are the words for 'this, that, these, those' and they come before the noun they are describing. Like other adjectives, they have to agree with the noun.

Masc. singular	***Fem. singular***	***Masc. plural***	***Fem. plural***
este	esta	estos	estas
this	*this*	*these*	*these*
ese	esa	esos	esas
that	*that*	*those*	*those*
aquel	aquella	aquellos	aquellas
that	*that*	*those*	*those*

Aquel/aquella/aquellos/aquellas mean 'that' or 'those' which are far away. It can be translated as 'that over there' or 'those over there'.

Aquella gorra. *That hat over there.*
Aquellas botas. *Those boots.*

Exercise 7

Add in the correct demonstrative adjective.

1 … película es aburrida.
This film is boring.
2 … caramelos son delícíosos.
Those sweets (over there) are delicious.
3 … chico es muy guapo.
This boy is really good-looking.
4 … botas están muy de moda.
Those boots are really trendy.
5 … libro es interesante.
That book is interesting.

4 Questions

In Spanish, to make a question, you can either use a question word or you can add question marks (at the beginning and at the end) for a written question or change the intonation of your voice (raising the pitch of your voice at the end) for a spoken question.

Es pequeño.	*It is small.*
¿Es pequeño?	*Is it small?*
Quieres una Coca-Cola.	*You want a Coke.*
¿Cómo te llamas?	*What's your name?*

4.1 Question words

The following question words are always placed at the start of a question:

¿Qué?	*What?*
¿Quién?	*Who?*
¿Con quién?	*Who with?*
¿Cómo?	*How? What?/ What … like?*
¿Cuánto(s)/a(s)?	*How much? How many?*
¿Cuándo?	*When?*
¿Dónde?	*Where?*
¿Adónde?	*Where to?*
¿Por qué?	*Why?*
¿Cuál(es)?	*Which?*
¿A qué hora?	*At what time?*

Exercise 8

Translate into English.

1 ¿Cómo es tu hermano?
2 ¿A qué hora sale el tren?
3 ¿Cómo se llama tu madre?
4 ¿Dónde vives?
5 ¿Cuántos hermanos tienes?

Translate into Spanish.

1 *How much is it?*
2 *At what time does the bus leave?*
3 *What is your uncle called?*
4 *Where is the school?*
5 *How many subjects do you study?*

5 Adverbs

Adverbs are used to describe actions. They are usually translated in English by adding '-ly' to the end of a word ('quickly', 'helpfully', etc.). In Spanish, you add **-mente** to the adjective in the feminine form:

fácil *easy*
fácilmente *easily*

rápido *quick*
rápidamente *quickly*

There are some exceptions:

mucho/poco	*a lot/a little*
No hablo mucho.	*I do not speak a lot.*
bien/mal	*well/badly*
Hablo bien el español.	*I speak Spanish well.*

Exercise 9

Make sentences using the following adverbs.

rápidamente
lentamente
tranquilamente
bien
silenciosamente

1 Juega … al baloncesto.
2 El tren va … por el campo.
3 Escucha … .
4 Los alumnos van … a clase.
5 Trabaja … los sábados.

5.1 Adverbs of time and place

These describe when and where an action takes place.

aquí *here*
ahora *now*

allí *there*
ya *already*

Vivo aquí.	*I live here.*
El banco está allí.	*The bank is there.*
Ahora practico boxeo.	*I do boxing now.*
Ya fui a Menorca.	*I have already been to Menorca.*

6 Pronouns

Pronouns stand in place of a noun, e.g. 'I, you, he, she', etc.

6.1 Subject pronouns

You do not need to use subject pronouns in Spanish very often. This is because the ending of the verb tells you who is doing the action. However, you do use them:

- for emphasis:
  Yo tengo 14 años pero tú tienes 12.
  I am 14 but you are 12.
- to make clear who is doing something:
  Pablo y Pili son hermanos. Él va al colegio pero ella va a la universidad.
  Pablo and Pili are brother and sister. He goes to school but she goes to university.
- to speak politely to someone else (usted/ustedes):
  ¿Tiene usted una lista de hoteles?
  Do you have a list of hotels?

yo	*I*
tú	*you (familiar sing.)*
él/ella	*he/she*
usted	*you (polite sing.)*
nosotros nosotras	*we*
vosotros vosotras	*you (familiar plural)*
ellos/ellas	*they*
ustedes	*you (polite plural)*

Exercise 10

Add in the correct subject pronouns for emphasis.

1 ... no tengo deberes.
I do not have any homework.
2 ... es muy simpático pero ... no.
He is very nice but she is not.
3 ¿Tiene ... un mapa?
Do you (polite) have a map?
4 ... estudias mucho.
You study a lot.
5 ... vivimos en Inglaterra.
We live in England.

Use of *tu* and *usted*

There are two words for 'you' in Spanish: tu and usted. Tu is the familiar form and usted is the polite form. You use tu for friends and family and usted for older members of a family, strangers and in shops/restaurants.

¿Tienes el nuevo CD de Ricky Martín? (Tu)
Do you have Ricky Martin's new CD?

¿Tiene una lista de campings? (Usted)
Do you have a list of campsites?

Exercise 11

Choose the correct form of the verb.

1 **¿Quieres/Quiere** ir al cine esta tarde? *(to your sister)*
2 **¿Tienes/Tiene** aspirinas? Tengo dolor de cabeza. *(to a shop assistant)*
3 **¿Prefieres/Prefiere** un té o un café? *(to your grandmother)*
4 **¿Trabajas/Trabaja** en una tienda los sabados? *(to your friend)*
5 **¿Te gusta/Le gusta** ser professor? *(to your teacher)*

6.2 Object pronouns

These stand in place of a noun which is the object in a sentence, e.g. 'I love **her**', 'I eat **it** a lot', 'he gave **me** a present'. They usually come in front of the verb:

La quiero.	*I love her.*
Lo como mucho.	*I eat it a lot.*
Me dio un regalo.	*He gave me a present.*

me	*me*
te	*you (fam. sing.)*
le/lo, la	*him/it, her, you (polite sing.)*
nos	*us*
os	*you (fam. plural)*
les/los, las	*them, you (polite plural)*

Le and **les** are used when you would say 'to him/her' or 'to them'.

Exercise 12

Translate into English.

1 ¿Dónde está el helado? Lo comí.
2 ¿Tienes tus deberes? No, los tengo en casa.
3 ¿Quieres probrar la chaqueta? Sí, quiero probrarla.
4 ¿Has visto mi mochila? Lo siento, no la he visto.
5 He perdido mi monedero. ¿Dónde lo perdiste?

6.3 Pronouns after prepositions

Use the following after prepositions, e.g. para – *for,* delante de – *in front of,* detrás de – *behind,* a – *to.*

mí	*me*
ti	*you (fam. sing.)*
él, ella	*him, her, it*
usted	*you (polite sing.)*
nosotros/as	*us*
vosotros/as	*you (fam. plural)*
ellos, ellas	*them*
ustedes	*you (polite plural)*

Es para mí. *It is for me.*

Delante de nosotros hay la catedral.
In front of us there is the cathedral.

After **con** *(with)* use the above list apart from **conmigo** – *with me,* **contigo** – *with you.*

Exercise 13

Choose the correct pronoun.

1 *I like to play football with them.*
Me gusta jugar al fútbol con **vosotros/ellos/él.**
2 *The present is for her.*
El regalo es para **mí/ti/ella.**
3 *He goes to school with me.*
Va al instituto **conmigo/contigo.**
4 *He lives behind us.*
Vive detrás de **nosotros/vosotros/ellos.**

7 Verbs

Verbs are doing words, e.g. 'play, sing, laugh, cry, eat, speak', etc.

7.1 The infinitive

The infinitive is the part of the verb that you find in the dictionary and in English translates as 'to … ' (to dance, to study, etc). In Spanish, infinitives all end in either **-ar, -er or -ir.** These three families all change in different ways for different tenses (present, past, future) and depending on who is doing the action (I, you, he, she, etc).

You use the infinitive after certain verbs:

gustar encantar odiar poder deber

Me gusta **ir** al cine.
I like **to go** *to the cinema*

Le encanta **estudiar**.
He loves **to study.**

Odio **practicar** deportes.
I hate **to play** *sport.*

Puedo **escribir** mucho.
I can **write** *a lot.*

Debo **limpiar** el cuarto de baño.
I must **clean** *the bathroom.*

Exercise 14

Write the Spanish infinitive of these verbs. If you do not know them, use a dictionary.

1 *to have*
2 *to go*
3 *to eat*
4 *to write*
5 *to listen*
6 *to jump*
7 *to think*
8 *to drive*
9 *to travel*
10 *to sing*

7.2 The present tense

This is used to describe something that is taking place now or something that usually happens. To form the present tense, take off **-ar**/**-er**/**-ir** and add these endings:

-ar verbs (hablar – *to speak)*

habl**o**	*I speak*
habl**as**	*you speak (fam. sing)*
habl**a**	*he/she speaks, you speak (polite sing.)*
habl**amos**	*we speak*
habl**áis**	*you speak (fam. plural)*
habl**an**	*they speak, you speak (polite plural)*

-er verbs (comer – *to eat)*

com**o**	*I eat*
com**es**	*you eat (fam. sing)*
com**e**	*he/she eats, you eat (polite sing.)*
com**emos**	*we eat*
com**éis**	*you eat (fam. plural)*
com**en**	*they eat, you eat (polite plural)*

-ir verbs (vivir – *to live)*

viv**o**	*I live*
viv**es**	*you live (fam. sing)*
viv**e**	*he/she lives, you live (polite sing.)*
viv**imos**	*we live*
viv**ís**	*you live (fam. plural)*
viv**en**	*they live, you live (polite plural)*

Notice that the endings for **-er** and **-ir** verbs are exactly the same, apart from the **nosotros** *(we)* and **vosotros** *(you plural)* parts.

Some verbs are different in the **yo** *(I)* form:

dar	doy *(I give)*
hacer	hago *(I do)*
poner	pongo *(I put)*
saber	sé *(I know)*
salir	salgo *(I leave)*
ver	veo *(I see)*

Exercise 15

Change the verbs into the present tense and translate into English.

1 beber *(you)* bebes – *you drink*
2 practicar *(we)*
3 comprar *(they)*
4 tocar *(I)*
5 estudiar *(you)*
6 salir *(he)*

7.3 Radical changing verbs

These are verbs which change in the middle as well as the end. They come into different groups: **o** may change to **ue**, **e** may change to **ie** and **e** may change to **i**. Notice that the middle part does not change for the **nosotros** and **vosotros** parts.

Here is a list of the common ones that you will come across or need to use:

poder

p**ue**do	*I can*
p**ue**des	*you can (fam. sing.)*
p**ue**de	*he/she can, you can (polite sing.)*
podemos	*we can*
podéis	*you can (fam. plural)*
p**ue**den	*they can, you can (polite plural)*

preferir

pref**ie**ro	*I prefer*
pref**ie**res	*you prefer (fam. sing.)*
pref**ie**re	*he/she prefers, you prefer (polite sing.)*
preferimos	*we prefer*
preferís	*you prefer (fam. plural)*
pref**ie**ren	*they prefer, you prefer (polite plural)*

repetir

rep**i**to	*I repeat*
rep**i**tes	*you repeat (fam. sing.)*
rep**i**te	*he/she repeats, you repeat (polite sing.)*
repetimos	*we repeat*
repetís	*you repeat (fam. plural)*
rep**i**ten	*they repeat, you repeat (polite plural)*

7.4 *Ser* and *estar*

There are two verbs 'to be' in Spanish. **Ser** is used to describe the permanent characteristics of a person, place or thing, time and to indicate to whom something belongs:

Nationality:	Es escosesa. *She's Scottish.*
Occupation:	Son mécanicos. *They are mechanics.*
Colour:	El coche es verde. *The car is green.*
Characteristic:	Juan es amable. *Juan is nice.*
Characteristic:	El cine es grande. *The cinema is big.*
Characteristic:	Mi abuelo es viejo. *My grandfather is old.*
Time:	Son las cuatro. *It is four o'clock.*
Belonging:	Es el libro de Marta. *It's Marta's book.*

Estar is used to describe where something is located or its position and temporary states such as mood, health and the condition of something:

Location:	¿Dónde está el banco? *Where is the bank?*
Temporary condition:	El dormitorio está sucio. *The bedroom is dirty.*
Temporary mood:	Estoy bien. *I am well.*
Temporary state:	Está nublado. *It is cloudy.*

Exercise 16

Fill in the gaps with the correct form of **ser** or **estar** and write the sentences in English.

1 **Soy/estoy** fatal.
2 El libro **es/está** interesante.
3 Mi tío **es/está** hombre de negocios.
4 Los alumnos **son/están** muy simpáticos.
5 Mi hermano **es/está** joven.
6 Los coches **son/están** en el garaje.
7 **¿Eres/estás** bien? No, no **soy/estoy** bien. Tengo gripe.
8 **¿Eres/estás** de Barcelona? No, **soy/estoy** de Málaga.

7.5 The present continuous tense

This is used to describe an action that is happening right now. In English you can recognise the tense as you add '-ing', e.g. 'I am playing', 'he is studying', 'we are going', etc. In Spanish you form the present continuous by taking the verb **estar** in the present tense and then an infinitive, remove **-ar** and add **-ando** and remove **-er** or **-ir** and add **-iendo**.

estoy
estás
está
estamos
estáis
están } + habl**ando**/com**iendo**/viv**iendo**

Estamos estudiando español.
We are studying Spanish.

Ahora estoy comiendo pizza.
Now I am eating pizza.

Exercise 17

You don't want to go out. Make up excuses using the following phrases.

Example: fregar los platos → Lo siento, estoy fregando los platos. *(I am sorry, I am doing the washing up.)*

1 hacer los deberes
2 jugar con mi hermano menor
3 arreglar mi dormitorio
4 limpiar la cocina
5 preparar la comida

7.6 The preterite tense

The preterite is used to describe an action in the past which is completed, e.g. 'He bought a book', 'I played tennis last week', 'We went to Spain on holiday', etc.

The preterite is different for **-ar** verbs than **-er** and **-ir** verbs. To form the preterite, remove the infinitive ending and add these endings:

-ar *verbs*	**-er**/**-ir** *verbs*
– hablar	**– comer/salir**
habl**é** – *I spoke*	com**í** – *I ate*
habl**aste** – *you spoke*	com**iste** – *you ate*
habl**ó** – *he/she spoke*	com**ió** – *he/she ate*
habl**amos** – *we spoke*	com**imos** – *we ate*
habl**asteis** – *you spoke (plural)*	com**isteis** – *you ate (plural)*
habl**aron** – *they spoke*	com**ieron** – *they ate*

Exercise 18

Translate into English.

1 Salí a las ocho.
2 ¡Comiste mucho!
3 Mi amigo compró una camiseta para su cumpleaños.
4 Estudié el dibujo el año pasado.
5 Jugamos al baloncesto.

Translate into Spanish.

1 *They played rugby.*
2 *My cousin bought a watch.*
3 *I ate chips.*
4 *She drank lemonade.*
5 *We listened to music.*

Some verbs in the preterite do not follow this pattern. You need to learn these irregular verbs carefully:

ir *(to go)*	**tener** *(to have)*	**hacer** *(to do)*	**ver** *(to see)*
fui *(I went)*	tuve *(I had)*	hice *(I did)*	vi (I saw)
fuiste	tuviste	hiciste	viste
fue	tuvo	hizo	vio
fuimos	tuvimos	hicimos	vimos
fuisteis	tuvisteis	hicisteis	visteis
fueron	tuvieron	hicieron	vieron

There are more irregular verbs which are usually shown in tables in a dictionary, e.g. dar *(to give)*, estar *(to be)*, poder *(to be able)*, poner *(to put)*, ser *(to be)*, venir *(to come)*.

Jugar and **sacar** are different for 'I' (yo):

Jugué al squash. *I played squash.*
Saqué fotos. *I took photos.*

The preterite of **hay** *(there is/there are)* is **hubo** *(there was/there were)*.

Exercise 19

Change the verb from the infinitive to the preterite for 'I' *(yo)*.

Example: hablar con mis amigos → Hablé con mis amigos. *(I spoke to my friends.)*

1 Ayer ir al cine
2 El año pasado comprar un walkman
3 Practicar la equitación con mi hermana
4 Tener mucha suerte
5 Hacer deportes acuáticos

Exercise 20

Translate into English.

1 Fuimos a un concierto excelente.
2 María tuvo un accidente muy serio.
3 Hice mis deberes el domingo.
4 Bebieron una botella de limonada.
5 ¿Compraste un regalo para tu madre?

7.7 The imperfect tense

The imperfect is used to describe:

- an action in the past that is repeated
- what something or someone was like
- what was happening at a particular time.

It is always used when you say in English 'I used to ... '

Escuchábamos música clásica.
We used to listen to classical music.
(repeated action)

Simón era muy alto.
Simon was very tall. (description)

El hotel era muy grande.
The hotel was very big. (description)

To form the imperfect, take the infinitive, remove **-ar**, **-er** or **-ir** and add the following endings:

-ar *verbs*	**-er/-ir** *verbs*
– hablar	**– comer/vivir**
habl**aba** – *I used to speak/I spoke*	com**ía** (viv**ía**) – *I used to eat/I ate*
habl**abas**	com**ías**
habl**aba**	com**ía**
habl**ábamos**	com**íamos**
habl**abais**	com**íais**
habl**aban**	com**ían**

The imperfect of **hay** *(there is /there are)* is **había** *(there was/there were)*.

Exercise 21

Translate into English.

1 Hacía sol.
2 Iba a las tiendas todos los días.
3 El cielo estaba despejado.
4 Veía la television.
5 Comíamos en la cafeteria.
6 Había mucha gente en la piscina.
7 El chico era rubio y tenía el pelo rizado.

7.8 The immediate future tense

This is used to describe what is going to happen in the future.

Voy a ir al supermercado.
I am going to go to the supermarket.

Vamos a trabajar mañana.
We are going to work tomorrow.

To form the immediate future you need three things:

ir in the present tense + **a** + verb in the infinitive.

Voy
Vas
Va
Vamos
Vais
Van
} + a + comer/jugar/comprar/salir, etc.

Exercise 22

Translate into Spanish.

1 *I am going to go to the disco.*
2 *We are going to eat paella.*
3 *He is going to buy a computer.*
4 *She is going to live with her aunt.*
5 *They are going to work in a hospital.*

7.9 The future tense and the conditional tense

The future and conditional both add endings to the infinitive and have the same irregular verbs.

The future is used to say 'I will ...', 'you will ...', etc. Add these endings to any verb in the infinitive to make the future:

-é, -ás, -á, -emos, -éis, -án

For example:

comprar**é**	*I will buy*
comprar**ás**	*you will buy*
comprar**á**	*he/she will buy*
comprar**emos**	*we will buy*
comprar**éis**	*you (plural) will buy*
comprar**án**	*they will buy*

The future of **hay** *(there is/there are)* is **habrá** *(there will be)*.

Common irregular verbs in the future:

diré	*I will say*
haré	*I will do*
podré	*I will be able*
pondré	*I will put*
querré	*I will want*
sabré	*I will know*
saldré	*I will go out*
tendré	*I will have*
vendré	*I will come*

Exercise 23

Translate these predictions for the next century.

1 Las personas no trabajarán durante el día.
2 Los colegios no existirán.
3 Habrá mucha comida diferente.
4 Los coches serán eléctricos.
5 Iremos a otras planetas para pasar las vacaciones.

The conditional is used to say 'I would ...', 'you would ...', etc. Add these endings to any verb in the infinitive to make the conditional:

-ía, -ías, -ía, -íamos, -íais, -ían

trabajar**ía**	*I would work*
trabajar**ías**	*you would work*
trabajar**ía**	*he/she would work*
trabajar**íamos**	*we would work*
trabajar**íais**	*you (plural) would work*
trabajar**ían**	*they would work*

The conditional of **hay** *(there is/there are)* is **habría** *(there would be)*.

The irregular verbs are formed from the same stem as the future tense:

haría	*I would do*
diría	*I would say*

Exercise 24

What would you do if you won the lottery?

1 Compraría ...
2 Iría a ...
3 Viviría en ...
4 Visitaría ...
5 Tendría ...

7.10 The perfect tense

This is when you say 'I have done ...', 'you have done ...', etc. You form the perfect with two parts:

Present tense of **haber** and the past participle (infinitive without **-ar**/**-er**/**-ir** and adding **-ado or -ido**).

he + hablado/comido/vivido, etc.
has
ha
hemos
habéis
han

Some verbs have irregular past participles:

escribir – escrito *(written)*
hacer – hecho *(done)*
poner – puesto *(put)*
romper – roto *(broken)*
ver – visto *(seen)*

Exercise 25

Translate into English.

1 He perdido mi maleta.
2 ¿Has visto la película nueva de *Star Wars*?
3 Hemos escrito una carta.
4 ¿Has perdido tu pasaporte?
5 No han hecho los deberes.

7.11 The imperative (commands)

This is used for giving commands or orders, e.g. 'Turn left', 'Come here', 'Go away'. As there are four ways of saying 'you' in Spanish (you, you polite, you plural, you polite plural), there are four types of command:

	tú	**usted**	**vosotros**	**ustedes**
	you (someone you know)	you (polite, stranger, older person)	you (plural) (people you know)	you (plural) (polite, strangers, older people)
-ar	toma	tome	tomad	tomen
-er	bebe	beba	bebed	beban
-ir	vive	viva	vivid	vivan

Exercise 26

Give commands to someone you know (tú).

Example: Hablar más despacio – Habla más despacio. *(Speak more slowly.)*

1 Tomar la segunda calle a la derecha
2 Escribir con bolígrafo
3 Abrir el cuaderno
4 Escuchar la cinta
5 Pasar el puente

7.12 Reflexive verbs

These are verbs which are like ordinary verbs but with an extra part in front of them which is called a reflexive pronoun. The reflexive pronouns are **me, te, se, nos, os, se.**

A reflexive verb in the infinitive is written with se at the end (lavar**se** – *to wash,* levantar**se** – *to get up).*

These verbs usually have something to do with your daily routine or an action that you do for yourself.

despertarse	*to wake up*
levantarse	*to get up*
ducharse	*to have a shower*
bañarse	*to have a bath/wash*
lavarse los dientes/ la cara	*to brush your teeth/ wash your face*
acostarse	*to go to bed*
levantarse	*to get up*

me levanto	*I get up*
te levantas	
se levanta	
nos levantamos	
os levantáis	
se levantan	

Exercise 27

Choose the correct verb.

1 Me **despiertas/despierto** a las seis.
2 ¿A qué hora te **levantas/levantamos**?
3 Normalmente mi hermano se **duchan/ducha** antes de desayunar.
4 Mis padres se **acuestáis/acuestan** muy tarde.
5 Me **lavo/lava** los dientes dos veces al día.

7.13 Impersonal verbs

These verbs do not work in the same way as other verbs. They change according to what follows them (singular or plural). The most common impersonal verbs are:

gustar	*to like*
encantar	*to love*
doler	*to hurt*
hacer falta	*to need*

	Singular (one)	***Plural (more than one)***
gustar	Me gusta … *I like …*	Me gustan … *I like …*
	Te gusta … *You like …*	Te gustan … *You like …*
	Le gusta … *He/She likes …*	Le gustan … *He/She likes …*
	Nos gusta … *We like …*	Nos gustan … *We like …*
	Os gusta … *You (plural) like …*	Os gustan … *You (plural) like …*
	Les gusta … *They like …*	Les gustan … *They like …*
encantar	Me encanta … *I love …etc.*	Me encantan … *I love …etc.*
doler	Me duele el/la … *My … hurts.*	Me duelen los/las … *My … hurt.*
hacer falta	Me hace falta … *I need …*	Me hacen falta … *I need …*

Me gusta la canción.	*I like the song.*
Me gustan las canciones.	*I like the songs.*
Me encanta el libro.	*I love the book.*
Me encantan los libros.	*I love the books.*

Remember that plural can mean more than one object:

Me gustan el libro y el bolígrafo.
I like the book and the pen.

or more than one of the same object (los … /las …):

Me gustan los perros.	*I like dogs.*

8 Negatives

Making a phrase negative in Spanish is easy, you just add **no** before the verb:

No quiero ir al museo.
I do not want to go to the museum.
No me gusta la historia.
I do not like history.
No me levanto temprano.
I do not get up early.

There are other negative expressions which form a 'sandwich' around the verb:

no … nunca	*never*
no … nada	*nothing*
no … nadie	*no-one/nobody/anybody*

No veo nunca la tele.	*I never watch TV.*
No tengo nada.	*I have nothing.*
No conozco a nadie.	*I do not know anybody.*

These words can be placed at the beginning of the sentence for emphasis:

Nunca hablo en clase.	*I never talk in class.*
Nada me da miedo.	*Nothing scares me.*
Nadie me escucha.	*No-one listens to me.*

Exercise 28

Make these sentences negative. Try to add **nunca**, **nada** or **nadie** if possible.

1 Trabaja en Madrid.
2 Entiendo el francés.
3 Voy a Colombia.
4 Mis padres se levantan tarde.
5 Quisiera un helado de chocolate.

8.1 *Ni … ni …*

Ni … ni … means 'neither … nor …', 'or … or …' and is used when listing things after a negative:

Mi casa no tiene un jardín, **ni** un ático, **ni** un comedor.
My house does not have a garden or an attic or a dining-room.

Exercise 29

Write a list of what your school does not have.

Mi colegio no tiene …

9 *Por* and *para*

There are two ways of saying 'for' in Spanish – **por** and **para**.

Por is used
- when 'for' means 'in exchange for':
  Gracias por el regalo.
  Thanks for the present.
- for the period of time that something takes place:
  Por la noche.
  In the evening.
- to translate 'per':
  Gano 10 euros por hora.
  I earn €10 per hour.

Para is used
- when 'for' means 'in order to':
  Fui al cine para ver una película cómica.
  I went to the cinema to see a comedy.
- for destinations:
  Este tren es para Madrid.
  The train is for Madrid.

10 Numbers

1	uno
2	dos
3	tres
4	cuatro
5	cinco
6	seis
7	siete
8	ocho
9	nueve
10	diez
11	once
12	doce
13	trece
14	catorce
15	quince
16	dieciséis
17	diecisiete
18	dieciocho
19	diecinueve
20	veinte
21	veintiuno
22	veintidós
23	veintitrés
24	veinticuatro
25	veinticinco
26	veintiséis
27	veintisiete
28	veintiocho
29	veintinueve
30	treinta
31	treinta y uno
32	treinta y dos
40	cuarenta
41	cuarenta y uno
42	cuarenta y dos
50	cincuenta
51	cincuenta y uno
60	sesenta
61	sesenta y uno
70	setenta
71	setenta y uno
80	ochenta
81	ochenta y uno
90	noventa
91	noventa y uno
100	cien
101	ciento uno
110	ciento diez
200	doscientos
300	trescientos
400	cuatrocientos
500	quinientos
600	seiscientos
700	setecientos
800	ochocientos
900	novecientos
1000	mil
2000	dos mil
1 000 000	un millón

10.1 First, second, third, etc.

primero/a (1°/1ª)	*first*
segundo/a (2°/2ª)	*second*
tercero/a (3°/3ª)	*third*
cuarto/a (4°/4ª)	*fourth*
quinto/a (5°/5ª)	*fifth*
sexto/a (6°/6ª)	*sixth*
séptimo/a (7°/7ª)	*seventh*
octavo/a (8°/8ª)	*eighth*
noveno/a (9°/9ª)	*ninth*
décimo/a (10°/10ª)	*tenth*

11 Days, dates and time

11.1 Days

lunes	*Monday*
martes	*Tuesday*
miércoles	*Wednesday*
jueves	*Thursday*
viernes	*Friday*
sábado	*Saturday*
domingo	*Sunday*

Days of the week do not take capital letters in Spanish.

el lunes *on Monday*
Voy al club de gimnasia el lunes.
I go to gym club on Monday.

los lunes, todos los lunes
every Monday/on Mondays

Voy al club de gimnasia los lunes.
On Mondays I go to gym club.
Voy al club de gimnasia todos los lunes.
Every Monday I go to gym club.

11.2 Dates

enero	*January*
febrero	*February*
marzo	*March*
abril	*April*
mayo	*May*
junio	*June*
julio	*July*
agosto	*August*
septiembre	*September*
octubre	*October*
noviembre	*November*
diciembre	*December*

Months are like days and do not take a capital letter in Spanish.

Dates are written as follows:

18/2 = el 18 de febrero
22/3 = el 22 de marzo

el 4 de septiembre *on the 4th September*
Empiezo el colegio el 4 de septiembre.
I start school on the 4th September.

11.3 Time

To tell the time you use the verb **ser**.

Es la una. *It's one o'clock.*
Son las dos. *It's two o'clock.*
Son las tres y cuarto. *It's quarter past three.*
Son las cuatro y media. *It's four thirty.*
Son las cinco menos cuarto.
It's quarter to five.
Son las seis y diez. *It's ten past six.*
Son las siete menos cinco.
It's five to seven.

Any time surrounding one o'clock uses **es** and not **son**.

To say 'at …' you use **a las**:

A las ocho de la mañana.
At eight in the morning. (8am)
A las tres de la tarde.
At three in the afternoon. (3pm)
A las siete de la noche.
At seven in the evening. (7pm)

12 Irregular verb tables

These are the irregular verbs you are most likely to need. The irregular forms are printed in red.

Infinitive		Present	Future	Preterite	Imperfect	Familiar imperative
dar	Yo (I)	doy	daré	di	daba	da, dad
	Tú (you)	das	darás	diste	dabas	
	Él/Ella (he/she)	da	dará	dio	daba	
	Nosotros (we)	damos	daremos	dimos	dábamos	
	Vosotros (you pl.)	dais	daréis	disteis	dabais	
	Ellos/Ellas (they)	dan	darán	dieron	daban	
decir	Yo (I)	digo	diré	dije	decía	di, decid
	Tú (you)	dices	dirás	dijiste	decías	
	Él/Ella (he/she)	dice	dirá	dijo	decía	
	Nosotros (we)	decimos	diremos	dijimos	decíamos	
	Vosotros (you pl.)	decís	diréis	dijisteis	decíais	
	Ellos/Ellas (they)	dicen	dirán	dijeron	decían	
estar	Yo (I)	estoy	estaré	estuve	estaba	está, estad
	Tú (you)	estás	estarás	estuviste	estabas	
	Él/Ella (he/she)	está	estará	estuvo	estaba	
	Nosotros (we)	estamos	estaremos	estuvimos	estábamos	
	Vosotros (you pl.)	estáis	estaréis	estuvisteis	estabais	
	Ellos/Ellas (they)	están	estarán	estuvieron	estaban	
hacer	Yo (I)	hago	haré	hice	hacía	haz, haced
	Tú (you)	haces	harás	hiciste	hacías	
	Él/Ella (he/she)	hace	hará	hizo	hacía	
	Nosotros (we)	hacemos	haremos	hicimos	hacíamos	
	Vosotros (you pl.)	hacéis	haréis	hicisteis	hacíais	
	Ellos/Ellas (they)	hacen	harán	hicieron	hacían	
ir	Yo (I)	voy	iré	fui	iba	ve, id
	Tú (you)	vas	irás	fuiste	ibas	
	Él/Ella (he/she)	va	irá	fue	iba	
	Nosotros (we)	vamos	iremos	fuimos	íbamos	
	Vosotros (you pl.)	vais	iréis	fuisteis	ibais	
	Ellos/Ellas (they)	van	irán	fueron	iban	
oír	Yo (I)	oigo	oiré	oí	oía	oye, oíd
	Tú (you)	oyes	oirás	oíste	oías	
	Él/Ella (he/she)	oye	oirá	oyó	oía	
	Nosotros (we)	oímos	oiremos	oímos	oíamos	
	Vosotros (you pl.)	oís	oiréis	oísteis	oíais	
	Ellos/Ellas (they)	oyen	oirán	oyeron	oían	
poder	Yo (I)	puedo	podré	pude	podía	–
	Tú (you)	puedes	podrás	pudiste	podías	
	Él/Ella (he/she)	puede	podrá	pudo	podía	
	Nosotros (we)	podemos	podremos	pudimos	podíamos	
	Vosotros (you pl.)	podéis	podréis	pudisteis	podíais	
	Ellos/Ellas (they)	pueden	podrán	pudieron	podían	

Infinitive		Present	Future	Preterite	Imperfect	Familiar imperative
poner	Yo (I)	pongo	pondré	puse	ponía	pon, poned
	Tú (you)	pones	pondrás	pusiste	ponías	
	Él/Ella (he/she)	pone	pondrá	puso	ponía	
	Nosotros (we)	ponemos	pondremos	pusimos	poníamos	
	Vosotros (you pl.)	ponéis	pondréis	pusisteis	poníais	
	Ellos/Ellas (they)	ponen	pondrán	pusieron	ponían	
querer	Yo (I)	quiero	querré	quise	quería	quiere, quered
	Tú (you)	quieres	querrás	quisiste	querías	
	Él/Ella (he/she)	quiere	querrá	quiso	quería	
	Nosotros (we)	queremos	querremos	quisimos	queríamos	
	Vosotros (you pl.)	queréis	querréis	quisisteis	queríais	
	Ellos/Ellas (they)	quieren	querrán	quisieron	querían	
saber	Yo (I)	sé	sabré	supe	sabía	sabe, sabed
	Tú (you)	sabes	sabrás	supiste	sabías	
	Él/Ella (he/she)	sabe	sabrá	supo	sabía	
	Nosotros (we)	sabemos	sabremos	supimos	sabíamos	
	Vosotros (you pl.)	sabéis	sabréis	supisteis	sabíais	
	Ellos/Ellas (they)	saben	sabrán	supieron	sabían	
salir	Yo (I)	salgo	saldré	salí	salía	sal, salid
	Tú (you)	sales	saldrás	saliste	salías	
	Él/Ella (he/she)	sale	saldrá	salió	salía	
	Nosotros (we)	salimos	saldremos	salimos	salíamos	
	Vosotros (you pl.)	salís	saldréis	salisteis	salíais	
	Ellos/Ellas (they)	salen	saldrán	salieron	salían	
ser	Yo (I)	soy	seré	fui	era	sé, sed
	Tú (you)	eres	serás	fuiste	eras	
	Él/Ella (he/she)	es	será	fue	era	
	Nosotros (we)	somos	seremos	fuimos	éramos	
	Vosotros (you pl.)	sois	seréis	fuisteis	erais	
	Ellos/Ellas (they)	son	serán	fueron	eran	
tener	Yo (I)	tengo	tendré	tuve	tenía	ten, tened
	Tú (you)	tienes	tendrás	tuviste	tenías	
	Él/Ella (he/she)	tiene	tendrá	tuvo	tenía	
	Nosotros (we)	tenemos	tendremos	tuvimos	teníamos	
	Vosotros (you pl.)	tenéis	tendréis	tuvisteis	teníais	
	Ellos/Ellas (they)	tienen	tendrán	tuvieron	tenían	
venir	Yo (I)	vengo	vendré	vine	venía	ven, venid
	Tú (you)	vienes	vendrás	viniste	venías	
	Él/Ella (he/she)	viene	vendrá	vino	venía	
	Nosotros (we)	venimos	vendremos	vinimos	veníamos	
	Vosotros (you pl.)	venís	vendréis	vinisteis	veníais	
	Ellos/Ellas (they)	vienen	vendrán	vinieron	venían	
ver	Yo (I)	veo	veré	vi	veía	ve, ved
	Tú (you)	ves	verás	viste	veías	
	Él/Ella (he/she)	ve	verá	vio	veía	
	Nosotros (we)	vemos	veremos	vimos	veíamos	
	Vosotros (you pl.)	veis	veréis	visteis	veíais	
	Ellos/Ellas (they)	ven	verán	vieron	veían	

Vocabulario español–inglés

A

abajo *below; downstairs*
abandonado/a *abandoned*
el abanico *fan*
abierto/a *open*
el abogado *lawyer*
un abrazo *love from (lit: a hug)*
el abrigo *coat*
abril *April*
abrir *to open*
la abuela *grandmother*
el abuelo *grandfather*
aburrido/a *boring*
acabar *to finish*
acabar de *to have just*
el accidente *accident*
el aceite *oil*
aceptar *to accept*
acerca de *about*
acompañar *to accompany*
acostarse (ue) *to go to bed*
la actividad *activity*
activo/a *active*
el actor *actor*
la actriz *actress*
actuar *to perform*
de acuerdo *agreed*
además *furthermore, besides*
adiós *goodbye*
adivinar *to guess*
administrativo/a *administrative*
admirar *to admire*
admitir *to allow*
¿adónde? *where to?*
adorar *to adore*
adosado/a *semi-detached*
el adulto *adult*
el aeropuerto *airport*
afectar *to affect*
afortunadamente *fortunately*
afrontar *to confront, face*
afuera *outside*
las afueras *outskirts*
la agencia de viajes *travel agency*
la agenda *diary*
agosto *August*
agradable *pleasant*
agradecer *to be grateful, thank*
la agresión *aggression*
agresivo/a *aggressive*
el agua *(f.) water*
la aguja *needle*
el agujero *hole*
ahora *now*
ahorrar *to save*
los ahorros *savings*
el aire *air*
al aire libre *outside*
el ajedrez *chess*
al ajillo *cooked in garlic*
el ajo *garlic*
ajustado/a *tight-fitting*
alegre *happy*
el albergue (juvenil) *(youth) hostel*
el álbum *album*
el alcohol *alcohol*
alemán, alemana *German*
el alemán *German (school subject)*
Alemania *Germany*
el alfabeto *alphabet*
la alfombra *rug*
algo *something*
¿algo más? *anything else?*
el algodón *cotton*
alguien *someone*
algún, alguno/a *some, any*
allí *there*
los alimentos *foods*
el aliento *breath*
los grandes almacenes *department store*
la almendra *almond*
el almuerzo *lunch*
alojarse *to lodge, stay*
alquilar *to hire*
alrededor *around*
alto/a *tall*
la altura *height*
el/la alumno/a *pupil*
amable *nice, kind*
amar *to love*
amarillo/a *yellow*
la ambición *ambition*
ambicioso/a *ambitious*
el ambiente *atmosphere*
ambiental *environmental*
ambos/as *both*
el/la amigo/a *friend*
la amistad *friendship*
amplio/a *wide, roomy*
añadir *to add*
ancho/a *wide*
el andén *platform*
el anillo *ring*
el animal *animal, pet*
el año *year*
anoche *last night*
anotar *to note*
la ansiedad *anxiety*
de antemano *in advance*
la antena *aerial*
anterior *previous*
antes (de) *before*
lo antes posible *as soon as possible*
antiguo/a *old, ancient*
antipático/a *unpleasant*
anunciar *to announce*
el anuncio *advertisement*
apagar *to turn off, extinguish*
el aparato *apparatus, machinery*
el aparcamiento *parking space; car park*
aparcar *to park*
el apellido *surname*
apenas *hardly, scarcely*
aparecer *to appear*
el apartado *post-office box*
¿te apetece...? *do you fancy...?*
aprender *to learn*
aprobar (ue) *to pass (an exam)*
apropiado/a *appropriate*
aprovechar *to take advantage of*
aproximadamente *approximately*
la aptitud *aptitude*
apuntar *to note down*
aquel/aquella *that one (over there)*
aquellos/as *those (over there)*
aquí *here*
árabe *Arabic*
el árbol *tree*
la araña *spider*
la arena *sand*
el/la arqueólogo/a *archeologist*
el/la arquitecto/a *architect*
arreglar *to sort out, tidy*
arreglarse *to get ready*
arriba *above*
el arroz *rice*
el arroz con leche *rice pudding*
artístico/a *artistic*
asado/a *roasted*
el ascensor *lift*
¡qué asco! *how disgusting!*
el asesino *assassin*
así *thus, in this way*
el asiento *seat*
la asignatura *school subject*
el/la asistente *assistant*
asistir a *to attend*
el asma *asthma*
asociado/a (con) *associated (with)*
el aspecto *appearance, look*
la aspiradora *vacuum cleaner*
la aspirina *aspirin*
el ataque *attack*
atar *to tie (up)*
el atardecer *dusk*
atento/a *attentive*
el ático *attic*
el atletismo *athletics*
atractivo/a *attractive*
atraer *to attract*
atrevido/a *daring*
el atún *tuna*
el aula *classroom*
aumentar *to increase*
el aumento *increase*
aún *even, still*
aunque *although*
el auricular *the receiver (telephone)*
Australia *Australia*
australiano/a *Australian*
el autobús *bus*
en autobús *by bus*
el autocar *coach*
en autocar *by coach*
el automóvil *automobile*
la autopista *motorway*
la aventura *adventure*
la avería *breakdown*
el avión *aeroplane*
el aviso *warning*
¡ay! *oh!*
ayer *yesterday*
la ayuda *help*
ayudar *to help*
el ayuntamiento *town hall*
el azúcar *sugar*
azucarado/a *sugary*
azul *blue*

B

el bacalao *cod*
bailar *to dance*
el baile *dance*
bajar *to go down*
bajo *beneath*
bajo/a *short*
el balcón *balcony*
el baloncesto *basketball*

el banco *bank*
la banda sonora *soundtrack*
la bandera *flag*
bañarse *to bathe*
el baño *bath*
el bar *bar*
barato/a *cheap*
la barba *beard*
el barco *boat*
la barra *loaf*
el barrio *district*
basado/a en *based on*
bastar *to be enough*
bastante *quite (a lot); enough*
la basura *rubbish*
la batería *battery*
el/la bebé *baby*
beber *to drink*
la bebida *drink*
la belleza *beauty*
bello/a *beautiful*
el beneficio *benefit*
la biblioteca *library*
en bici *by bike*
la bicicleta *bicycle*
bien *good, well*
bienvenido/a *welcome*
el bigote *moustache*
el billete *ticket, banknote*
el billete de ida y vuelta *return ticket*
la biología *biology*
biológico/a *biological*
el bistec *steak*
blanco/a *white*
el bloque *block*
la blusa *blouse*
la boca *mouth*
el bocadillo *sandwich*
la boda *wedding*
el bolígrafo *biro*
la bolsa *bag*
el bolsillo *pocket*
el bolso *bag*
pasarlo bomba *to have a great time*
bonito/a *pretty*
el bono *travel card*
el bosque *woods*
la bota *boot*
la botella *bottle*
el botón *button*
el boxeo *boxing*
brasileño/a *Brazilian*
el brazo *arm*
breve *short, brief*
británico/a *British*
la broma *joke*
el/la bromista *joker*
bueno/a *good*
lo bueno *the good thing*
buenos días *good morning/afternoon*
buscar *to look for*
la butaca *armchair*

C

a caballo *on horseback*
el caballo *horse*
los caballeros *men's toilets*
la cabeza *head*
la cabina *booth*
cada *each, every*
caerse *to fall down, off*
el café *coffee*
el café solo *black coffee*
la cafetería *café*
la caja *box, cash till*
el cajero automático *cash point*
los calamares *squid*
el calcetín *sock*
la calculadora *calculator*
la calefacción *heating*
el calentamiento *warming up*
caliente *warm, hot*
callarse *to be quiet*
la calle *street*
el calor *heat*
hace calor *it's hot*
la cama *bed*
la cámara *camera*
la camarera *waitress*
el camarero *waiter*
cambiar *to change*
a cambio *instead*
el cambio *change*
caminar *to walk*
el camión *lorry*
el/la camionero/a *lorry driver*
la camisa *shirt*
la camiseta *T-shirt*
la campana *bell*
la campaña *campaign*
el camping *campsite*
el campo *countryside, field*
el Canadá *Canada*
el canal *channel*
el cáncer (de pulmón) *(lung) cancer*
la canción *song*
el/la canguro *babysitter*
la canoa *canoe*
cansado/a *tired*
el cansancio *tiredness*
el/la cantante *singer*
cantar *to sing*
la cantidad *quantity*
la capital *capital city*
la cara *face*
el carácter *character*
el caramelo *sweet*
la caravana *caravan*
el carbohidrato *carbohydrate*
la cárcel *prison*
cariñoso/a *affectionate*
el carisma *charisma*
la carne *meat*
la carne de vacuno *beef*
el carné *identity card*
el carné de estudiante *student card*
la carnicería *butcher's*
caro/a *dear, expensive*
la carpeta *file*
el/la carpintero/a *carpenter*
la carrera *career*
el carrete *cartridge*
la carretera *road*
la carta (de presentación) *letter (of application)*
las cartas *(playing) cards*
la cartelera *what's-on listing*
el/la cartero/a *postman/woman*
en casa *at home*
la casa *house*
casado/a *married*
casarse *to get married*
casi *almost*
la casilla *little box, square*
en caso de *in case of*
castaño/a *chestnut*
el castillo *castle*
un catarro *a cold*
la catedral *cathedral*
la categoría *category*
catorce *fourteen*
a causa de *because of*
causar *to cause*
me cayó bien *it suited me*
la cebolla *onion*
celebrar *to celebrate*
celoso/a *jealous*
la cena *evening meal*
el centro *town centre*
el centro comercial *shopping centre*
cerca *near*
cercano/a *nearby*
el cerdo *pork*
los cereales *cereal*
cerrar (ie) *to close*
cierro *I close*
la cerveza *beer*
el chalet *small villa, cottage*
el champiñón *mushroom*
el chandal *tracksuit*
la chaqueta *jacket*
charlar *to chat*
la chica *girl*
el chico *boy*
chileno/a *Chilean*
la chimenea *fireplace*
chino/a *Chinese*
chocar con *to collide with*
el chocolate *chocolate*
el chorizo *spicy salami-type sausage*
la chuleta *chop*
el churro *fried doughnut strip*
el ciclismo *cycling*
el/la ciclista *cyclist*
el cielo *sky*
ciento *a hundred*
la ciencia ficción *science fiction*
las ciencias *science*
el/la científico/a *scientist*
ciento *hundred*
por ciento *per cent*
el cigarillo *cigarette*
cinco *five*
cincuenta *fifty*
el cine *cinema*
la ciudad *city, town*
la clara de huevo *egg white*
claro (que sí) *of course*
claro/a *clear, light*
la clase *class, lesson*
el/la cliente/a *customer*
el clima *climate*
climatizado/a *air-conditioned*
la cocaína *cocaine*
el coche *car*
la cocina *kitchen, oven, food technology*
cocinar *to cook*
el/la cocinero/a *cook*

- el código *code*
- el codo *elbow*
- coger *to catch, take*
- el colegio *school*
- colocar *to place, put*
- el color *colour*
- colombiano/a *Colombian*
- la comedia *comedy*
- el comedor *dining room, canteen*
- el comentario *comment*
- comer *to eat*
- el/la comerciante *businessman/woman*
- el comercio *business studies*
- la comida *lunch, food*
- la comisaría *police station*
- como *as, like*
- ¿cómo? *how? what... like?*
- cómodo/a *comfortable*
- el/la compañero/a *partner, companion*
- la compañía *company*
- comparar *to compare*
- la comparación *comparison*
- compartir *to share*
- completo/a *full*
- comprensivo/a *understanding*
- el comprimido *tablet*
- comprobar (ue) *to try out*
- compruebo *I try out*
- sin compromiso *without obligation*
- componer *to compose*
- la compra *shopping*
- comprar *to buy*
- ir de compras *to go shopping*
- comprensivo/a *understanding*
- comunicar *to communicate*
- la comunidad *community*
- con *with*
- el concierto *concert*
- concluir *to conclude*
- el concurso *quiz, competition*
- conducir *to lead, drive*
- el/la conductor/a *driver*
- el conejo *rabbit*
- la confianza *confidence*
- la confitería *sweets/cake shop*
- el congelador *freezer*
- conocer *to know (be acquainted with)*
- el conocimiento del medio *media studies*
- el consejo *advice*
- la consigna *left luggage*
- consistir en *to consist of*
- estar constipado/a *to have a cold*
- la construcción *building*
- la consulta *surgery*
- la contaminación (acústica) *(noise) pollution*
- contar (ue) *to count, tell*
- contento/a *happy, contented*
- el contestador automático *answering machine*
- contestar *to answer*
- en contra *against*
- al contrario *on the contrary*
- convenir *to suit*
- la conversación *conversation*
- la copa *cup, alcoholic drink*
- copiar *to copy*
- el corazón *heart*
- la corbata *tie*
- cordero/a *lamb*
- el coro *choir*
- correcto/a *correct*
- corregir *to correct*
- por correo electrónico *by email*
- Correos *post office*
- correspondiente *corresponding*
- correr *to run*
- la corrida de toros *bullfight*
- cortar *to cut*
- corto/a *short*
- la cosa *thing*
- la costa *coast*
- costar (ue) *to cost*
- ¿cuánto cuesta? *How much is it?*
- cotidiano/a *everyday*
- crear *to create*
- creativo/a *creative*
- creer *to believe*
- creo *I believe*
- la crema *cream*
- la criatura *creature*
- el crimen *crime*
- criticar *to criticise*
- el cruce *crossroads*
- cruel *cruel*
- la crueldad *cruelty*
- cruzar *to cross*
- el cuaderno *exercise book*
- el cuadro *grid*
- cual *which*
- ¿cuál? *which?*
- cualquier(a) *whatever*
- cuando *when*
- ¿cuándo? *when?*
- cuanto *how much*
- ¿cuánto/a? *how much?*
- ¿cuántos/as? *how many?*
- cuarenta *forty*
- el cuarto *quarter*
- el cuarto de baño *bathroom*
- cuatro *four*
- la cualidad *quality*
- Cuba *Cuba*
- cubano/a *Cuban*
- cubierto/a *covered*
- la cuchara *spoon*
- el cuchillo *knife*
- el cuello *neck*
- la cuenta *bill*
- de cuero *made of leather*
- el cuero *leather*
- el cuerpo *body*
- la cueva *cave*
- cuidar *to take care of*
- el cumpleaños *birthday*
- cumplir *to accomplish, fulfil*
- el curso *course*

D

- dañino/a *damaging, harmful*
- hacer daño en *to damage, hurt*
- dar *to give*
- dar un paseo *to go for a stroll*
- darse cuenta de que *to realise*
- de *off, from*
- debajo de *beneath*
- deber *to have to, ought*
- los deberes *homework*
- decidir *to decide*
- decir (i) *to say, tell*
- digo *I say, tell*
- el dedo *finger*
- el defecto *weakness, defect*
- degustar *to taste, sample*
- dejar *to leave (behind), allow*
- delante de *in front of*
- deletrear *to spell*
- delgado/a *thin*
- delicioso/a *delicious*
- los demás *the others, the rest*
- demasiado *(adv.) too*
- demasiado/a *(adj.) too much*
- el/la dentista *dentist*
- dentro *inside*
- el departamento *department*
- depende *it depends*
- la dependencia *addiction, dependence*
- el/la dependiente/a *shop assistant*
- el deporte *sport*
- el/la deportista *sportsman/woman*
- ser deportista *to be sporty*
- deportivo/a *(adj.) sports*
- deprimente *depressing*
- a la derecha *on the right*
- el derecho *law, right*
- desafortunadamente *unfortunately*
- desagradable *unpleasant*
- desarrollado por *developed by*
- ¡qué desastre! *what a disaster!*
- el desayuno *breakfast*
- descansar *to rest*
- descolgar (ue) *to pick up (telephone receiver)*
- describir *to describe*
- la descripción *description*
- descubrir *to discover*
- el descuento *discount*
- desde *since, from*
- desde hace (un año) *for (a year)*
- desear *to desire, wish for*
- el deseo *desire*
- el desempleo *unemployment*
- desmentir *to deny*
- el desodorante *deodorant*
- el desorden *disorder*
- despacio *slowly*
- despedirse (i) *to say goodbye*
- despejado/a *clear (sky)*
- el desperdicio (de energía) *waste (of energy)*
- despertarse (ie) *to wake up*
- se despide de *he/she says goodbye*
- me despierto *I wake up*
- después *afterwards*
- el destino *destination*
- destruir *to destroy*
- la desventaja *disadvantage*
- detallado/a *detailed*
- el detalle *detail*
- detestar *to detest*
- detrás de *behind*
- devolver (ue) *to return, give back*
- el día *day*
- el día laborable *working day*
- el diálogo *dialogue*
- diario/a *daily*
- el dibujo *art, drawing*

los dibujos animados *comic strip*
el diccionario *dictionary*
diciembre *December*
diecinueve *nineteen*
dieciocho *eighteen*
dieciséis *sixteen*
diecisiete *seventeen*
el diente *tooth*
el diente de ajo *clove of garlic*
la dieta *diet*
diez *ten*
la diferencia *difference*
difícil *difficult*
dígame *hello (answering phone)*
dime *tell me*
dinámico/a *dynamic*
el dinero *money*
el directorio *guide*
la dirección *address*
el/la director(a) *manager, head teacher*
dirigir *to direct*
dirigirse a *to go towards*
el disco *record*
el disco compacto *CD*
la discoteca *nightclub*
el/la diseñador(a) *designer*
diseñar *to design*
el diseño *design (school subject)*
disfrutar *to enjoy*
los disgustos *dislikes*
disponible *available*
dispuesto/a *ready*
divertido/a *amusing, exciting, fun*
dividir *to divide*
divorciado/a *divorced*
doble *double*
doce *twelve*
una docena *a dozen*
el documental *documentary*
doler *to hurt*
el dolor *pain*
el domicilio *place of residence*
el domingo *Sunday*
el dominio de (francés) *command of (French)*
donde *where*
¿dónde? *where?*
¿dónde quedamos? *where shall we meet?*
dormir (ue) *to sleep*
dormirse *to fall asleep*
el dormitorio *bedroom*
dos *two*
doy *I give*
la droga *drug*
la ducha *shower*
ducharse *to have a shower*
la duda *doubt*
me duele (la cabeza) *(my head) hurts*
el dueño *owner*
me duermo *I am asleep*
dulce *sweet*
los dulces *sweets*
durante *during*
durar *to last*
duro/a *hard*

E

ecológico/a *organic*
la edad *age*
el edificio *building*
la educación física *PE*
educativo/a *educational*
en efectivo *in cash*
los efectos especiales *special effects*
eficaz *efficient*
egoísta *selfish*
el ejemplo *example*
el ejercicio *exercise*
el *(m.)* *the*
él *he, him*
el/la electricista *electrician*
elegante *elegant*
elegir (i) *to choose*
ella *she, her*
ellas *(f.pl.)* *them*
ellos *(m.pl.)* *them*
sin embargo *however*
la emisión *programme*
emocionante *exciting*
emparejar *to pair up*
empezar (ie) *to start*
empiezo *I start*
el/la empleado/a *employee*
el empleo *job*
la empresa *company, business*
los empresariales *business studies*
empujar *to push*
en *in, on*
enamorarse de *to fall in love with*
me encanta *I adore*
encantar *to delight*
encender *to light*
encontrar (ue) *to meet*
la encuesta *survey*
enero *January*
la enfermedad *illness*
el/la enfermero/a *nurse*
enfermo/a *ill*
enfrente (de) *opposite*
enorme *huge, enormous*
la ensalada *salad*
la ensaladilla rusa *Russian salad*
enseñar *to show, teach*
entender (ie) *to understand*
no entiendo *I don't understand*
entonces *then, at that time*
la entrada *entrance; ticket*
entrar *to go in*
entre *between, among*
los entremeses *hors d'oeuvres*
el entrenamiento *training*
la entrevista *interview*
entusiasta *enthusiastic*
enviar *to send*
el equipaje *luggage*
el equipo *team*
el equipo de música *hi-fi*
la equitación *horse-riding*
equivocarse *to be mistaken*
el error *mistake*
la escalera *staircase*
el escaparate *shop window*
escocés, escocesa *Scottish*
Escocia *Scotland*
escoger *to choose*
escolar *(adj.)* *school*
escribir *to write*
escuchar *to listen to*
escultural *statuesque*
el esfuerzo *effort, exertion*
ese/esa *that (one)*
a eso de *at about*
eso/a *that*
esos/as *those*
el espacio *space*
la espalda *back*
España *Spain*
español(a) *Spanish*
el español *Spanish (school subject)*
especial *special*
el/la espectador(a) *spectator*
el espejo *mirror*
esperar *to wait*
esquiar *to ski*
la esquina *corner*
esta *(f.)* *this*
la estación *station*
el estacionamiento *parking*
el estadio *stadium*
el estado *state*
los Estados Unidos *the United States*
estadounidense *American (US)*
la estancia *stay*
el estanco *tobacconist's*
el estante *shelf*
estar *to be*
estar constipado/a *to have a cold*
estar de acuerdo *to agree*
estar mareado/a *to feel sick*
estas *(f.)* *these*
el este *east*
el estilo *style*
estimado (señor) *dear (sir)*
esto/a *this*
el estómago *stomach*
estos *(m.)* *these*
estoy *I am*
estrecho/a *narrow*
la estrella *star*
estreñido/a *constipated*
el estrés *stress*
estresado/a *stressed*
estricto/a *strict*
estropeado/a *ruined, spoilt*
el estuche *pencil case*
el/la estudiante *student*
estudiar *to study*
los estudios *studies*
estupendo/a *fabulous*
estúpido/a *stupid*
la ética *PHSE*
el euro *euro*
las evaluaciones *school report*
evitar *to avoid*
exactamente *exactly*
el examen *exam*
la excursión *excursion, trip*
exigente *demanding*
la experiencia *experience*
explicar *to explain*
al extranjero *abroad*
extranjero/a *foreign*
extrovertido/a *extrovert*

F

la fábrica *factory*
fabricar *to make, fabricate*
fácil *easy*
fácilmente *easily*
la falda *skirt*
falso/a *false*
la falta *mistake*
faltar *to be lacking*
la fama *fame*
la familia *family*
familiar *(adj.) family*
el familiar *family member*
famoso/a *famous*
el/la farmacéutico/a *pharmacist*
la farmacia *chemist's*
el faro *headlight*
fatal *terrible*
a favor de *in favour of*
por favor *please*
favorito/a *favourite*
febrero *February*
la fecha *date*
las felicitaciones *congratulations*
feliz *happy*
femenino/a *female*
fenomenal *great, fantastic*
feo/a *ugly*
la feria *fair*
el festival *festival*
la ficha *card, slip, token*
el fichero *file*
la fiebre *fever, temperature*
fiel *loyal*
la fiesta *festival, party*
el filete *steak*
al fin *finally*
el fin *the end*
el fin de semana *weekend*
a final(es) de *at the end of*
finalmente *finally*
la finca *farm*
firmar *to sign*
la física *physics*
físico/a *physical*
el flan *crème caramel*
la flauta *flute*
ser flojo/a en... *to be bad at...*
la flor *flower*
el folleto *leaflet*
al fondo *at the back*
en forma *fit*
la foto(grafía) *photograph*
francés, francesa *French*
el francés *French (school subject)*
Francia *France*
la frase *sentence*
con frecuencia *frequently*
fregar *to wash up*
los frenos *brakes*
la fresa *strawberry*
fresco/a *fresh*
frío/a *cold*
la fruta *fruit*
la frutería *greengrocer's*
la fuente *source, fountain*
fuera *outside*
fuerte *strong*
ser fuerte en... *to be good at...*
la fuerza *strength*
fui *I went; I was*
el/la fumador(a) *smoker*
fumar *to smoke*
funcionar *to work, function*
el fútbol *football*
el/la futbolista *footballer*
el futuro *future*

G

las gafas *glasses*
Gales *Wales*
galés, galesa *Welsh*
la galleta *biscuit*
las gambas *prawns*
ganar *to earn, gain, win*
tener ganas de *to want to*
el garaje *garage*
la garantía *guarantee*
la garganta *throat*
con gas *fizzy*
gaseoso/a *fizzy*
la gasolina *petrol*
gastar *to spend*
los gastos *expenses*
el gato *cat*
el gazpacho *cold soup*
el/la gemelo/a *twin*
la generación *generation*
en general *generally*
generoso/a *generous*
genial *brilliant, good fun*
la gente *people*
la geografía *geography*
la gimnasia *gymnastics*
el gimnasio *gynasium*
el globo *balloon*
el gobierno *government*
al goma *rubber*
gordo/a *fat*
la gorra *cap*
grabar *to record (tape)*
gracias *thank you*
gracioso/a *funny*
el grado *degree*
el gramo *gramme*
Gran Bretaña *Great Britain*
grande *large, great*
la granja *farm*
el/la granjero/a *farmer*
la grasa *fat, grease*
gratis *free*
grave *serious*
Grecia *Greece*
la gripe *flu*
gris *grey*
el grupo *group*
el guante *glove*
guapo/a *good-looking*
guardar *to keep*
la guerra *war*
el/la guía *guide (person)*
la guía *guide, directory*
los guiones de cine *film scripts*
los guisantes *peas*
gustar *to like*
me gustaría *I would like*
a gusto *at ease*
el gusto *taste*
mucho gusto *pleased to meet you*

H

la habitación *room*
hablador(a) *talkative*
hablar *to speak, talk*
hace... *... ago*
hace calor *it's hot*
hacer *to make, do*
hacer daño *to do harm, hurt*
hacer falta *to be needed*
hacer las compras *to do the shopping*
hacerse *to become*
hacia *towards*
hago *I make, do*
la hamaca *hammock*
la hambre *hunger*
tener hambre *to be hungry*
la hamburguesa *hamburger*
hasta *until*
hay *there is/are*
hay que *one must*
el helado *ice-cream*
heredar *to inherit*
herido/a *injured*
la hermana *sister*
la hermanastra *stepsister*
el hermanastro *stepbrother*
el hermano *brother*
hermoso/a *beautiful*
el héroe *hero*
la heroína *heroine; heroin*
el hielo *ice*
la hija *daughter*
el hijo *son*
el/la hijo/a único/a *only child*
hispanohablante *Spanish speaking*
la historia *history (school subject); story*
el hogar *household*
hola *hello*
el hombre *man*
honesto/a *honest*
honrado/a *honest*
la hora *hour, time*
el horario *timetable*
¡qué horror! *how awful!*
el hostal *B&B*
hoy *today*
la huelga *strike*
el huevo *egg*
el humo *smoke*
mal humor *bad mood*

I

la ida y vuelta *return (ticket)*
la idea *idea*
la identidad *identity*
el idioma *language*
la iglesia *church*
igual *equal, the same*
ilegal *illegal*
iluminado *lit up*
la imagen *picture*
la imaginación *imagination*
impaciente *impatient*
importante *important*
imposible *impossible*
impresionar *to impress*
incluido/a *included*

incluir *to include*
incómodo/a *uncomfortable*
el inconveniente *drawback*
increíble *incredible*
la India *India*
individual *individual, single*
la independencia *independence*
el infinitivo *infinitive*
la información *information*
la informática *computing, ICT*
los informes *references*
el/la ingeniero/a *engineer*
ingerir *to consume*
Inglaterra *England*
inglés, inglesa *English*
el inglés *English (school subject)*
injusto/a *unfair*
de inmediato *at once*
inmenso *immense, huge*
insistir *to insist*
la insolación *sunstroke*
la instalación *facility*
el instituto *school*
inteligente *intelligent*
el/la interesado/a *applicant*
interesante *interesting*
internacional *international*
interpretado por *played by*
la introducción *introduction*
inútil *useless*
el invierno *winter*
ir *to go*
ir de compras *to go shopping*
Irlanda *Ireland*
irlandés, irlandesa *Irish*
la isla *island*
italiano/a *Italian*
a la izquierda *on the left*

J

el jabón *soap*
el jamón *ham*
el jamón serrano *cured ham*
el japonés *Japanese (language)*
el jarabe *syrup, linctus*
el jardín *garden*
el/la jefe *boss*
el jersey *jumper*
joven *young*
el/la joven *young person*
las joyas *jewellery*
la joyería *jeweller's*
jubilado/a *retired*
las judías verdes *green beans*
juego *I play*
el juego *game*
el juego de rol *role play*
de juerga *out and about*
el jueves *Thursday*
el/la juez *judge*
el/la jugador(a) *player*
jugar *to play*
el juguete *toy*
julio *July*
junio *June*
junto/a *together*
justo/a *fair, right*
no es justo *it's not fair*
juvenil *(adj.) youth*

K

el kilo *kilo*
el kilómetro *kilometre*

L

la *(f.) the*
laborable *working*
laboral *(adj.) work*
el laboratorio *laboratory*
al lado de *next to, beside*
el lago *lake*
la lágrima *tear*
la lámpara *lamp*
de lana *woollen*
la lana *wool*
el lápiz *pencil*
largo/a *long*
a largo plazo *in the long term*
las *(f.pl.) the*
¡qué lástima! *what a pity!*
la lata *tin*
latinoamericano/a *Latin American*
el lavabo *washbasin*
la lavadora *washing machine*
la lavandería *laundry*
el lavaplatos *dishwasher*
lavar(se) *to wash (oneself)*
leal *loyal*
la lectura *reading*
la leche *milk*
leer *to read*
legal *legal*
lejos (de) *far (from)*
la lengua *language*
lento/a *slow*
la letra *letter*
el letrero *notice*
levantarse *to get up*
la ley *law*
libanés, libanesa *Lebanese*
la libertad *liberty, freedom*
la librería *bookshop*
libre *free*
el libro *book*
la limonada *lemonade*
limpiar *to clean*
limpio/a *clean*
la línea *line*
de lino *linen*
liso/a *straight*
la lista *list*
listo/a *ready*
el litro *litre*
llamar *to call*
llamarse *to be called*
me llamo *I am called*
la llave *key*
la llegada *arrival*
llegar (con retraso) *to arrive (late)*
llenar *to fill*
llevar *to wear, carry*
llevarse bien con *to get on well with*
llover *to rain*
llover a cántaros *to pour with rain*
loco/a *mad*
la locura *madness*
Londres *London*
los *(m.pl.) the*
la lotería *lottery*
luchar *to fight, struggle*
luego *then, next*
el lugar *place*
de lujo *(adj.) luxury*
la luna *moon*
el lunes *Monday*
la luz *light*

M

de madera *wooden*
la madera *wood*
la madrastra *stepmother*
la madre *mother*
la madrugada *early hours of the morning*
majo/a *pleasing*
mal *badly*
maleducado/a *rude*
la maleta *suitcase*
malo/a *bad*
lo malo *the bad thing*
malsano/a *unhealthy*
maltratado/a *mistreated*
la mancha *stain*
mandar *to send, set (homework)*
mañana *tomorrow*
la mañana *morning*
por la mañana *in the morning*
la manera *manner, way*
de todas maneras *anyway*
a mano *by hand*
la mano *hand*
la manta *blanket*
el mantel *tablecloth*
mantener(se) *to keep (yourself)*
la mantequilla *butter*
la manzana *apple*
el mapa *map*
la máquina *machine*
el mar *sea*
maravilloso/a *marvellous*
la marca *make, model*
marcar *to dial; score*
mareado/a *sick, dizzy*
los mareos *sickness*
el marido *husband*
la marihuana *marijuana*
los mariscos *seafood, shellfish*
marrón *brown*
el martes *Tuesday*
marzo *March*
más *more*
masculino/a *male*
matar *to kill*
las matemáticas *maths*
la matrícula *registration number*
el matrimonio *marriage*
mayo *May*
mayor *older, bigger*
la mayoría de *the majority of*
el/la mecánico/a *mechanic*
la medalla *medal*
la media pensión *half board*
mediano/a *medium*
a medianoche *at midnight*
el medicamento *medicine*
el/la médico/a *doctor*
medio/a *half*
en medio *in between*

el medio ambiente *the environment*
al mediodía *at midday*
medir *to measure*
mejor *better, best*
a lo mejor *probably*
lo mejor *the best*
mejorar *to improve*
el melocotón *peach*
el melón *melon*
de memoria *by heart*
mencionar *to mention*
menor *younger, smaller*
menos *minus, less, except*
el mensaje *message*
el mensaje electrónico *email*
mensual *monthly*
la mente *mind*
la mentira *lie*
el menú *menu*
a menudo *often*
el mercado *market*
la merienda *snack*
la merluza *hake*
al mes *every month*
el mes *month*
la mesa *table*
el metro *underground*
mexicano/a *Mexican*
México *Mexico*
la mezquita *mosque*
mi(s) *my*
el miedo *fear*
la miel *honey*
el miembro *member*
mientras *while*
el miércoles *Wednesday*
mil *thousand*
el millón *million*
el/la millonario/a *millionaire*
el minidisco *minidisc*
el minuto *minute*
mío/a *mine*
mirar *to look at*
mismo/a *same*
lo mismo *the same thing*
al mismo tiempo *at the same time*
mixto/a *mixed*
la mochila *backpack*
de moda *fashionable*
la moda *fashion*
moderno/a *modern*
molestar *to annoy*
la molestia *disturbance*
el momento *moment*
la moneda *coin*
el monedero *wallet, purse*
el monopatín *skateboarding*
la montaña *mountain*
el monumento *monument*
la moqueta *carpet*
morado/a *purple*
moreno/a *brown, dark-haired*
morir *to die*
la moto(cicleta) *scooter*
el/la motociclista *motorcyclist*
el motor *engine*
móvil *mobile*
muchísimo/a *very much*
muchísimos/as *very many*
mucho/a *much, a lot*
muchos/as *many*
los muebles *furniture*
la muela *tooth (molar)*
la muerte *death*
la mujer *woman; wife*
el mundo *world*
la muñeca *doll*
la muralla *city wall*
el músculo *muscle*
el museo *museum*
el museo de arte *art gallery*
la música *music*
muy *very*

N

nacer *to be born*
la nacionalidad *nationality*
nada *nothing*
de nada *not at all, don't mention it*
nadar *to swim*
nadie *nobody*
la naranja *orange*
la naranjada *fizzy orange drink*
la nariz *nose*
la natación *swimming*
la naturaleza *nature*
la Navidad *Christmas*
necesario/a *necessary*
necesitar *to need*
negociar *to negotiate*
el negocio *business*
negro/a *black*
nervioso/a *nervous*
el neumático *tyre*
nevar *to snow*
la nevera *refrigerator*
ni ... ni *neither ... nor*
la niebla *fog*
la nieve *snow*
la niña *little girl*
el/la niñera *nanny*
ningún, ninguno *(m.) no, none, not one*
ninguna *(f.) no, none, not one*
el niño *little boy*
el nivel *level*
no *no, not*
la noche *night*
la Nochebuena *Christmas Eve*
nocivo/a *harmful*
el nombre *name*
normalmente *usually*
el norte *north*
nos *us*
nosotros/as *we, us*
la nota *note, mark*
buenas notas *good marks (school)*
las noticias *news*
la novela *novel*
noventa *ninety*
la novia *girlfriend*
noviembre *November*
el novio *boyfriend*
nublado/a *cloudy*
nuestro/a/os/as *our*
Nueva York *New York*
nueve *nine*
nuevo/a *new*
el número *number, size (of shoes)*
nunca *never*

O

o *or*
obligatorio/a *obligatory*
los objetos perdidos *lost property*
la obra *building site*
la obra de teatro *stage play*
el/la obrero/a *labourer*
obsesionado/a *obsessed*
no obstante *nevertheless*
obtener *to obtain*
ochenta *eighty*
ocho *eight*
octubre *October*
ocupado/a *busy*
ocuparse de *to look after*
odiar *to hate*
el oeste *west*
la oferta *offer*
la oficina de turismo *tourist office*
ofrecer *to offer*
el oído *ear (inner)*
oír *to hear*
el ojo *eye*
¡ojo! *look out!*
el olor *smell*
olvidar *to forget*
once *eleven*
la onda *wave*
ondulado/a *wavy*
¿qué opina de...? *what does he/she think of...?*
la opinión *opinion*
la oportunidad *opportunity*
optimista *optimistic*
el/la optimista *optimist*
el orden *order*
en orden *in order*
el ordenador (portátil) *(portable) computer*
la oreja *ear (outer)*
orgánico/a *organic*
la organización *organisation*
orgulloso/a *proud*
el oriente *east*
el oro *gold*
la orquesta *orchestra*
la oscuridad *darkness*
oscuro/a *dark*
el otoño *autumn*
otra vez *again*
otro/a *other*

P

la paciencia *patience*
paciente *patient*
el/la paciente *patient*
el padrastro *stepfather*
el padre *father*
los padres *parents*
el/la padrino/a *godfather/godmother*
la paella *Spanish rice dish*
pagar *to pay*
la página *page*
el pago *payment*
el país *country*
el paisaje *countryside, scenery*
la paja *straw*
el pájaro *bird*
la palabra *word*
el palacio *palace*

la palmera *palm tree*
el pan *bread*
la panadería *baker's*
la pandilla *group of friends*
los pantalones *trousers*
el papel *paper*
el papel de *the role of*
el papel higiénico *toilet paper*
la papelería *stationer's*
el paquete *packet*
para *for, in order to*
el parabrisas *windscreen*
el parachoques *bumper*
la parada (de autobuses) *(bus) stop*
el paraguas *umbrella*
el paraíso *paradise*
parar *to stop*
la parcela *pitch, plot of land*
parecer *to seem*
a mi parecer *in my opinion*
parecido/a *similar*
la pared *wall*
la pareja *couple, pair*
el parking *car park*
en paro *unemployed*
el parque *park*
el parque de atracciones *amusement park*
el parque temático *theme park*
el párrafo *paragraph*
de parte de *on behalf of*
la parte *part*
participar *to take part*
el partido *match*
el pasado *past*
el año pasado *last year*
pasado/a de moda *no longer fashionable*
el/la pasajero/a *passenger*
la pasaporte *passport*
pasar *to spend (time)*
pasarlo bien *to have a good time*
el pasatiempo *pastime, hobby*
lo pasé bomba *I had a great time*
pasear *to stroll*
el paseo *stroll*
el paso de peatones *pedestrian crossing*
la pasa de uva *raisin*
el paso subterráneo *subway*
la pasta de dientes *toothpaste*
el pastel *cake*
la pastelería *cake shop*
la pastilla *tablet*
la patata *potato*
las patatas fritas *chips, crisps*
el patinaje *skating*
el patio *patio, playground*
el pavo *turkey*
la paz *peace*
el peatón *pedestrian*
la peca *freckle*
el pecado *sin*
pedir *to ask for*
el pegamento *glue*
pegar *to hit*
pelar *to peel*
la pelea *fight*
pelear *to fight*
la película *film*
peligroso/a *dangerous*
pelirrojo *red-haired*
el pelo *hair*
el/la peluquero/a *hairdresser*
la peluquería *hair salon*
¡qué pena! *what a shame!*
el pendiente *earring*
la pensión *B&B*
la pensión completa *full board*
peor *worse*
lo peor *the worst thing*
pequeño/a *small*
la pera *pear*
perder *to lose*
una pérdida de tiempo *a waste of time*
perdón *pardon, excuse me*
perezoso/a *lazy*
perfecto/a *perfect*
la perfumería *perfume shop*
el periódico *newspaper*
el/la periodista *journalist*
el periquito *budgerigar*
el permiso *permission*
no se permite(n) *they do not allow*
pero *but*
el perro *dog*
la persona *person*
el personaje *celebrity*
la personalidad *personality, character*
pertenecer a *to belong to*
la pesadilla *nightmare*
¡qué pesado! *what a bore!*
pesar *to weigh*
la pesca *fishing*
el pescado *fish (to eat)*
el peso *weight*
el pez *fish (alive)*
el piano *piano*
a pie *on foot*
el pie *foot*
la piedra *stone*
la piel *skin, hide*
la pierna *leg*
la pila *battery*
el piloto *pilot*
la pimienta *pepper (spice)*
el pimiento *pepper (vegetable)*
la piña *pineapple*
el pinchazo *puncture*
pintar *to paint*
la pintura *painting*
la piscina *swimming pool*
el piso *flat, floor, ground*
la pista de tenis *tennis court*
la pizarra *blackboard*
el plan *plan*
a la plancha *grilled*
planchar *to iron*
el planeta *planet*
el plano *plan*
la planta baja *ground floor*
el plástico *plastic*
la plata *silver*
el plátano *banana*
el plato *dish, course*
la playa *beach*
la plaza *square*
la plaza de toros *bullring*
la plaza mayor *main square*
poblado/a *populated*
pobre *poor*
un poco *a little*
poder *to be able*
el/la policía *policeman/woman*
la policía *police*
el polideportivo *sports centre*
el pollo *chicken*
la polución *pollution*
el polvo *dust*
poner *to put*
poner la mesa *to lay the table*
ponerse *to put on (clothes)*
pongo *I put*
popular *popular*
un poquito *a little bit*
por *through, along*
por eso *for that reason, therefore*
por favor *please*
por la tarde *during the afternoon*
¿por qué? *why?*
porque *because*
el porro *joint (marijuana)*
portátil *portable*
portugués, portuguesa *Portuguese*
la posibilidad *possibility*
posible *possible*
la postal *postcard*
el póster *poster*
el postre *dessert*
la potencia *strength*
practicar *to practise, play (a sport)*
las prácticas *work experience*
el precio *price*
precioso/a *pretty*
la preferencia *preference*
preferido/a *favourite*
preferir (i) *to prefer*
prefiero *I prefer*
la pregunta *question*
preguntar *to ask*
el premio *prize*
la prensa *the press (newspapers)*
preocuparse *to be worried*
preparar *to prepare (food)*
la presencia *appearance*
presentarse *to introduce yourself*
la previsión (meteorológica) *(weather) forecast*
de primaria *primary level*
primario/a *primary*
la primavera *spring*
primero/a *first*
primitivo/a *primitive*
el/la primo/a *cousin*
al principio *at the beginning*
privado/a *private*
probar (ue) *to try (out: food; on: clothes)*
el problema *problem*
procedente *arriving from*
producir *to produce*
produzco *I produce*
el/la profesor(a) *teacher*
el programa *programme*
el/la programador(a) *programmer*
prolongar *to prolong*
prometer *to promise*
el pronóstico *forecast*
pronto *soon, early*
la propiedad *property*

propio/a *own*
la protección *protection*
proteger *to protect*
protestar *to protest*
provocar *to trigger, cause*
próximo/a *next*
proyectarse *to show (films)*
la prueba *test*
la psicología *psychology*
la publicidad *advertisement*
público/a *public*
el pueblo *village, small town*
puedo *I can*
el puente *bridge*
la puerta *door*
el puerto *port, harbour*
la puesta del sol *sunset*
el puesto de... *the post of...*
la hora punta *rush hour*
el punto *point*
puro/a *pure*
el puro *cigar*
puse *I put*

Q

que *that, which, than*
¿qué? *what?*
¿qué tal? *how are you?*
quedar(se) *to stay*
no quedan *there are none left*
la queja *complaint*
quejarse *to complain*
quemar(se) *to burn (oneself)*
querer *to like, love*
querido/a *dear*
el queso *cheese*
quien *who*
¿quién? *who?*
la química *chemistry*
quince *fifteen*
a quinientos metros *500 metres away*
el quiosco *newspaper kiosk*
quisiera *I would like*
quitar *to take away*
quizás *perhaps*

R

la ración *portion*
el radiador *radiator*
la radio *radio*
la ranura *slot*
rápidamente *quickly*
rápido/a *fast*
el rasgo *trait*
un rato *a while*
el ratón *mouse*
la raya *stripe*
rayado/a *striped*
la razón *reason*
tener razón *to be right*
razonable *reasonable*
en realidad *in reality*
las rebajas *sales*
el recado *message*
recargable *rechargeable*
el/la recepcionista *receptionist*
la receta *prescription; recipe*
rechazar *to turn down*
recibir *to receive*
el recibo *receipt*
el reciclaje *recycling*
reciclar *to recycle*
recientemente *recently*
recoger *to pick up*
recomendar *to recommend*
recordar *to remember*
el recreo *break*
todo recto *straight on*
el recuerdo *souvenir*
la red *net, internet*
el reembolso *refund*
reflejar *to reflect*
el refresco *cold drink*
refrescante *refreshing*
el regalo *present*
la región *region*
la regla *ruler, rule*
regular *all right, so-so*
rehabilitado/a *refurbished*
rehusar *to refuse*
la reina *queen*
reirse *to laugh*
en relación a *with reference to*
relajarse *to relax*
la religión *RE*
rellenar *to fill*
el reloj *watch, clock*
la relojería *watch/clock department/shop*
el/la repartidor/a de periódicos *newspaper boy/girl*
repartir *to deliver*
el repaso *revision*
repetir *to repeat*
el reportaje *report*
reservar *to reserve*
las reservas *reservations*
residencial *residential*
respetar *to respect*
respiratorio/a *respiratory*
la responsabilidad *responsibility*
responsable *responsible*
la respuesta *answer*
el restaurante *restaurant*
el resto *the rest*
el resultado *result*
el retraso *delay*
el retrato robot *profile*
la reunión *meeting*
reunirse *to meet*
la revista *magazine*
el rey *king*
rico/a *delicious*
el riesgo *risk*
el río *river*
el ritmo *rhythm*
rizado/a *curly*
el robo *robbery*
la rodilla *knee*
rogar (ue) *to ask, request*
rojo/a *red*
romper *to break*
la ropa *clothes*
roto/a *broken*
el rotulador *felt-tip pen*
rubio/a *blond(e)*
la rueda *wheel*
el ruido *noise*
ruidoso/a *noisy*
la rutina *routine*

S

el sábado *Saturday*
saber *to know*
el sabor *taste*
el sacapuntas *pencil sharpener*
sacar *to take out*
sacar fotos *to take photos*
sacar una nota *to get a mark*
la sal *salt*
la sala *room*
la sala de informática *ICT room*
la sala de espera *waiting room*
la sala de profesores *staff room*
la sala de teatro *drama studio*
el salchichón *salami sausage*
la salida *exit, departure*
salir *to go out, leave*
el salmón *salmon*
el salón *sitting room*
la salsa *sauce*
saltar *to jump*
la salud *health*
le saluda atentamente *yours faithfully*
saludar *to greet*
el saludo *greeting*
salvaje *wild*
salvar *to save*
la sandalia *sandal*
la sangre *blood*
sano/a *healthy*
la sardina *sardine*
satisfecho/a *satisfied*
se *itself, yourself, oneself*
no sé *I don't know*
el secador pelo *hairdrier*
seco/a *dry*
el/la secretario/a *secretary*
en secreto *in secret*
secundario/a *secondary*
la seda *silk*
en seguida *at once*
seguir *to follow, continue*
según *according to*
segundo/a *second*
la seguridad *security*
seguro/a *sure, certain*
los seguros *insurance*
seis *six*
seleccionar *to select*
los semáforos *traffic lights*
a la semana *per week*
la semana *week*
la semana pasada *last week*
la semana que viene *next week*
sencillo/a *simple, single*
el señor *Mr.*
la señora *Mrs.*
las señoras *ladies' toilets*
la sensación *sensation, feeling*
sensible *sensitive*
sentarse *to sit down*
el sentido del humor *sense of humour*
sentirse *to feel*
separado/a *separated*
septiembre *September*
séptimo/a *seventh*
ser *to be*
la serie *series*
serio/a *serious*
el servicio *service*
los servicios *toilets*

la sesión *session, showing (of film)*
servir *to serve*
sesenta *sixty*
setenta *seventy*
si *if*
sí *yes*
la sidra *cider*
siempre *always*
lo siento *I'm sorry*
la siesta *afternoon nap*
siete *seven*
siguiente *following, next*
significar *to mean*
el silencio *silence*
la silla *chair*
simpático/a *nice*
sin *without*
sin embargo *however*
sincero/a *sincere*
sino *but, except*
el sitio *place*
la situación *situation*
sobrar *to be left over*
sobre *on, about*
sobresaliente *outstanding*
sobre todo *above all, especially*
el sofá *sofa*
el sol *sun*
solamente *only*
soler *to be accustomed to*
solicitar *to apply for*
la solicitud de trabajo *job application*
solo/a *alone*
sólo *only*
soltero/a *single*
la solución *solution*
el solvente *solvent*
la sombrilla *parasol*
el sonido *sound*
sonoro/a *loud*
la sonrisa *smile*
la sopa *soup*
la sorpresa *surprise*
el sótano *cellar*
soy *I am*
suave *smooth, soft*
la subida *rise*
subrayado/a *underlined*
sucio/a *dirty*
el sueldo *salary*
el sueño *dream*
suerte *luck*
suficiente *enough*
sufrir *to suffer*
sugerir *to suggest*
la superestrella *superstar*
superior *higher*
el supermercado *supermarket*
por supuesto *of course*
el sur *south*
el surtido *selection*
suspender *to fail (exam)*

T

la tabla *grid*
la tableta *bar*
la talla *size (clothes)*
el taller *workshop*
el tamaño *size (general)*
también *also*
tampoco *neither*
tan *so*
tan... como... *as... as...*
tanto/a *so much*
tanto... como... *as much... as...*
tantos/as *so many, as many*
las tapas *bar snacks*
la taquilla *ticket office*
tardar (en) *to take time (in doing something)*
tarde *late*
la tarde *afternoon*
la tarea *task*
la tarifa de precios *price list*
la tarjeta *card*
la tarta *cake*
el taxi *taxi*
la taza *cup*
te *you*
el té *tea*
el teatro *drama (school subject); theatre*
el tebeo *comic*
la tecnología *DT*
el telediario *daily TV news*
telefonear *to telephone*
el teléfono móvil *mobile phone*
por teléfono *by phone*
la telenovela *soap opera*
la televisión *television*
la temperatura *temperature*
la temporada *season*
temprano *early*
el tenedor *fork*
tener *to have*
tener calor *to be hot*
tener frío *to be cold*
tener gripe *to have flu*
tener hambre *to be hungry*
tener miedo *to be frightened*
tener prisa *to be in a hurry*
tener sed *to be thirsty*
tener sueño *to be sleepy*
tener que *to have to*
tener una insolación *to have sunstroke*
el tenis *tennis*
tengo *I have*
tengo... años *I am... years old*
tengo ganas de... *I want to...*
tercer(o)/a *third*
terminar *to finish*
la terraza *terrace*
terrorífico/a *frightening*
el testigo *witness*
el texto *text*
ti *you*
ti mismo *yourself*
la tía *aunt*
el tiburón *shark*
a tiempo parcial *part-time*
el tiempo *time; weather*
la tienda *shop; tent*
la tienda de comestibles *grocer's*
las tiendas de cadena *chain stores*
la tierra *earth, land*
tímido/a *shy*
la tinta *ink*
tinto *red (wine)*
el tío *uncle*
típico/a *typical*
el tipo *type, sort*
tirar *to pull; to throw away*
el título *title, heading*
la toalla *towel*
el tobillo *ankle*
te toca a ti *it's your turn*
el tocador *dressing table*
tocar *to touch; to play (a musical instrument)*
tocar la lotería *to win the lottery*
todo *everything*
todo/a *every, all*
todos/as *everyone*
todos los días *every day*
tomar *to take, have (food or drink)*
tomar apuntes *to take notes*
tomar el sol *to sunbathe*
tomar una copa *to go for a drink*
el tomate *tomato*
el tono *tone*
tonto/a *stupid, mad*
torcer *to turn, twist*
la tormenta *storm*
el toro *bull*
la tortilla *omelette*
la tos *cough*
la tostada *toast*
trabajador(a) *hard-working, studious*
trabajar *to work*
el trabajo *work*
los trabajos manuales *CDT/Woodwork*
traducir *to translate*
el tráfico *traffic*
el traje *suit*
tranquilo/a *peaceful*
el transporte público *public transport*
tratar *to treat; to try*
se trata de *is about*
trece *thirteen*
treinta *thirty*
tres *three*
el tren *train*
el trimestre *term*
triste *sad*
la trucha *trout*
tu(s) *your*
tú *you*
el tubo de escape *exhaust*
el turismo *tourism*
el/la turista *tourist*
turístico/a *touristy*
turnar *to take turns*
el turrón *Spanish nougat*
el tutor *tutor*
tuve *I had*
tuyo/a/os/as *yours*

U

por última vez *for the last time*
último/a *last, latest*
un *(m.) a, one*
una *(f.) a, one*
único/a *only*
lo único *the only thing*
el uniforme *uniform*
la universidad *university*

uno *one*
unos/as *some*
usar *to use*
útil *useful*
utilizar *to use*
las uvas *grapes*

V

las vacaciones *holidays*
vacío/a *empty*
vale *agreed, OK*
vale la pena... *it's worth (doing something)*
valiente *brave*
el vapor *steam*
los vaqueros *jeans*
la variedad *variety*
varios/as *several*
el vaso *glass*
a veces *sometimes*
veinte *twenty*
vegetariano/a *vegetarian*
la vela *sailing*
la velocidad *speed*
vender *to sell*
venir *to come*
vengo *I come*
la venta *sale*
la ventaja *advantage*
la ventana *window*
la ventanilla *small window*
ver *to see*
¡a ver! *let's see!*
el verano *summer*
la verdad *truth*
verdadero/a *true*
verde *green*
las verduras *green vegetables*
el vestido *dress*
vestirse *to get dressed*
de vez en cuando *occasionally*
la vez *time*
otra vez *again*
una vez *once*
el viaje *journey*
un viaje sencillo *a one-way trip*
el/la viajero/a *traveller*
el vicio *bad habit*
la vida *life*
el vídeo *video*
el videojuego *video game*
el vidrio *glass*
viejo/a *old*
el viento *wind*
el viernes *Friday*
vine *I came*
el vino *wine*
el/la visitante *visitor*
visitar *to visit*
la vista *view*
la viuda *widow*
el viudo *widower*
vivir *to live*
el volante *steering wheel*
el voleibol *volleyball*
volver *to return*
voy *I go*
la voz *voice*
el vuelo *flight*
dar una vuelta *to go for a walk*
vuestro/a/os/as *your*

W

el windsurf *windsurfing*

Y

y *and*
ya *now, already*
el yogur *yogurt*

Z

la zanahoria *carrot*
la zapatería *shoe shop*
las zapatillas *trainers*
el zapato *shoe*
el zoo *zoo*
el zumo *juice*

Vocabulario inglés–español

A

a *un(a)*
to be able *poder*
it is about *se trata de*
they are about *se tratan de*
above *arriba*
abroad *al extranjero*
to accept *aceptar*
accident *el accidente*
to accompany *acompañar*
according to *según*
ache *el dolor*
activity *la actividad*
address *la dirección*
in advance *de antemano*
advantage *la ventaja*
advertisement *el anuncio*
aeroplane *el avión*
affectionate *cariñoso/a*
to be afraid *tener miedo*
after *después (de)*
good afternoon *buenas tardes*
in the afternoon *por la tarde*
again *otra vez*
against *contra*
aggressive *agresivo/a*
agreed *de acuerdo*
airport *el aeropuerto*
alcohol *el alcohol*
to allow *permitir, dejar*
almost *casi*
alone *solo/a*
also *también*
although *aunque*
always *siempre*
American *americano/a*
and *y/e*
angry *enfadado/a*
ankle *el tobillo*
to answer *contestar*
anxiety *la ansiedad*
to appear *aparecer*
apple *la manzana*
April *abril*
archaeologist *el/la archeólogo/a*
there are *hay*
area *la zona, la región*
arm *el brazo*
armchair *la butaca*
around *alrededor*
arrival *la llegada*
to arrive *llegar*
arrogant *arrogante*
art *el dibujo*
artistic *artístico/a*
as... as... *tan... como...*
to ask *preguntar*
to ask for *pedir*
aspirin *la aspirina*
assistant *el/la dependiente/a*
athletics *el atletismo*
atmosphere *el ambiente*
attentive *atento/a*
attitude *la actitud*
August *agosto*
aunt *la tía*
autumn *el otoño*
to avoid *evitar*

B

baby *el bebé*
babysitter *el/la canguro*
back *la espalda*
at the back *al fondo*
backpack *la mochila*
bad *malo/a*
the bad thing *lo malo*
it is bad weather *hace mal tiempo*
badly paid *mal pagado*
bag *el bolso, la bolsa*
baker's *la panadería*
balcony *el balcón*
bald *calvo/a*
banana *el plátano*
bank *el banco*
bar *el bar*
bar (of chocolate) *la tableta*
basketball *el baloncesto*
bath *el baño, la bañera*
to bathe *bañarse*
bathroom *el cuarto de baño*
battery *la batería, la pila*
to be *ser, estar*
beach *la playa*
bean *la judía*
beard *la barba*
beautiful *hermoso/a, precioso/a, bello/a*
beauty *la belleza*
because *porque*
to become *hacerse*
bed *la cama*
B&B *el hostal, la pensión*
bedroom *el dormitorio*
beer *la cerveza*
before *antes (de)*
to begin *empezar*
in the beginning *al principio*
to behave well *portarse bien*
behind *detrás (de)*
below *abajo*
beneath *bajo*
besides *además*
between *entre*
bicycle *la bicicleta*
big *grande*
by bike *en bici*
bill *la cuenta*
biology *la biología*
bird *el pájaro*
birthday *el cumpleaños*
biscuit *la galleta*
black *negro/a*
blank *el espacio*
blond(e) *rubio/a*
blood *la sangre*
blue *azul*
by boat *en barco*
body *el cuerpo*
book *el libro*
to book *reservar*
booking office *la taquilla*
bookshop *la librería*
boring *aburrido/a*
I was born *nací*
to be born *nacer*
boss *el jefe*
bottle *la botella*
box *la caja*
boy *el chico*
boyfriend *el novio*
bracelet *la pulsera*
brake *el freno*
to brake *frenar*
brand *la marca*
brave *valiente*
bread *el pan*
to break *romper*
breakdown *la avería*
breakfast *el desayuno*
bridge *el puente*
brilliant *genial*
to bring *traer*
brochure *el folleto*
broken *roto/a*
I have broken my... *me he roto el/la...*
brother *el hermano*
brown (hair) *marrón, castaño*
to brush your teeth *lavarse los dientes*
budgerigar *el periquito*
building *el edificio*
bullfight *la corrida de toros*
bullring *la plaza de toros*
bureau de change *el cambio*
to burn (oneself) *quemar(se)*
I have burnt myself *me he quemado*
by bus *en autobús*
business *la empresa, el comercio*
businessman/woman *el hombre/la mujer de negocios, el/la comerciante*
but *pero*
butcher's *la carnicería*
butter *la mantequilla*
to buy *comprar*

C

cabin *la cabaña*
café *la cafetería*
cake shop *la pastelería*
calculator *la calculadora*
I am called *me llamo*
to be called *llamarse*
camera *la cámara, la máquina fotográfica*
campsite *el camping*
I can *puedo*
one can *se puede*
canteen *la cantina, el comedor*
cap *el gorro*
car *el coche*
by car *en coche*
caravan *la caravana*
student card *el carné de estudiante*
car park *el aparcamiento, el parking*
carpenter *el/la carpintero/a*
carpet *la alfombra*
carrot *la zanahoria*
cartoon *el dibujo animado*
cash till *la caja*
cash *(el dinero) el efectivo*
castanets *las castañuelas*
castle *el castillo*
cat *el gato*
to catch *coger*
cathedral *la catedral*
to cause *causar*
cave *la cueva*

cellar *el sótano*
central *céntrico/a*
cereal *los cereales*
chair *la silla*
to change *cambiar*
to chat *charlar*
cheap *barato/a*
cheese *el queso*
chef *el/la cocinero/a*
chemist's *la farmacia*
chemistry *la química*
(traveller's) cheque *el cheque (de viaje)*
chess *el ajedrez*
chest of drawers *la cómoda*
chicken *el pollo*
child *el/la niño/a*
Chile *Chile*
Chilean *chileno/a*
chips *las patatas fritas*
chocolate *el chocolate*
choir *el coro*
to choose *seleccionar, elegir, escoger*
chop *la chuleta*
Christmas Eve *la Nochebuena*
Christmas *la Navidad*
church *la iglesia*
cigarette *el cigarrillo*
cinema *el cine*
city *la ciudad*
second class *de segunda clase*
classmate *el/la compañero/a de clase*
classroom *el aula*
to clean your teeth *lavarse los dientes*
to clean *limpiar*
clean *limpio/a*
there is a clear sky *está despejado*
to clear the table *quitar la mesa*
clever *inteligente*
closed *cerrado/a*
clothes *la ropa*
it is cloudy *está nublado*
club *el club*
coach *el autocar*
by coach *en autocar*
coast *la costa*
coat *el abrigo*
code *el código*
coffee *el café*
black coffee *el café solo*
white coffee *el café con leche*
coin *la moneda*
cold *el catarro*
to have a cold *estar constipado/a*
it is cold *hace frío*
to be cold *tener frío*
to collide with *chocar con*
colour *el color*
to come *venir*
comedy *la comedia*
comfortable *cómodo/a*
comic *el tebeo*
compact disc *el CD/disco compacto*
company *la compañía*
competition *el concurso*
to complain *quejarse*
complaint *la queja*
compulsory *obligatorio/a*
computer *el ordenador*
concert *el concierto*
it consists of *consiste en*
to be constipated *estar estreñido/a*
to continue *seguir*
to cook *cocinar*
cooker *la cocina*
copy *el ejemplar*
corner (inside) *el rincón*
corner (outside) *la esquina*
to cost *costar*
it costs *cuesta*
cotton *el algodón*
cough *la tos*
country (nation) *el país*
country(side) *el campo*
couple *la pareja*
course *el curso*
of course *por supuesto*
court (sports) *la pista*
cousin *el/la primo/a*
cowardly *cobarde*
craft *los trabajos manuales*
cream *la crema*
creative *creativo/a*
credit card *la tarjeta de crédito*
crisps *las patatas fritas*
to cross *cruzar*
crossroads *el cruce*
cup *la taza*
curly *rizado/a*
customer *el/la cliente*
I have cut myself *me he cortado*
to cut *cortar*
cycling *el ciclismo*

D

to damage *hacer daño*
daily *diario/a*
to dance *bailar*
danger *el peligro*
dangerous *peligroso/a*
daring *atrevido/a*
dark (colour) *oscuro/a*
dark (complexion) *moreno/a*
date *la fecha*
what date is it? *¿cuál es la fecha?*
daughter *la hija*
day *el día*
every day *todos los días*
dead *muerto/a*
dear (formal letter) *estimado/a, distinguido/a*
dear (informal letter) *querido/a*
death *la muerte*
December *diciembre*
to decide *decidir*
delay *el retraso*
delicious *rico/a*
to delight *encantar*
it's delightful! *¡me encanta!*
to deliver *repartir*
dentist *el dentista*
department store *los grandes almacenes*
... department *la sección de ...*
to describe *describir*
design *el diseño*
designer *el/la diseñador(a)*
dessert *el postre*
destination *el destino*
diarrhoea *la diarrea*
diary *la agenda*
dictionary *el diccionario*
different *diferente*
difficult *difícil*
dining room *el comedor*
to have dinner *cenar*
dinner *la cena*
direct *directo/a*
dirty *sucio/a*
disaster *el desastre*
discount *el descuento*
dish *el plato*
dishwasher *el lavaplatos*
disobedient *desobediente*
district *el barrio*
divorced *divorciado/a*
dizzy *mareado/a*
doctor *el/la médico/a*
documentary *el documental*
dog *el perro*
doll *la muñeca*
door *la puerta*
double *doble*
downstairs *abajo*
dozen *la docena*
drama *el teatro*
I feel dreadful *estoy fatal*
dream *el sueño*
dress *el vestido*
to drink *beber*
drink *la bebida*
they drive me mad *me dan rabia*
driver *el conductor*
drugs *las drogas*
drums *la batería*
DT *la tecnología*
during *durante*
dust *el polvo*
to dust *quitar el polvo*

E

each *cada*
ear (inner) *el oído*
ear (outer) *la oreja*
early *temprano*
to earn *ganar*
earring *el pendiente*
easily *fácilmente*
east *el este*
Easter *la Semana Santa*
easy *fácil*
to eat *comer*
egg *el huevo*
scrambled eggs *los huevos revueltos*
eight hundred *ochocientos*
eight *ocho*
eighteen *dieciocho*
eighth *octavo*
eighty *ochenta*
electrician *el/la electricista*
eleven *once*
at the end *al final, a finales*
to end *terminar*
enemy *el enemigo*
engine *el motor*
engineer *el/la ingeniero/a*
England *Inglaterra*
English (language) *el inglés*

English *(adj.) inglés, inglesa*
enough *bastante*
to be enough *bastar*
entrance *la entrada*
to escape *escaparse*
especially *sobretodo*
estate *la finca*
euro *el euro*
good evening *buenas tardes*
in the evening *por la tarde*
every *cada*
every day *todos los días*
everyone *todos/as*
everything *todo*
exam *el examen*
except *sino*
exchange (money) *el cambio de moneda*
to exchange *cambiar*
excuse me *perdona (fam.) perdone (form.)*
exercise book *el cuaderno*
exhaust pipe *el tubo de escape*
exit *la salida*
expensive *caro/a*
experience *la experiencia*
extrovert *extrovertido/a*
eye *el ojo*

F

face *la cara*
facility *la facilidad*
factory *la fábrica*
fair *justo/a*
fair-haired *rubio/a*
yours faithfully, sincerely *le saluda atentamente*
to fall in love with *enamorarse de*
family *la familia*
fan *el abanico*
do you fancy ..? *¿te apetece ...?*
far from *lejos de*
farm *la granja*
farmer *el/la granjero/a*
fashionable *de moda*
fast *rápido/a*
fat *gordo/a*
fat *la grasa*
father *el padre*
in favour of *a favor de*
February *febrero*
to feed *dar de comer*
I feel like it *me da la gana*
felt-tip pen *el rotulador*
by ferry *en ferry*
fever *la fiebre*
fifteen *quince*
fifth *quinto/a*
fifty *cincuenta*
file *la carpeta*
to fill *rellenar*
film *la película*
it is fine weather *hace buen tiempo*
finger *el dedo*
to finish *terminar*
fireman *el bombero*
fireplace *la chiminea*
first *primero/a*
fish (alive) *el pez*
fish (to eat) *el pescado*
to fish *pescar*
fit *en forma*
fitting room *el probador*
five hundred *quinientos*
five *cinco*
fizzy *con gas*
fizzy drink *el refresco*
flat *el piso*
flexible *flexible*
flight *el vuelo*
floor *el piso, la planta*
flower *la flor*
flu *la gripe*
flute *la flauta*
it is foggy *hay niebla*
food *la comida*
on foot *a pie, andando*
foot *el pie*
football *el fútbol*
for (time) *desde hace*
for, in favour of *a favor de*
forbidden *prohibido/a*
to forget *olvidarse de*
fork *el tenedor*
fortnight *quince días*
fortunately *afortunadamente*
forty *cuarenta*
four *cuatro*
four hundred *cuatrocientos*
fourteen *catorce*
fourth *cuarto/a*
France *Francia*
freckle *la peca*
free *libre*
freedom *la libertad*
freezer *el congelador*
French (language) *el francés*
French *(adj.) francés, francesa*
Friday *el viernes*
fridge *el frigorífico, la nevera*
fried *frito/a*
friend *el/la amigo/a*
friendship *la amistad*
to be frightened *tener miedo*
from *de, desde*
in front of *delante de*
fruit shop *la frutería*
fruit *la fruta*
full *lleno/a, completo/a*
full-board *la pensión completa*
fun *divertido/a*
funny *gracioso/a*

G

game *el juego*
garden *el jardín*
generally *en general*
generous *generoso/a*
gentleman *el señor*
gentlemen's toilets *(los) caballeros*
geography *la geografía*
German *(adj.) alemán, alemana*
German (language) *el alemán*
Germany *Alemania*
I get dressed *me visto*
to get dressed *vestirse*
I get on well with ... *me entiendo bien con ...*
do you get on well with ...? *¿te llevas bien con ..?*
to get ready *arreglarse*
to get up *levantarse*
to get wet *mojarse*
girl *la chica*
girlfriend *la novia*
to give *dar*
glass *el vaso*
(sun) glasses *las gafas (de sol)*
glove *el guante*
I go *voy*
to go *ir*
how do you go? *¿cómo vas?*
to go in *entrar*
I go to bed *me acuesto*
to go to bed *acostarse*
I go to sleep *me duermo*
to go to sleep *dormirse*
goal *el gol*
gold *de oro*
golf *el golf*
good *bueno*
the good thing *lo bueno*
to have a good time *pasárselo bien*
goodbye *adiós*
good-looking *guapo/a*
goods *los artículos*
gram *el gramo*
grandfather *el abuelo*
grandmother *la abuela*
grape *la uva*
graphic *gráfico/a*
to have a great time *pasarlo bomba*
great! *¡fenomenal!*
greedy *avaricioso/a*
green *verde*
green vegetables *las verduras*
to greet *saludar*
grey *gris*
grilled *a la plancha*
grocer's *la tienda de comestibles*
group of friends *la pandilla*
to guess *adivinar*
guest house *el hostal*
gymnasium *el gimnasio*
gymnastics *la gimnasia*

H

hair *el pelo*
hairdresser *el/la peluquero/a*
half past *y media*
hall *el auditorio*
ham *el jamón*
hamburger restaurant *la hamburguesería*
hamster *el hámster*
hand *la mano*
handball *el balonmano*
handsome *guapo/a*
what has happened to you? *¿qué te ha pasado?*
happy *contento/a, feliz*
hardly *apenas*
hardworking *trabajador(a)*
to harm *hacer daño*
I have hurt my ... *me he hecho daño en ...*
one has to *hay que*

to hate *odiar*
I have *tengo*
to have *tener*
I have a bath *me baño*
to have a bath *bañarse*
I have a shower *me ducho*
to have a shower *ducharse*
I have breakfast *tomo el desayuno*
to have breakfast *tomar el desayuno*
I have to *tengo que*
to have to *tener que*
he *él*
head *la cabeza*
headlight *el faro*
health *la salud*
to hear *oír*
heart *el corazón*
heat *el calor*
heated *climatizado/a*
heating *la calefacción*
hello *¡hola!*
can I help you? *¿te puedo ayudar?*
to help *ayudar*
him *él*
to hire *alquilar*
history *la historia*
to hit *chocar con*
hobby *el pasatiempo*
hockey *el hockey*
hole *el agujero*
on holiday *de vacaciones*
at home *en casa*
homework *los deberes*
horse *el caballo*
horse riding *la equitación*
to go horse riding *montar a caballo*
hospital *el hospital*
hostal *el albergue*
hot *caliente*
it is hot *hace calor*
to be hot *tener calor*
hotel *el hotel*
hour *la hora*
house *la casa*
household chore *la tarea doméstica*
how many? *¿cuántos/as?*
how much? *¿cuánto?*
how? *¿cómo?*
however *sin embargo*
hundred *cien(to)*
to be hungry *tener hambre*
to be in a hurry *tener prisa*
my … hurt(s) *me duele(n) ….*
husband *el marido*
hypermarket *el hipermercado*

I

I *yo*
ice *el hielo*
ice cream *el helado*
ICT *la informática*
if *si*
ill *enfermo/a*
impatient *impaciente*
important *importante*
in *en*
information *la información*
injured *herido/a*
ink *la tinta*
inside *dentro*
instead of *en vez de*
intelligent *inteligente*
interesting *interesante*
internet *la red/internet*
interpreter *el/la intérprete*
introverted *introvertido/a*
Ireland *Irlanda*
Irish *irlandés, irlandesa*
to iron *planchar*
there is *hay*
Italian *italiano/a*
Italy *Italia*

J

jacket *la chaqueta*
jam *la mermelada*
January *enero*
jealous *celoso/a*
jeans *los vaqueros*
jeweller's *la joyería*
jewellery *las joyas*
job *el empleo*
journalist *el/la periodista*
journey *el viaje*
judge *el/la juez*
juice *el zumo*
July *julio*
to jump *saltar*
jumper *el jersey*
June *junio*
junk food *la comida basura*

K

to keep *guardar*
key *la llave*
kidnap *el secuestro*
kilo *el kilo*
kiosk *el quiosco*
kitchen *la cocina*
knee *la rodilla*
knife *el cuchillo*
to knock down *atropellar*
I don't know *no (lo) sé*

L

laboratory *el laboratorio*
I am lacking… *me falta…*
to lack *faltarse*
ladies' toilets *(las) señoras*
lady *la señora*
lake *el lago*
lamb *el cordero*
lamp *la lámpara*
to land *aterrizar*
language *el idioma, la lengua*
lasagne *la lasaña*
last … *… pasado*
to last *durar*
last *último/a*
late *tarde*
laundry *la lavandería*
lawn *el césped*
lawyer *el/la abogado/a*
I lay the table *pongo la mesa*
to lay the table *poner la mesa*
lazy *perezoso/a*
to learn *aprender*
leather *el cuero*
I leave *salgo*
to leave *salir*
to leave (behind) *dejar*
on the left *a la izquierda*
there is/are none left *no queda(n)*
on the left-hand side *a mano izquierda*
left-luggage *consigna*
to be left over *sobrar*
leg *la pierna*
lemon *el limón*
lemonade *la limonada*
less *menos*
lesson *la clase*
letter *la carta*
library *la biblioteca*
lie *la mentira*
life *la vida*
lift *el ascensor*
light (colour) *claro/a*
light *la luz*
I like *me gusta(n)*
I should like *quisiera*
to like *gustar*
line *la línea*
to listen to *escuchar*
litre *el litro*
little *poco/a*
a little *un poco*
live (spectacle) *en vivo*
where do you live? *¿dónde vives?*
to live *vivir*
living room *la sala de estar*
loaf *la barra*
long *largo/a*
to look after *cuidar*
to look at *mirar*
to look for *buscar*
lorry *el camión*
lorry driver *el/la camionero/a*
to lose *perder*
lost property *los objetos perdidos*
a lot of *mucho/a/os/as*
lounge *el salón*
love *el amor*
I love (things) *me encanta(n)*
love from (in letter) *un abrazo*
to be lucky *tener suerte*
luggage *el equipaje*
lunch time *la hora de comer*
to have lunch *comer*
lunch *la comida*
luxury *de lujo*
lying *mentiroso/a*

M

mad *loco/a*
magazine *la revista*
main character *el protagonista*
majority *la mayoría*
make *la marca*
I make *hago*
to make *hacer*
man *el hombre*
manager *el director*
map *el mapa*
March *marzo*

mark *la nota*
market *el mercado*
marriage *el matrimonio*
married *casado/a*
to marry *casarse con*
match *el partido*
maths *las matemáticas*
what's the matter? *¿qué te pasa?*
May *mayo*
to mean *significar*
to measure *medir*
meat *la carne*
mechanic *el/la mecánico/a*
media studies *el conocimento del medio*
medicine *el jarabe*
medium *mediano/a*
to meet *encontrar*
we shall meet *nos quedamos*
meeting *la reunión*
melon *el melón*
menu *el menú*
message *el recado*
Mexican *mexicano/a*
Mexico *México*
at midday *al mediodía*
in the middle *en el centro*
at midnight *a medianoche*
milk *la leche*
million *el millón*
minute *el minuto*
mirror *el espejo*
it is missing *falta*
mistake *el error*
mixed *mixto/a*
mobile phone *el teléfono móvil*
modern *moderno/a*
module *la modalidad*
Monday *el lunes*
money *el dinero*
month *el mes*
monthly *mensual*
more or less *más o menos*
more *más*
good morning *buenos días*
early hours of the morning *la madrugada*
in the morning *por la mañana*
mother *la madre*
motorbike *la moto*
motorway *la autopista*
mountain *la montaña*
mouse *el ratón*
moustache *el bigote*
mouth *la boca*
much *mucho/a*
museum *el museo*
mushroom *el champiñón*
music *la música*
one must *se debe*
my *mi*

N

name *el nombre*
my name is *me llamo*
his/her name is *se llama*
their names are *se llaman*
nasty *antipático/a*
near *cerca de*
nearby *cercano/a*
neck *el cuello*
necklace *el collar*
neither *tampoco*
nervous *nervioso/a*
never *nunca*
nevertheless *sin embargo*
New Year's Day *el año Nuevo*
New Year's Eve *la Nochevieja*
news *el telediario, las noticias*
newspaper *el periódico*
newsstand *el quiosco*
next *próximo/a, siguiente*
on the next day *al día siguiente*
next to *al lado de*
next (year) *el (año) que viene*
nice *simpático/a*
at night *por la noche*
good night *buenas noches*
nine *nueve*
nine hundred *novecientos*
nineteen *diecinueve*
ninety *noventa*
ninth *noveno/a*
no *no*
nobody *nadie*
noisy *ruidoso/a*
north *el norte*
nose *la nariz*
not at all *de nada*
note *el billete*
to note down *apuntar*
nothing *nada*
nougat *el turrón*
November *noviembre*
now *ahora*
nurse *el/la enfermero/a*

O

it is ... o'clock *es/son la(s) ...*
occasionally *de vez en cuando*
October *octubre*
to offer *ofrecer*
office *la oficina*
often *a menudo*
oil *el aceite*
okay *vale*
okay, I agree *de acuerdo*
I'm okay *estoy regular*
I'm okay in *se me da(n) bien*
old *viejo/a, antiguo/a*
I'm... years old *tengo... años*
how old are you? *¿cuántos años tienes?*
omelette *la tortilla*
on *sobre, en*
one *un(o)/a*
onion *la cebolla*
only *único/a*
open *abierto/a*
to open *abrir*
in the open air *al aire libre*
in my opinion *a mi parecer*
opposite *enfrente de*
optician's *la óptica*
or *o/u*
orange *la naranja*
orangeade *la naranjada*
orchestra *la orquesta*
organic *ecológico/a*
other *otro/a*
the others *los demás*
outside *fuera*
on the outskirts *en las afueras*
overdone *demasiado hecho*
own *propio/a*

P

packet *el paquete*
page *la página*
badly paid *mal pagado*
well paid *bien pagado*
pain *el dolor*
to paint *pintar*
pair *la pareja*
palace *el palacio*
paper *el papel*
parents *los padres*
park *el parque*
to park *aparcar*
parking *el aparcamiento, el parking*
part time *a tiempo parcial*
partner *la pareja*
party *la fiesta*
to pass (an exam) *aprobar*
to pass by *pasar*
passport *el pasaporte*
past *el pasado*
pasta *la pasta*
patient *el/la paciente*
patient *paciente*
patio *el patio*
to pay *pagar*
PE *la educación física*
pea *el guisante*
peaceful *tranquilo/a*
peach *el melocotón*
pear *la pera*
pedestrian *el peatón*
pedestrian *(adj.) peatonal*
pencil case *el estuche*
pencil sharpener *el sacapuntas*
pencil *el lápiz*
people *la gente*
pepper (spice) *la pimienta*
pepper (vegetable) *el pimiento*
percent *por ciento*
perfume shop *la perfumería*
perhaps *quizá(s)*
pet *el animal doméstico*
pharmacist *el farmaceútico*
phone *llamar (por teléfono)*
photography *la fotografía*
PHSE *la ética*
physics *la física*
piano *el piano*
pill *la pastilla*
pilot *el piloto*
pineapple *la piña*
pink *(de color) rosado*
pitch *el campo (de fútbol)*
place *el sitio*
plan *el plano*
by plane *en avión*
platform *el andén, la vía*
to play (an instrument) *tocar*
play (in a theatre) *la obra*
I play (games, sports) *juego*
to play (games, sports) *jugar*

playground *el patio*
pleasant *agradable*
please *por favor*
plot (of land) *la parcela*
pocket *el bolsillo*
poisonous *venenoso/a*
police *(adj.) policíaco/a*
police force *la policía*
police station *la comisaría*
policeman/woman *el/la policía*
polite *cortés, cortesa*
polluted *contaminado/a*
pollution *la contaminación*
poor *pobre*
popular *popular*
pork *el cerdo*
port *el puerto*
position *el puesto*
post office *Correos*
postcard *la postal*
postman/woman *el/la cartero/a*
potato *la patata*
pound sterling *la libra esterlina*
practical *práctico/a*
I prefer *prefiero*
to prefer *preferir*
prefix *el prefijo*
to prepare *preparar*
present, gift *el regalo*
pretty *bonito/a*
price *el precio*
prison *la cárcel*
private *privado/a*
prize *el premio*
problem *el problema*
programme *el programa*
proud *orgulloso/a*
pub *el bar*
pudding *el postre*
puncture *el pinchazo*
to punish *castigar*
pupil *el/la alumno/a*
purple *púrpura*
purse *el monedero*
I put on *me pongo*
to put on *ponerse*

Q

quarter past *y cuarto*
quarter to *menos cuarto*
quick *rápido/a*
quickly *de prisa*
quiet *tranquilo/a*
quite *bastante*

R

rabbit *el conejo*
race *la carrera*
radio *la radio*
to rain *llover*
raincoat *el impermeable*
it is raining *está lloviendo*
it rains *llueve*
RE *la religión*
to read *leer*
ready *listo/a*
to realise *darse cuenta (de)*
receipt *el recibo*
to receive *recibir*
reception *la recepción*
receptionist *el/la recepcionista*
to record (on tape) *grabar*
to recycle *reciclar*
red wine *el vino tinto*
red-haired *pelirrojo/a*
with reference to *en relación a*
refrigerator *la nevera*
refund *el reembolso*
to refund *devolver*
region *la región*
registration number *la matrícula*
to relax *relajarse*
I remember *me acuerdo*
to remember *acordarse de*
to rent *alquilar*
rental *el alquiler*
to request *solicitar*
responsibility *la responsabilidad*
responsible *responsable*
rest *el descanso*
to rest *descansar*
restaurant *el restaurante*
retired *jubilado/a*
return (ticket) *billete de ida y vuelta*
to return *volver*
rice *el arroz*
rice pudding *el arroz con leche*
rich *rico/a*
to be right *tener razón*
on the right *a la derecha*
on the right-hand side *a mano derecha*
ring *el anillo*
risk *el riesgo*
river *el río*
road *la carretera*
robbery *el robo*
romantic *romántico/a*
room *la habitación, la sala*
routine *(adj.) rutinario/a*
routine *la rutina*
rubber *la goma*
rubbish *la basura*
rude *maleducado/a*
rugby *el rugby*
ruined *estropeado/a*
rule *la regla*
ruler *la regla*
to run *correr*

S

sad *triste*
sailing *la vela*
salad *la ensalada*
salary *el sueldo*
sales *las rebajas*
same *mismo/a*
sand *la arena*
Saturday *el sábado*
sauce *la salsa*
to save *ahorrar*
savings *los ahorros*
I saw *vi*
school *(adj.) escolar*
school (secondary) *el instituto, el colegio*
school (primary) *la escuela*
science *las ciencias*
science fiction *la ciencia ficción*
scientific *científico/a*
to score a goal *marcar un gol*
Scotland *Escocia*
Scottish *escocés, escocesa*
scratched *rasgado/a*
sea *el mar*
seafood *los mariscos*
seasick *mareado/a*
seat *el asiento*
second *segundo/a*
secretary *el/la secretario/a*
to see *ver*
seldom *pocas veces*
selfish *egoísta*
to sell *vender*
to send *enviar, mandar*
sensitive *sensible*
separated *separado/a*
September *septiembre*
series *la serie*
serious *grave, serio/a*
seven *siete*
seven hundred *setecientos/as*
seventeen *diecisiete*
seventh *séptimo/a*
seventy *setenta*
several *varios/as*
what a shame! *¡qué pena!*
shark *el tiburón*
she *ella*
sheet *la sábana*
shelf *el estante*
shirt *la camisa*
shoes *los zapatos*
shop *la tienda*
to go shopping *hacer la compra*
I go shopping *hago la compra*
to go shopping *ir de compras*
shopping centre *el centro comercial*
short (hair) *(el pelo) corto*
short (stature) *bajo/a*
shower *la ducha*
showing (of a film) *la sesión*
it shuts *cierra*
to shut *cerrar*
shy *tímido/a*
sick *mareado/a*
sickness *los vómitos*
to sign *firmar*
silk *la seda*
of silk *de seda*
silver *la plata*
of silver *de plata*
similar to *como, parecido/a a*
since *desde*
sincere *sincero/a*
singer *el/la cantante*
single, unmarried *soltero/a*
single (room) *la habitación individual, sencilla*
single (ticket) *el billete de ida, sencillo*
sir *(el) señor*
sister *la hermana*
I sit down *me siento*
to sit down *sentarse*
six *seis*
six hundred *seiscientos/as*
sixteen *dieciséis*

sixth *sexto/a*
sixty *sesenta*
size (in general) *el tamaño*
size (of shoes) *la talla, el número*
skating *el patinaje*
skiing *el esquí*
skirt *la falda*
sky *el cielo*
slow *lento/a*
slowly *despacio*
small *pequeño*
smell *el olor*
smile *la sonrisa*
to smoke *fumar*
non smoking *no fumador*
snack *la merienda*
to snow *nevar*
it snows *nieva*
soap opera *la telenovela*
soap *el jabón*
sock *el calcetín*
sofa *el sofá*
some *unos/as*
someone *alguien*
something *algo*
sometimes *a veces*
son *el hijo*
song *la canción*
soon *pronto*
I am sorry *lo siento*
so-so *regular*
sound *el sonido*
soup *la sopa*
south *el sur*
souvenir *el recuerdo*
space *el espacio*
spaghetti *los espaguetis*
Spain *España*
Spanish (language) *el español*
Spanish *(adj.) español(a)*
to speak *hablar*
to spell *deletrear*
to spend *gastar*
to spend time *pasar tiempo*
spoon *la cuchara*
spoonful *la cucharada*
sport *el deporte*
to do sport *hacer deporte*
sports *(adj.) deportivo/a*
sports centre *el polideportivo*
sportsperson *el/la deportista*
sporty *deportista*
spring *la primavera*
square *la plaza*
squid *los calamares*
stadium *el estadio*
staff room *la sala de profesores*
stain *la mancha*
stained *manchado/a*
stairs *la escalera*
bus station *la estación (de autobuses)*
service station *la estación (de servicio)*
train station *la estación (de trenes)*
coach station *la estación (de autocares)*
underground station *la estación (de metro)*
stationer's *la papelería*
to stay *quedarse*
steak *el filete*
steering wheel *el volante*
stepbrother *el hermanastro*
stepfather *el padrastro*
stepmother *la madrastra*
stepsister *la hermanastra*
stomach *el estómago*
stop *la parada*
to stop *parar*
it is stormy *hay tormenta*
straight *liso/a*
straight away *en seguida*
straight on *todo recto*
strawberry *la fresa*
street *la calle*
stressed *estresado/a*
strict *estricto/a*
striped *de rayas*
strong *fuerte*
student *el/la estudiante*
study *el estudio*
to study *estudiar*
stupid *tonto/a, estúpido/a*
subject *la asignatura*
subway *el paso subterráneo*
sugar *el azúcar*
suit *el traje*
to suit *convenir*
suitcase *la maleta*
it suits me (to do something) *me conviene*
summer *el verano*
sun *el sol*
to sunbathe *tomar el sol*
Sunday *el domingo*
it is sunny *hace sol*
sunstroke *la insolación*
supermarket *el supermercado*
supper *la cena*
to have supper *cenar*
surgery *la consulta*
surprise *la sorpresa*
survey *la encuesta*
sweatshirt *la sudadera*
sweet *el caramelo*
to swim *nadar*
swimming *la natación*
swimming pool *la piscina*

T

T-shirt *la camiseta*
table *la mesa*
tablecloth *el mantel*
tablet *la pastilla*
to take *tomar*
to take away *quitar*
to take care of *cuidar*
I'll take it *me lo llevo*
to take off *despegar*
to take (time) *tardar en*
how long do you take? *¿cuánto tiempo tardas?*
to talk *hablar*
talkative *hablador(a)*
tall *alto/a*
I am … metres tall *mido … metros*
to taste *degustar*
tasty *sabroso/a*
taxi *el taxi*
tea (drink) *el té*
tea (snack) *la merienda*
to teach *enseñar*
teacher *el/la profesor(a)*
team *el equipo*
in a team *en equipo*
technical *técnico/a*
on the telephone *por teléfono*
television *la televisión*
ten *diez*
tennis *el tenis*
tent *la tienda*
tenth *décimo/a*
terrace *la terraza*
test *la prueba*
thank you *gracias*
that *ese, esa*
that one there *aquel, aquella*
the *el/la/los/las*
theatre *el teatro*
then *luego, entonces*
there is, are *hay*
therefore *por eso*
these *estos/as*
they *ellos/as*
thin *delgado/a*
thing *la cosa*
third *tercero/a*
to be thirsty *tener sed*
thirteen *trece*
thirty *treinta*
this *este/a*
those *esos/as*
those ones *aquellos/as*
thousand *mil*
three *tres*
three hundred *trescientos/as*
throat *la garganta*
through *por*
Thursday *el jueves*
ticket *el billete, la entrada*
ticket office *la taquilla*
book of tickets (for the metro) *el bono metro*
to take *coger*
tie *la corbata*
tight *ajustado/a*
time *(la) vez*
at what time? *¿a qué hora?*
on time *a tiempo*
to have a good time *pasarlo bien*
what time is it? *¿qué hora es?*
two or three times *dos o tres veces*
timetable *el horario*
tin *la lata*
tip *el servicio*
tired *cansado/a*
to be tired *tener sueño*
to *a*
toast *la tostada*
tobacconist's *el estanco*
today *hoy*
toilet paper *el papel higiénico*
toilets *los servicios/lavabos*
tomato *el tomate*
tomorrow *mañana*
too *demasiado*
too much *demasiado/a*
tooth *el diente, la muela*
toothpaste *la pasta de dientes*
tourist office *la oficina de turismo*

touristy *turístico/a*
towards *hacia*
towel *la toalla*
town hall *el ayuntamiento*
town, village *el pueblo*
toy shop *la juguetería*
traffic *el tráfico*
traffic lights *los semáforos*
by train *en tren*
trainers *las zapatillas deportivas*
training *la formación*
to travel *viajar*
travel agency *la agencia de viajes*
to treat *tratar*
tree *el árbol*
trousers *los pantalones*
truth *la verdad*
I try on *pruebo*
to try on *probar*
Tuesday *el martes*
to turn *torcer*
turn *(imp.)* *tuerza, tuerce*
to turn off *apagar*
to turn on *encender*
twelve *doce*
twenty *veinte*
twenty-one *veintiuno*
twenty-two *veintidós*
twin *el/la gemelo/a*
to twist *torcer*
I have twisted my ... *me he torcido ...*
two *dos*
two hundred *doscientos/as*
tyre *el neumático*

U

ugly *feo/a*
umbrella *el paraguas*
uncle *el tío*
uncomfortable *incómodo/a*
underdone *poco hecho*
underground (railway) *el metro*
underneath *debajo de*
to understand *comprender*
understanding *comprensivo/a*
underwater diving *el submarinismo*
unemployment *el desempleo*
unfair *injusto/a*
unfortunately *desafortunadamente*
uniform *el uniforme*
unhealthy *malsano/a*
United States *los Estados Unidos*
university *(adj.)* *universitario/a*
university *la universidad*
to unplug *desenchufar*
until *hasta*
to use *usar*
useful *útil*
useless *inútil*
user *el/la usuario/a*

V

to vacuum *pasar la aspiradora*
vacuum cleaner *la aspiradora*
varied *variado/a*
variety *la variedad*
vegetarian *vegetariano/a*
very *muy*
video *el vídeo*
video game *el videojuego*
view *la vista*
village *el pueblo*
vinegar *el vinagre*
vitamin *la vitamina*
voice *la voz*
volleyball *el voleibol*

W

wages *el sueldo*
waiter *el camarero*
waiting room *la sala de espera*
waitress *la camarera*
I wake up *me despierto*
to wake up *despertarse*
Wales *Wales*
to walk *ir a pie, caminar*
to walk the dog *pasear el perro*
wall *la pared*
wallet *el billetero*
to want *querer*
I want *quiero*
war *la guerra*
wardrobe *el armario*
there was *había (imperfect), hubo (preterite)*
to wash *lavar*
to wash (oneself) *lavarse*
to wash up *lavar los platos*
I get washed *me lavo*
washbasin *el lavabo*
washing machine *la lavadora*
waste *la pérdida*
waste of time *la pérdida de tiempo*
watch *el reloj*
I watch *veo*
to watch *ver, mirar*
water *el agua*
wavy *ondulado/a*
we *nosotros/as*
Wednesday *el miércoles*
week *la semana*
each week *a la semana*
weekend *el fin de semana*
weekly *semanal*
I weigh ...kilos. *Peso ... kilos.*
to weigh *pesar*
I am well *estoy bien*
well-informed *bien informado/a*
Welsh *galés*
I went *fui*
west *el oeste*
to get wet *mojarse*
what is it like? *¿cómo es?*
what? *¿qué?*
when? *¿cuándo?*
from where? *¿de dónde?*
where? *¿dónde?*
which way? *¿por dónde?*
which? *¿cuál(es)?*
while *mientras*
a while *un rato*
white *blanco/a*
white-water rafting *el rafting*
who? *¿quién?*
why? *¿por qué?*
widowed *viudo/a*
wife *la mujer*
to win *ganar*
wind *el viento*
window *la ventana*
shop window *el escaparate*
windscreen *el parabrisas*
windsurfing *el windsurf*
it is windy *hace viento*
wine *el vino*
wine list *la lista de vinos*
winter *el invierno*
with *con*
without *sin*
woman *la mujer*
woollen *de lana*
word *la palabra*
work experience *las prácticas*
to work (function) *funcionar*
it doesn't work *no funciona*
to work *trabajar*
work *el trabajo*
workshop *el taller*
worried *preocupado/a*
it is worth (doing something) *vale la pena (hacer algo)*
I would like *me gustaría*
wrist *la muñeca*
to write *escribir*

Y

year *el año*
I am ... years old. *Tengo ... años.*
yellow *amarillo/a*
yes *sí*
yesterday *ayer*
yogurt *el yogur*
you *(plural)* *vosotros/as*
you *(singular)* *tú*
young *joven*
youth hostel *el albergue juvenil*

Z

zoo *el zoo*